数据安全法
国际观察、中国方案与合规指引

DATA SECURITY LAW
International Perspective,
Chinese Solution and Compliance Guidance

黄道丽/编著

华中科技大学出版社
http://press.hust.edu.cn
中国·武汉

联合策划

公安部第三研究所网络安全法律研究中心

公安部第三研究所网络安全法律研究中心隶属于公安部第三研究所，致力于服务网络安全工作需要，跟踪研判境内外网络与数据安全战略、政策法律动向，广泛开展学术交流研讨和产学研合作，为政府部门提供高质量的法律研究支撑。

阿里巴巴集团法律研究中心

阿里巴巴集团法律研究中心隶属于阿里巴巴集团法务合规部，围绕数字商业、云计算、知识产权、数据信息、网络安全等前沿科技领域法律实践问题开展研究与合作，致力于用法律让世界更美好。

西交苏州信息安全法学所

西交苏州信息安全法学所是西安交通大学苏州研究院下设的专业法律研究智库，坚持开放式运行模式，致力于服务网络与信息安全工作需要，为国家及地方政府机构提供网络与信息安全政策法律支撑，为企业网络与数据安全合规提供专业咨询。

编委会

顾问
马民虎　西交苏州信息安全法学所所长
宋燕妮　全国人大法工委经济法室原副巡视员
金　波　公安部第三研究所所长助理
顾　坚　公安部网络安全保卫局原巡视员

主任
吴松洋　公安部第三研究所网络安全技术研发中心主任
屠剑威　阿里巴巴集团副总裁

主编
黄道丽　公安部第三研究所网络安全法律研究中心主任

编委
鲍亮　王莹　杨涛　顾伟　原浩
胡文华　何治乐　梁思雨　方婷　马宁
胡柯洋　谢永红　朱莉欣　赵丽莉　王彩玉
李泽惠　王明一

前言

以数字化、智能化为特征的第四次工业革命席卷全球，数据及其利用技术推动的科技浪潮到达顶峰，对传统产业乃至整个社会经济发展带来革命性、颠覆性影响。数据资源成为人类社会的生产要素和国家基础性战略资源，以数据为关键要素的数字经济则成为改变全球经济结构和竞争格局的关键力量。

数字经济是我国新时代网络强国、数字中国和智慧社会建设的新任务。国家网信办《数字中国发展报告（2021年）》显示，2017年到2021年，我国数字经济规模从27.2万亿增至45.5万亿元，总量稳居世界第二，占国内生产总值比重从32.9%提升至39.8%，成为推动经济增长的主要引擎之一。这一成就的取得和党中央、国务院高度重视要素价值密不可分。党的十九大和十九届四中全会明确要求推进要素市场化配置和制度建设。为落实这一重要部署，2020年4月《中共中央国务院关于构建更加完善的要素市场化配置体制机制的意见》首次将数据定位为与土地、劳动力、资本、技术并列的生产要素，要求加快培育数据要素市场，全面提升数据要素价值。2021年3月《国民经济和社会发展第十四个五年规划和2035年远景目标纲要》进一步强调要激活数据要素潜能，充分发挥海量数据和丰富应用场景优势，促进数字技术与实体经济深度融合，赋能传统产业转型升级，催生新产业新业态新模式，壮大经济发展新引擎。

正如任何技术的"增量发展"均具有潜在的伴生风险一样，数据和数据利用活动也不例外。随着网络跨界融合趋势日益明显，数据生产和收集的急剧增长以及应用场景日趋多元，区块链、人工智能、量子计算、元宇宙等新应用新业态新模式不断涌现，数字化时代面临着比以往任何一个时代更为严峻的数据安全风险。如何有效应对数据、数据技术和数据利用活动的伴随风险，推动数字经济发展行稳致远，这是当今世界各国共同面临的时代命题。

我国作为当前全球第一数据资源大国和全球第二大数字经济体，数据产业正处于高速发展阶段，数据安全风险不断发展与演变。以法律来规范与引导数据要素市场秩序，为中国数字经济的安全发展保驾护航的需求也显得愈发迫切。近年来我国数据安全顶层制度设计加速推进。2015年施行的《中华人民共和国国家安全法》（以下简称《国家安全法》）第二十五条明确提出"实现网络和信息核心技术、关键基础设施和重要领域信息系统及数据的安全可控"。作为网络安全综合性立法，2017年施行的《中华人民共和国网络安全法》（以下简称《网络安全法》）将数据安全纳入网络安全范畴，《网络安全法》建立的网络安全等级保护制度、关键信息基础设施安全保护制度、个人信息保护制度等为保障数据安全提供重要制度支撑。2021年6月10日，《中华人民共和国数据安全法》（以下简称《数据安全法》）经第十三届全国人大常委会第二十九次会议通过并正式发布，2021年9月1日起施行。作为数据安全领域的基础性法律和国家安全法律制度体系的重要组成，《数据安全法》的出台有着深刻的时代背景和现实意义，既是对当前数据安全内外部形势的回应，也是护航数字经济发展的重要举措，开创了新时代我国数据安全治理新局面。2021年8月20日，十三届全国人大常委会第三十次会议表决通过《中华人民共和国个人信息保护法》（以下简称《个人信息保护法》），为我国个人信息保护提供专门法制保障，自2021年11月1日起施行。

《网络安全法》《数据安全法》与《个人信息保护法》共同构筑我国数据安全整体框架和制度，形成保障国家数据安全的整体合力。基于定位的不同，三部立法在规范内容方面各有侧重，同时三者又互相联系。网络安全与数据安全是"一体两面"的关系，维护网络安全的目的是保护数据和个人信息安全，保护数据和个人信息安全有赖于维护网络安全。

法律的生命力在于实施，法律的权威也在于实施。我国网络空间进入多部基础性立法并行实施的数据安全国家治理新阶段，可以预见的是，规则细化完善、协同监管执法、法律竞合适用、执法规范建设、安全责任落实、主动合规遵循、违法犯罪打击、立法影响评估、安全技术支撑等都将成为考量数据安全法治实施效能的重要内容。

正是对以上形势和问题持续不断的关注、观察与思考，《数据安全法——国际观察、中国方案与合规指引》一书的编写工作被提上日程。本书由公安部第三研究所网络安全法律研究中心、阿里巴巴集团法律研究中心、西交苏州信息安全法学所联合出品，是三家国内一流法律机构多年来在相关立法研究支撑、一线执法实践、合规实务操作和基础理论研究等方面的综合成果展示。感谢西安交通大学马民虎教授，他圈定了书名并全程指导本书的撰写。感谢2020年度国家社会科学基金重点项目"网络安全新业态视角下的关键技术风险分析及防控对策研究"的支持，部分内容来源于该项目研究成果。感谢全国人大法工委经济法室原副巡视员宋燕妮、公安部网络安全保卫局原巡视员顾坚、公安部第三研究所所长助理金波、广东省公安厅网警总队副总队长林雁飞等中国信息安全法律大会专家委员会专家委员在编写过程中的专业指导与无私帮助。

本书纵观国际和国内两个大局。观察欧盟、美国等世界主要国家和地区的数据安全相关立法政策，把握我国国家数据安全保障相关法律法规和政策文件精神，对数据安全立法态势和趋势进行全面剖析。同时，聚焦国家安全、产业发展和数据保护，通过立法、执法、司法案例生动展示和分析我国数据安全法治若干重要制度及核心问题，为监管机构深化数据安全行政执法工作，企事业单位提升数据安全保障能力，防范化解数据安全风险提供参考指引。

本书兼具理论性和实用性，主要章节按《数据安全法》编排体例进行条文解释，方便监管机构、行业组织更好地理解和适用《数据安全法》，也为研究人员了解立法背景、把握立法意图提供重要参考；同时，本书也是数据安全监管机构、企事业单位从事监管和合规工作的重要工具手册，对涉及法律适用、监管执法和合规操作的若干问题进行了指引参考、分类标识和针对解答。

感谢来自公安部第三研究所、阿里巴巴集团、西安交大苏州研究院、西北工业大学、西北政法大学、江苏竹辉律师事务所的全体作者和审校人员，大家为这一融合理论研究、执法支撑和合规实践于一体的数据安全法治成果倾注了大量心血。具体的章节分工如下：第一章由黄道丽、胡文华和马宁撰写；第二章由胡文华、何治乐和胡柯洋撰写；第三章由黄道丽、胡文华撰写；第四章第一、二节由梁思雨和胡柯洋撰写，第三、四节由方婷撰写，第五、六节由马宁撰写，第七、八、九节由梁思雨、胡柯洋和陈晓霖撰写；第五章由原浩、鲍亮撰写；第六章由何治乐、顾伟和田喜清撰写；第七章由王莹、黄道丽、顾伟和黄菊撰写；第八章由何治乐、胡文华撰写；第九章由韦飞撰写。附录一至三由王彩玉、胡柯洋、王明一、丁敏和王轩整理；附录四由王彩玉、李泽惠翻译；附录五由王莹、顾伟、姜贺文和曾晨撰写。胡文华、何治乐和原浩协助审校了全书。

感谢华中科技大学出版社编辑，出版"中国网络安全法治研究"丛书时我们携手走过艰难的2020年，出版本书时我们又一起经历了不平凡的2022年！本书编者才学有限，不敢妄言价值，但希望本书的出版能对我国数据安全法治进程有所裨益。

黄道丽
公安部第三研究所网络安全法律研究中心主任
中国信息安全法律大会专家委员会秘书长

目 录
CONTENTS

第一章　大数据时代的安全风险 —— 001
　第一节　数据安全风险 —— 002
　第二节　数据安全本质 —— 005

第二章　数据安全的国际观察 —— 009
　第一节　数字经济成国际竞争新领域 —— 009
　第二节　国际数据安全治理立法进程 —— 011
　第三节　国际数据安全立法关注重点 —— 013
　第四节　全球数据安全治理合作实践 —— 019

第三章　数据安全的中国解决方案 —— 023
　第一节　数据安全法治演进 —— 024
　第二节　国家数据主权维护 —— 031

第四章　国家数据安全制度 —— 038
　第一节　数据分类分级制度 —— 038
　第二节　重要数据保护制度 —— 043
　第三节　国家数据安全风险管理 —— 053
　第四节　数据安全应急处置机制 —— 060
　第五节　数据安全审查制度 —— 069
　第六节　数据出口管制制度 —— 085

第七节　数据领域的对等措施 —— 091
　　第八节　数据出境安全管理制度 —— 096
　　第九节　数据安全认证制度 —— 112

第五章　数据安全保护义务 —— 118
　　第一节　一般保护 —— 118
　　第二节　个人信息保护 —— 138
　　第三节　重要数据保护 —— 155
　　第四节　国家核心数据保护 —— 167

第六章　数据安全法律责任体系 —— 169
　　第一节　民事责任 —— 169
　　第二节　行政责任 —— 177
　　第三节　刑事责任 —— 188
　　第四节　责任清单与合规激励 —— 198

第七章　数据安全合规五十问 —— 205
　　第一节　法律适用问题 —— 205
　　第二节　合规操作问题 —— 219

第八章　数据安全行政执法指引 —— 240
　　第一节　《网络安全法》执法案由 —— 241
　　第二节　《数据安全法》执法案由 —— 255
　　第三节　《个人信息保护法》执法案由 —— 263
　　第四节　《关键信息基础设施安全保护条例》执法案由 —— 282

第九章　互联网企业数据安全合规评估清单样例 —— 285

附录 — 292

附录一　《数据安全法》三次比对稿　— 292

附录二　全球数据安全治理合作大事记（2020—2022）　— 319

附录三　全球数据安全政策法律大事记（2020—2022）　— 325

附录四　美国《国家安全系统识别指南》中译本　— 340

附录五　美国数据出口管制法律与实施研究报告　— 350

第一章

大数据时代的安全风险

十年前,"大数据"还是一个颇为新颖的概念。十年后的今天,"大数据"已经成为社会领域的基础概念,数据已实际融入生产、分配、流通、消费和管理等各个环节,深刻改变着社会生产方式、生活方式和治理方式,一个由数据驱动的人类历史已然开始。对于大部分人而言,一个直观感受就是数据的"泛在化",从"人机交互"到"人机融合",个人几乎所有的活动表征都在泛化为无处不在的数据——一种机器可读的资源——个人对于外部世界的感知与输出都可以通过"0"和"1"的方式加以描述和展示。这是一个伟大的跨越,意味着这个世界的绝大部分,无论是过去、现在还是未来都是可以被计算的。

信息社会的数字化进程提供了海量的数据资源,便利的信息交互模式和强大的计算能力正在使负载在数据之上的知识或经验习得变得越来越容易。数据正在使人类有能力洞察世间万物,而这对于决策无疑是至关重要的。通过数据分析,人类现在的很多决策工作都在变得更为高效而精确。数据正在使每个人都成为"先知",进而获得未来的先机。这也许就是数据对于这个时代的意义,对个人如此,对社会如此,对国家亦是如此。作为现代人类社会的构成基础,数据蕴藏了几乎无限的价值和可能。数据对提高生产效率的乘数作用不断凸显,成为最具时代特征的生产要素。与此同时也应注意到，正如任何技术的"增量发展"均具有潜在的伴生风险一样，无限价值、聚合融合等逐渐强化了数据作为风险性资源的特性，数据、数据技术和数据利用活动的附随风险日渐加大。人类社会对于生存、生存得更好的需求和对于安全的需求从来都是并行不悖的，数据安全逐渐成为事关个人、组织、社会和国家的重大问题。

第一节　数据安全风险

大数据时代，数据在推动经济发展、促进国家治理能力现代化、增进人类福祉等方面发挥着日益重要的作用，"数据驱动"已成为现代社会运行的基本模式。随之而来的数据安全问题日益突出，数据安全与个体安全、公共安全、国家安全的关系愈加紧密。数据安全风险从以往的小数据安全风险逐渐走向大数据安全风险，从静态安全风险走向动态安全风险，从个体安全风险走向总体安全风险。

一、从小数据走向大数据，海量数据聚合和融合风险突出

新一轮科技革命和产业变革深入发展，数字化转型已成大势所趋。从2017年到2021年，我国数字经济规模从27万亿元增长到超45万亿元，稳居世界第二。数字经济在整个GDP中的比重提升至39.8%，数字经济发展动能加速释放。[①] 我国《"十四五"数字经济发展规划》提出，到2025年我国数字经济要迈向全面扩展期，数字经济核心产业增加值占GDP比重达到10%的目标。

[①]《我国数字经济规模超45万亿元 发展动能加速释放》，载央视网，http://news.cctv.com/2022/07/06/ARTIhxWDIck3O9t4aDMrvnRw220706.shtml，访问时间2022年7月29日。

在此背景下，作为数字经济深化发展的核心引擎，数据在采集、存储、分析和应用等方面都将进入新阶段，社会将真正进入大数据时代。与小数据时代相比，大数据时代海量数据聚集、融合逐渐走向常态化，海量数据聚合、融合后的安全风险也愈加突出。2017年美国健身追踪软件开发商 Strava 发布的一份展示来自世界各地用户体育锻炼的热度图就因收集、汇聚海量健身用户数据，包括美国士兵健身时的位置信息最终导致美国军事基地意外泄露。[①] 此事件充分体现了大数据时代数据聚合、融合安全风险的现实性。

二、从静态保护走向动态利用，数据流动和滥用风险突出

2020年4月《中共中央国务院关于构建更加完善的要素市场化配置体制机制的意见》首次将数据定位为与土地、劳动力、资本、技术并列的生产要素。在将数据定位为生产要素的背景下，可以预见未来数据的流通与共享将常态化。数据安全不再只是保障数据的完整性、保密性、可用性，而更多是保障数据在流通共享、加工利用中的动态安全，包括数据交易、共享安全、数据开发利用安全与数据跨境安全等。

以数据跨境安全为例，数据是现代全球经济的命脉，随着数字经济的兴起及全球化的深入发展，电子商务、云服务等跨境服务日益频繁，数据跨境流动也逐渐走向常态化。麦肯锡全球研究院2016年2月发布《数字全球化：全球流动的新时代》报告指出，货物、服务、资本和数据的流动将为全球GDP带来至少10%的增长，相当于7.8万亿美元。其中，互联网数据流动贡献了2.8万亿美元。必须注意的是，数据尤其是敏感个人信息和重要数据在不同法域间的流动可能会带来风险。以基因数据为例，自2017年5月起，我国国家互联网应急中心共发现国内

[①] 《健身追踪软件存在安全隐患，意外泄露美军事基地秘密信息》，载环球网，https://baijiahao.baidu.com/s?id=1590912948631158528&wfr=spider&for=pc，访问时间2022年7月13日。

基因数据跨境传输 925 余包次，涉及境内 358 万个 IP 地址，覆盖境内全部 31 个省（市、区）。该中心还发现 4391 家境内单位疑似发生基因数据出境行为。① 2018 年 10 月，我国科学技术部公布一份针对深圳华大基因科技服务有限公司的行政处罚决定书。决定书显示深圳华大基因科技服务有限公司曾未经许可将部分人类遗传资源信息从网上传递出境。②

三、从单一安全走向总体安全，对公共安全和国家安全影响突出

2015 年国务院发布的《促进大数据发展行动纲要》将数据定位为"国家基础性战略资源"。近年来随着大数据、云计算、人工智能等新技术新应用的快速发展，作为底层支撑的数据的"国家基础性战略资源"属性愈加凸显，数据安全与国家安全与发展利益的关联性日益增强。一是数据聚合分析及滥用带来国家安全风险。当前通过汇集各类海量数据辅之以大数据挖掘、分析技术，分析出国家总体或重点领域经济运行状况、国家或地区群体健康生理状况、特定人群的活动轨迹、特定区域的人流情况等信息已成可能，一旦被别有用心者非法利用，将对国家与公共安全、经济运行、社会稳定带来重大不利影响。2018 年剑桥分析事件曝光，该事件中英国政治咨询公司剑桥分析非法利用 8700 万 Facebook 用户个人数据，分析选民心理偏好并用于投放政治广告影响 2016 年美国总统大选。该事件充分体现个人信息的滥用不仅会影响个人人身、财产权益，在特定场景下还会影响国家政治安全。

---

① 《网络安全年会：去年以来 4391 家境内单位疑有基因数据出境行为》，载南方都市报，https://www.sohu.com/a/247375696_161795，访问时间 2022 年 7 月 13 日。

② 《华大基因被科技部处罚！违规将部分人类遗传资源信息传出境》，载南方都市报，https://www.sohu.com/a/271433358_161795?_f=index_chan30news_101，访问时间 2022 年 7 月 13 日。

此外，重要数据安全将影响公共安全、国家安全。近年我国公布多起危害重要数据安全的案件。如2022年国家安全机关破获一起为境外刺探、非法提供高铁数据案。该案中上海某信息科技公司接受一家境外公司委托，为该公司搜集、提供高铁运行数据，其中包括铁路GSM-R敏感信号。GSM-R是高铁移动通信专网，直接用于高铁列车运行控制和行车调度指挥，直接关系高铁运行安全。[1] 2021年5月，国家安全机关工作人员发现，某境外咨询调查公司通过网络、电话等方式，频繁联系我国大型航运企业、代理服务公司的管理人员，以高额报酬聘请行业咨询专家之名与我国境内数十名人员建立"合作"关系，指使其广泛搜集提供我国航运基础数据、特定船只载物信息等并提供给该国间谍情报机关。[2] 这一系列案件充分体现重要数据安全对公共乃至国家安全的重大影响。

第二节　数据安全本质

数据安全与否是相对于主体而言的。传统的信息安全理论重点关注数据的保密性、完整性和可用性，在此语境下的数据安全主要是指数据与主体关系的稳定性，包括主体对数据控制状态、占有状态、利用状态的稳定以及数据不被其他主体窃取、篡改、使用、破坏状态的稳定。随着信息化和信息技术的进一步发展，数据流动、利用逐渐多元化，数据泄露滥用现象频繁发生。数据从静态安全到动态流动、利用的转变，使得数据安全从"保障数据与主体关系的稳定性"扩张至"防范数据行为对现实安全秩序的破坏"。总体而言，数据安全本质关涉个人安全、公共安全、国家安全三个方面。

---

[1] 《国家安全机关公布一起为境外刺探、非法提供高铁数据的重要案件》，载央广网，https://baijiahao.baidu.com/s?id=1730070492380490329&wfr=spider&for=pc，访问时间2022年7月14日。

[2] 《危害重要数据安全，国安公布三起案件》，载搜狐网，https://health.sohu.com/a/498405582_100092991，访问时间2022年7月14日。

一、数据安全与个人安全

随着现代社会的网络化、数字化和智能化，物理世界的"人"逐渐走向网络空间。个人在天然的生物属性之外，获得数字属性，从"生物人类"迈向"数字人类"，塑造了数字时代中"生物—信息"的双重人性。[①] 在此背景下，数据安全问题直接关系到"数字人类"的安全问题，首当其冲的便是隐私和个人信息安全，如海量的个人信息因保管不善被泄露甚至被非法出售或利用，进而出现犯罪分子利用非法取得的个人信息对受害人进行精准诈骗或者实施其他违法犯罪行为。[②] 从现状来看，数据类犯罪已经成为诸多犯罪的重要上游犯罪。以侵犯公民个人信息罪为例，敲诈勒索、电信网络诈骗等各类犯罪，多数是以非法获取公民个人信息为前提。2016年徐玉玉被骗案中，网络诈骗犯之所以轻易得手，一个重要原因就是犯罪分子轻松攻破"山东省2016高考网上报名信息系统"并植入木马病毒，获取了包括徐玉玉在内的大量考生报名信息，从而实施精准诈骗。[③] 2022年1月8日，公安部公布2021年侵犯公民个人信息犯罪十大典型案例，其中的"广东公安机关破获某公司非法获取公民个人信息实施诈骗案"也是利用个人信息实施诈骗的典型案例。该案中，珠海某艺术品策划公司从某App维护人员汪某处购买App在运营过程中获取的古董持有人员个人信息200万余条，以协助拍卖古董为名，骗取客户服务费、托管费，非法牟利1.9亿余元。该公司员工邝某、黄某为谋取私利，将公司非法获取的个人信息向其他电信网

[①] 马长山：《数字时代的人权保护境遇及其应对》，载《求是学刊》2020年第4期。

[②] 程啸：《民法典编纂视野下的个人信息保护》，载《中国法学》2019年第4期。

[③] 《徐玉玉被电信诈骗致死案七名犯罪嫌疑人被批捕》，载中华人民共和国公安部官网，https://www.mps.gov.cn/n2255079/n4876594/n5104076/n5104080/c5508649/content.html，访问时间2022年7月14日。

络诈骗团伙贩卖。①

二、数据安全与公共安全

当前,智能家电、机器人、无人驾驶汽车等新应用已从屏幕走向生活,云计算、大数据、物联网等新技术正在以无法想象的速度改变着世界,驱动消费升级和产业变革。以物联网、云计算等大数据技术体系为支撑的智慧城市建设也在不断深化推进,万物互联的时代已展露雏形。

与变革同时而来的是风险,万物互联将重构工业化时代人与人、人与物、物与物之间的关系,支撑万物互联的底层数据安全对社会公共安全的影响将在深度和广度上进一步扩展。以车联网为例,在端到端的直连通信场景下,车联网终端间将通过广播的方式在专用频段上进行直通链路短距离信息交换,攻击者将可能利用直连通信无线接口的开放性,进行假冒终端身份、虚假信息发布、合法信息篡改重放、数据窃听等攻击行为。汽车运行相关的刹车、速度、胎压、油耗等汽车控制信息,一旦被不法分子伪造篡改将会影响汽车行驶安全,给用户带来经济损失甚至人身伤害。② 当下及可预期的未来,通过对数据非法控制或篡改,黑客随意控制水位传感器,触发错误的洪水报警;入侵供电系统造成全城停电,引发火灾;操纵核电厂的核辐射传感器,制造恐慌或混乱等这些似乎只在电影中出现的场景逐渐成为现实威胁。

三、数据安全与国家安全

众所周知,国家与社会、公权力与私权利的二元结构是现代社会的

---

① 《公安部公布 2021 年侵犯个人信息十大典型案例》,载央视网,https://news.cctv.com/2022/01/08/ARTIRskd2CU5gDFx3MO3uJ9M220108.shtml,访问时间 2022 年 7 月 14 日。

② 覃庆玲、谢俐倞:《车联网数据安全风险分析及相关建议》,载《信息通信技术与政策》2020 年第 8 期。

基本构架。然而，随着信息时代的到来，平台"准公权力"特征凸显。算法基于海量数据运算配置社会资源，直接作为行为规范影响人的行为，辅助甚至取代公权力决策，从而发展为一支新兴的技术权力。这使得国家之外的海量数据控制者拥有了影响国家安全的现实能力。剑桥分析事件充分印证 Facebook、剑桥分析公司等掌握着海量信息和智能算法的数据控制者在影响国家政治安全方面的巨大力量。此外，大数据相互间的可结合性，给国家安全危害后果带来放大效应。多源信息融合技术的发展模糊了国家秘密与非秘密信息之间的界限，也为国家安全带来新风险。传统被认为与国家秘密无关的数据在达到一定规模后通过与其他数据进行汇聚、整合、分析、印证，有可能会获得关乎国家安全的重要敏感信息。

在各国角逐 5G、人工智能等新兴市场背景下，数据安全问题已经从安全保障走向战略博弈，他国的数据安全政策措施也成为深度影响国家安全的重要变量。以美国为例，2018 年美国颁布《合法使用境外数据明确法》（CLOUD 法），通过长臂管辖原则建立了一个可以绕过数据所在国监管机构，直接向企业获取数据的跨境数据调取机制。欧盟将数据安全上升到数据战略和数字主权的高度，2020 年以来先后发布《塑造欧洲的数字未来》《欧洲数据战略》和《人工智能白皮书》多份文件，涵盖网络安全、关键基础设施、数字科研教育等单一市场各个方面，并围绕这些战略文件深度构造、升级针对不同规模性质的数字市场主体法律规则和网络安全指令等文件。

第二章

数据安全的国际观察

当今世界是数据驱动创新、数据驱动经济的时代，海量数据的产生与流动成为全球经济发展的新引擎，网络空间和数据市场也代替传统的领土和资源成为国际地缘政治博弈中新的角力点。[①] 数字经济下，中美欧三足鼎立之势愈加明显，三方引领国际数字经济发展的格局基本形成，新加坡、日本、加拿大、俄罗斯等国也竞相加强数据安全治理，探索数据安全领域的国际合作。

第一节 数字经济成国际竞争新领域

数字经济发展速度之快、辐射范围之广、影响程度之深前所未有，正推动生产方式、生活方式和治理方式深刻变革，成为重组全球要素资源、重塑全球经济结构、改变全球竞争格局的关键力量。

[①] 刘典：《数据市场成国际竞争新角力点，我国须释放制度红利打造新优势》，载新浪财经，https://baijiahao.baidu.com/s?id=1676855957981473247&wfr=spider&for=pc，访问时间2022年7月14日。

世界主要国家均高度重视发展数字经济，采取各种举措打造竞争新优势，重塑数字时代的国际新格局。我国不断推进网络强国、数字中国、智慧社会建设，以促进数据为新生产要素的数字经济蓬勃发展。2020年中共中央、国务院发布《关于构建更加完善的要素市场化配置体制机制的意见》，将数据定位为生产要素，提出要加快培育数据要素市场。2021年通过的《中华人民共和国国民经济和社会发展第十四个五年规划和2035年远景目标纲要》再次强调，要激活数据要素潜能，充分发挥海量数据和丰富应用场景优势。2022年《中共中央、国务院关于加快建设全国统一大市场的意见》提出要加快培育统一数据市场，建立健全数据安全、权利保护、跨境传输管理、交易流通、开放共享、安全认证等基础制度和标准规范，深入开展数据资源调查，推动数据资源开发利用。在数字经济对外合作方面，我国已加入《区域全面经济伙伴关系协定》（RCEP），正在申请加入《数字经济伙伴关系协定》（DEPA）及《全面与进步跨太平洋伙伴关系协定》（CPTPP）。国际社会以欧盟为例，近年来欧盟连续发布《人工智能白皮书》《欧洲数据战略》《数字服务法》《数字市场法》等多项重要政策及立法，为数字经济发展建立制度保障。2022年5月，为进一步规范欧洲数据治理模式，发挥数据在经济和社会方面的潜力，欧盟又通过《数据治理法》明确了欧盟未来数字服务应如何处理数据，如何促进各部门和成员国之间的数据共享。

  因各种现实因素，网络空间具有法律约束力的国际规则尚未形成。在数字经济对国家安全和经济发展影响愈加深刻的当下，全球网络空间规则制定的主导权争夺进一步激化。美国新总统拜登上台后，虽然对中国的科技、网络政策进行调整，但是主基调仍然以拉拢盟国为抓手，共同遏制中国崛起。拜登政府对科技外交的重视程度前所未有，目标之一便是冲击中国对全球数字经济格局的强大塑造力。推动美国与对象国建立科技领域的对话共同立场，成为美国政府高官出访和公开表态的例行任务。美国时任国务卿布林肯在美国国会作证时把中国定义为"21世纪最大的地缘政治考验"，认为中国已经成为世界上唯一一个能够在综合国力上挑战美国的国家。2021年1月，美国科技创新智库"信息技术和创新基金会"（ITIF）发布的《美国全球数字经济大战略》报告认为，"中国已成为美国在信息技术和数字经济领域最主要的竞争对手"。2022年8月，美国总统拜登签署《2022年芯片与科学法》，对芯片行业投入527亿美元补贴，旨在以一种长期的、可持续的、低成本的"有限封堵"策略与中国竞争，意图在"自强"与"弱他"两方面拉大中美在新一轮半导体产业变革中的实力差距。

第二节　国际数据安全治理立法进程

基于数据与个人安全、公共安全乃至国家安全的关联性，数据安全问题已成为各国网络治理的热点和难点问题。作为数据类型的一种，个人信息保护首先成为各国立法关注的重点。自20世纪70年代开始，以欧盟和美国为代表的西方发达国家就已经开始个人数据保护的立法实践。近年来，为应对新技术带来的新挑战，欧美等国又开始对现行的个人数据保护框架进行改革。2016年4月，欧洲议会通过《通用数据保护条例》（GDPR），2018年5月正式实施。以GDPR的实施为标志，全球范围内掀起了数据保护改革浪潮。2017年德国通过了新修订的《联邦数据保护法》，2018年法国通过了新修订的《数据保护法》。巴西、印度、越南、马来西亚等国也开始数据保护立法。新加坡、日本也纷纷更新本国的个人信息保护立法。

欧盟GDPR的实施以及全球数据保护立法改革的兴起给美国带来巨大冲击，美国立法者、学界、行业等开始深刻反思美国现行数据隐私立法体系，纷纷采取举措推动相关立法进程，试图在后GDPR时代建立起美国数据隐私保护新范式。以加利福尼亚州为例，作为美国隐私保护最为先进的州之一，2018年6月，加利福尼亚州率先颁布《加州消费者隐私保护法》（CCPA）。该法在诸多方面效仿GDPR，对隐私保护做出诸多开创性的规定。2020年，加州又通过了《2020年加州隐私权法》（CPRA），修正并扩展了《加州消费者隐私保护法》，进一步强化加州消费者对其个人信息的控制权。

随着个人数据保护工作的深入开展，尤其是新技术新应用的快速发展，个人数据保护逐渐走向规则细化和制度创新。例如 GDPR 实施后，欧盟又先后通过《GDPR 框架下的透明度指南》《GDPR 框架下同意指南》《GDPR 框架下的数据泄露通知指南》《数据保护官指南》等多个配套规范对 GDPR 相关规定进一步解释和说明，为执法监管与企业合规提供规范性细则。为适应新技术新应用场景下的个人数据保护需求，欧盟发布《关于在联网车辆和交通相关应用程序中个人数据处理指南》，加拿大发布《物联网设备制造商指南》及《智能设备和消费者隐私建议》。针对生物识别问题，欧洲理事会第 108 号公约咨询委员会发布《面部识别指南》，明确面部识别技术使用准则，为政府、面部识别开发人员、制造商、服务提供商和使用面部识别技术的实体提供指引；欧洲议会通过《欧洲议会关于刑法中的人工智能及警方、司法部门出于刑事事由使用人工智能的决议》，呼吁全面禁止基于 AI 生物识别技术的大规模监控；美国加州州长签署《遗传信息隐私法》，加强基因检测公司的个人信息保护；波兰数据保护管理局发布《生物识别数据使用指南》，强调使用生物识别数据应当只是在特殊情况下使用。

在强化个人数据保护的同时，各国采取多种措施保障数据安全。纵观全球，除我国出台《数据安全法》外，世界范围内尚且没有国家针对数据安全出台统一立法，但加强数据安全保障早已成为各国关注重点。欧美对数据安全的保护一方面体现在相关政策或具体行动中，另一方面通过网络安全、外商投资、出口管制等立法实现。欧盟方面，2016 年通过《网络和信息系统安全指令》（NIS 指令），明确欧盟成员国的数字服务提供商和基本服务运营商的安全要求和事件通知规则。2019 年欧盟又通过《欧盟网络安全法》，延长欧盟网络安全局（ENISA）的授权期限，扩大 ENISA 的职权范围并建立一个欧盟层面的、统一的网络安全认证机制。

美国方面，剑桥分析事件曝光后，美国高度重视个人信息利用中的安全问题，先后制定多部立法规范个人信息在政治广告领域的使用。2018年时任美国总统特朗普先后签署《外商投资风险审查现代化法》和《出口管制改革法》，为将所谓"敌对国家"的数据获取问题以及美国境内相关数据的出境问题纳入外商投资审查和出口管制提供制度依据。2019年11月，美国参议员提议制定《国家安全与个人数据保护法案》，明确指出"通过实施数据安全要求和加强对外国投资的审查，保护美国人的数据不受外国政府的威胁"。2021年美国总统拜登签署《保护美国人敏感数据不受外国敌对势力侵害的行政令》，高度关注数据安全问题，提出丰富数据分类和数据保护技术手段并要求美国商务部对与外国对手有关联的软件应用进行安全评估。

第三节　国际数据安全立法关注重点

百年未有之大变局下，国际格局加速向多极格局演进，网络空间国际博弈日益激烈。基于数字经济、信息技术、地缘政治竞争等多种因素考量，国际数据安全立法日渐突出对数据"要素"这一本原的回应，管辖突破、数据跨境和大平台监管等成为当下共同的关注重点。

一、数据监管突破原有属地管辖

基于各国数字经济发展、信息技术和文化背景等不同，各国数据安全立法方向呈现出一定的差异化。但随着数据的全球流动，国际空间围绕数据话语权的争夺态势日益严峻，数据监管突破原有的属地管辖已成国际立法趋势，以欧盟、美国为代表的国家或地区不断适用长臂管辖原则，扩张本国或本地区立法的域外效力。

GDPR采用属地加长臂管辖原则，不再以"营业机构所在地"作为地域管辖的依据，而是以"数据"是否为欧盟境内产生作为管辖权的重要依据，将适用范围扩展至"未在欧盟境内设立营业地，但向欧盟提供商品或服务"涉及个人数据处理的机构。① 作为个人数据保护的立法蓝本，GDPR相关规定为欧盟境外的诸多国家效仿。目前，巴西、印度、肯尼亚、越南、马来西亚等国已经颁布或正在制定本国的"GDPR"。GDPR的域外效力条款被诸多国家借鉴，例如印度《个人数据保护法草案2018》就规定，该法将不仅适用于在印度境内进行的个人数据处理活动，还适用于在印度境外进行但向印度境内的数据主体提供商品或服务涉及个人数据处理的行为，或者对印度境内的数据主体进行用户画像的行为。

无独有偶，在全球数据本地化立法趋势加强及微软诉美国司法部案的影响下，2018年3月，时任美国总统特朗普签署CLOUD法，旨在解决美国政府如何合法获取境外数据及外国政府如何合法获取美国境内数据的问题。该法同样适用长臂管辖原则，以"自我赋权"的方式延展美国数据主权辖域。CLOUD法主要内容包括两点：第一，确立"数据控制者"标准。美国政府可以调查取证为目的，在不需要告知数据存储国政府的前提下，要求位于境外的美国云计算服务企业向美国司法部门提供所掌握的个人隐私数据。第二，确立适格外国政府标准。美国信任的外国政府经过美国政府签批行政协议后可调取存储于美国境内的数据，但能调取数据范围十分狭窄，需最小化涉及美国公民信息。② CLOUD法突破了传统的数据存储地模式，将美国的执法效力实质性地通过其全球互联网企业扩展至诸多国家或地区，并建立以美国为中心的数据跨境获取体系。③ 实施四年来，CLOUD法在国际社会的影响力不断扩大。英国、澳大利亚、加拿大等纷纷加入美国阵营，加速双方数据共享协议谈判。截至目前，英美已正式签署。美澳、美加的谈判也正在

---

① 胡文华，孔华锋：《欧盟通用数据保护条例之中国效应及应对》，载《计算机应用与软件》2018年第11期。

② 邓崧，黄岚，马步涛：《基于数据主权的数据跨境管理比较研究》，载《情报杂志》2021年第6期。

③ 胡文华：《美国合法使用境外数据明确法对中国的影响及应对》，载《信息安全与通信保密》2019年第7期。

进行。欧盟基于隐私、人权保障、公共安全等考量，对 CLOUD 法表示质疑的同时也在采取措施积极应对，包括以 GDPR 为抓手加强境内个人数据保护、推进与 CLOUD 法类似电子数据跨境调取规则的制定、推进与美国的谈判等。

二、数据跨境规则持续调整细化

数据作为新型战略资源对全球经济增长的贡献已超过传统跨国贸易和投资，改变全球化动态发展进程。数据的跨境流动不仅会削弱数据主体对自身数据的控制权，国家关键数据资源的流失还会危及一国数据主权，潜藏了巨大的国家安全风险隐患。[1] 尤其是"棱镜门"事件爆发后数据离境给国家安全、社会稳定和个人隐私带来的潜在威胁充分凸显，国家、区域之间的数据安全信任危机不断加剧，各国开始反思本国数据本地化与跨境传输立法。目前，除信息化水平较低的非洲外，绝大多数国家均已实施了不同程度的数据本地化政策。

俄罗斯是作为数据本地化立法的典型国家，2013 年"棱镜"事件爆发后，俄罗斯对跨境数据流动管理由之前的自由放任转向严格限制。2014 年，俄罗斯先后通过第 97 号法令及第 242-FZ 号法令确立了数据本地化的基本规则，明确收集、处理个人数据的数据库须位于俄罗斯境内，且要求数据处理者在处理数据前向相关监管机构报告数据库所在地。值得关注的是，2015 年，俄罗斯通信和大众传媒部发布了详细的也是唯一的书面指南，阐明第 242-FZ 号联邦法实施的新的个人数据本地化要求。俄罗斯交通部及通信和大众传媒部表示，澄清的目的是"尽量减少因制定第 242-FZ 号联邦法律而引起的紧张局势"。[2] 根据该指南的规定，俄罗斯数据本地化的义务主体包括俄罗斯实体、在俄罗斯设有

---

[1] 邓崧，黄岚，马步涛：《基于数据主权的数据跨境管理比较研究》，载《情报杂志》2021 年第 6 期。

[2] 洪延青：《俄罗斯数据本地化和跨境流动条款解析》，载微信公众号"网安寻路人"，2018 年 10 月 19 日。

经营场所的外国实体,以及在俄罗斯没有经营场所但向俄罗斯境内提供针对性服务的外国实体。2020年,俄罗斯通信和大众传媒部要求美国社交媒体网站推特和Facebook将俄罗斯用户的网络数据库本地化。2022年,俄罗斯总统普京签署第266号联邦法,对《俄罗斯联邦个人数据法》进行大幅修正,要求委托第三方处理俄罗斯联邦公民个人数据的委托书包含本地化要求。

欧盟虽没有在立法上明确规定数据应当本地存储,但通过GDPR以及其他严格的个人数据保护规范,欧盟实际上严格限制了个人数据向欧盟境外第三国的传输。例如根据GDPR规定,一般情形下个人数据仅能向经欧盟委员会认定为"为个人数据提供充分保护"的第三国传输。此外,为降低个人数据跨境传输的安全风险,欧盟废除欧美之间运行多年的《安全港协议》,重新签署《隐私盾协议》,该协议新增了一系列个人数据保护机制。为防止美国对欧盟的大规模监视,《隐私盾协议》对美国执法部门获取欧盟个人数据行为作出诸多限制,并增设监察员制度、年度审查制度对美国国家获取欧盟个人数据的行为进行监督。但《隐私盾协议》也于2020年被欧盟法院裁定无效,体现出数据跨境国家间立场的复杂性。2022年3月25日,继"隐私盾"被判无效后,欧盟与美国就跨大西洋数据传输的新框架达成原则性协议。在新的框架下,为解决欧盟法院在2020年7月Schrems Ⅱ裁决中提出的关切,美国方面做出了前所未有的承诺,将实施改革加强适用于美国情报活动的隐私和公民自由保护。新的"跨大西洋数据隐私框架"一旦正式生效,又将对双方经济及公民产生重要影响。

全球数据本地化立法趋势直接冲击了作为数据霸主的美国的利益。对外,美国坚决反对数据本地化,主张数据在全球市场的自由流动;对内,美国也针对部分数据实施本地化要求。目前,美国通过国内立法、外资审查机制、合同机制,以及国际双边或多边协议,一方面积极倡导电子商务领域等数据的自由流动;另一方面,通过建立严格的知识产权保护制度以及相关的出口管制制度,限制部分技术信息向境外流动。此外,近年来,美国还直接颁布一些规定对部分公共数据的本地化施加要求。为保障云计算服务的安全，美国《联邦政府云计算战略》规定，可以对数据进行控制并且制定相关政策确定数据应储存在何处。美国《出口管理条例》（EAR）和《国际军火交易条例》（ITAR）分别对非军用和军用的相关技术数据进行出口许可管理，要求提供数据处理服务或掌握数据所有权的相关主体在数据出口时，必须获得法律规定的出口许可证。2015年美国国防部规定所有为该部门服务的云计算服务提供商必须在境内存储数据。2016年美国国家税务局发布规定要求税务信息系统应当位于美国境内。外资安全审查机制和合同机制中，美国仍然会对进入基础设施市场的外资掌握的数据进行流动上的限制。对于国外网络运营商，美国通常会要求其与电信小组签署安全协定，明确其国内通信基础设施应位于美国境内，通信数据、交易数据、用户信息等仅存储在美国境内。

此外，韩国、印度、越南、澳大利亚、马来西亚、加拿大等诸多国家也对数据本地化和跨境作出了规定。例如，韩国对个人数据、地理或空间数据、金融数据以及重要数据等建立了严格的管控机制。韩国《空间数据的建立、管理法》明确禁止将高分辨率图像和相关的测绘数据存储于境外，《信息通信网络的利用促进与信息保护等相关法》明确限制重要信息流向境外。印度《个人数据保护法草案2018》将个人数据分为一般个人数据、敏感个人数据和关键个人数据并建立相应的数据本地化要求。对于一般个人数据和敏感个人数据，数据受托人应当至少在印度境内的服务器或数据中心存储一份其处理的个人数据副本。印度中央政府认定的"关键个人数据"则仅能在印度境内的服务器或数据中心处理。

三、大型平台成为重点监管对象

2018年剑桥分析事件扭转了各国对大数据风险的传统认知。大数据风险的话题不再是仅关切个人信息的保护问题，更涉及社会稳定乃至国家政治安全。大型互联网平台作为海量数据的拥有者成为各国数据安全监管的重点关注对象。

以欧盟为例，基于对美国滥用其数字主导地位的担忧，欧盟在战略自主理念下积极采取措施保障数据主权，并在此基础上提出更为广泛的"数字主权"概念。为保障欧盟的"数字主权"，欧盟采取以摆脱对欧盟之外的科技公司依赖，实现欧洲在数字世界中独立行动的能力为核心的一系列措施，包括通过GDPR执法、反垄断、征收数字税等加强对谷歌、Facebook等在内的科技巨头的监管；发起欧洲数据云计划"Gaia-X"，为欧洲打造一个具有竞争力、安全性与可靠性的数据基础架构，以帮助当地供应商与美国科技巨头竞争，减少欧洲对亚马逊等外国云厂商的依赖。① 此外，GDPR生效以来，欧盟数据保护监管机构对科技巨头的监管要求一直在加强，欧洲已经对谷歌、Facebook、苹果和微软进行深度审查。2020年3月，谷歌浏览器因涉嫌违反GDPR被爱尔兰数据保护机构调查。2020年9月，欧盟监管机构就Facebook将欧盟用户数据传回美国事宜开出28亿美元的罚单。立法层面，2022年7月，欧盟理事会批准通过《数字市场法》，旨在加强对大型在线平台的规制，限制不公平及削弱市场竞争的商业行为，以促进欧洲数字市场的创新、增长和竞争。从该法制定的背景、具体内容及欧盟近年来所采取的一系列举动来看，该法重点规制的对象为在欧盟开展数字业务的大型科技企业，尤其是美企和中企。

欧盟之外的其他国家也高度关注大型互联网平台对数据主权的威胁。2022年6月，谷歌因违反俄罗斯数据本地化规定被莫斯科一家法院处以1500万卢布（约合26万美元）的罚款。这是谷歌继2021年7月后再次因同样问题受罚。②

---

① 高荣伟：《欧盟云计划要来了》，载《检察风云》2020年第2期。
② 《谷歌因违反俄罗斯"数据本地化"法规被罚款》，载微信公众号"经济参考报"，2022年6月18日。

第四节　全球数据安全治理合作实践

数字全球化不断引发数据安全治理挑战，相关问题层出不穷且复杂性高，各方在自身诉求的最大公约数内寻求开放合作，推动数据安全治理创新，构筑全球数据安全治理的规则体系方面逐渐凝聚更多共识。

当前，全球数据安全治理合作持续展开，多边机制、双边和区域性机制持续发挥作用。在全球性多边机制的实践下，世界贸易组织（WTO）、经济合作与发展组织（OECD）、亚太经济合作组织（APEC）、二十国集团（G20）等国际组织不断探索数据安全治理的规则体系，个人信息的安全保护率先成为共识。早在1980年，OECD就出台了《隐私保护与个人数据跨境流通指南》，该指南在此后构成美国、欧洲和亚洲许多国家隐私法律和框架的基础，2019年5月OECD发布的《人工智能原则》，也与同时期中国、欧盟的科技伦理和法律文件多有重合。2013年APEC通过《跨境隐私规则体系》，该隐私规则体系旨在确保个人信息跨国界自由流动的同时，为个人信息的隐私与安全建立有意义的保护。以上文件也说明近年来，伴随着非个人信息领域数据安全问题的凸显，全球围绕"数据"这一综合领域的安全治理合作逐渐展开，一些关系人类共同命运的原则问题开始形成共识。

WTO以诸边谈判的形式推进电子商务的全球合作，将数据流动、网络安全等问题纳入现有治理框架。2019年1月，我国和美国、欧盟等共76个世贸组织成员签署《关于电子商务的联合声明》，确认有意在世贸组织现有协定和框架基础上，启动与贸易有关的电子商务议题谈判，谈判的主要议题包含数据流动与管理、数字治理与网络安全等内容。G20则以灵活协调的形式，积极引领全球数字治理的方略。2016年9月，全球多国领导人共同签署《G20数字经济发展与合作倡议》，该倡议阐述了数字经济的概念、意义和指导原则，在数字经济政策制定领域鼓励成员加强政策制定和监管领域的交流，营造开放和安全的环境；2019年6月，G20达成《贸易和数字经济声明》，各国部长就如何充分利用数字技术、贸易和投资以及借助技术转型和全球化来推动实现可持续、创新型的全球社会展开讨论，并提出"G20人工智能原则"，为人工智能的健康发展做出努力。

在双边和区域性机制的实践下，欧盟与美国不断强化自身在数据安全治理方面的话语权。欧盟为贯彻自身数字战略，在其主导的数据安全治理实践中贯彻高标准的隐私保护要求。为避免内部数据流向欧盟境外引发个人隐私侵犯，欧盟相继与瑞士、以色列、日本、韩国等国家达成《GDPR框架下的个人数据传输充分性协议》；在与他国签订的经济伙伴关系协定中，欧盟也极力避免因促进数据自由流动而放弃对个人隐私保护的高标准要求。以《欧日经济伙伴关系协定》为例，为保证从欧盟传输至日本的数据能符合欧洲数据保护标准，日本实施了额外的安全保障措施。实际上，也正是因为以上努力，日本最终得以加入欧盟数据跨境传输"白名单"。

相较于欧盟，美国则凭借自身在经济领域的优越地位，通过与他国签署贸易协定等形式，促进数据向本国流动。美国与墨西哥、加拿大签署《美墨加贸易协定》（USMCA），要求缔约国采用保护数字贸易中用户个人信息的法律框架，明确缔约国对个人信息收集限制原则、数据质量原则、安全保障原则等关键原则的认可；在《美墨加贸易协定》的"数字贸易"一章基础上，美国与日本达成《美日数字贸易协定》，主要内容包括消除对数字产品的歧视性待遇、防止今后对电子传输征收关税、验证电子签名的使用、为在线消费者和个人信息提供保护的条款；禁止对通过电子方式传输的数字产品（如视频、音乐、电子书、软件和游戏）征收关税；确保对数字产品的非歧视待遇，包括税收措施的覆盖范围；确保所有领域的跨境数据无障碍传输；禁止数据本地化要求，包括金融服务供应商；禁止任意访问计算机源代码和算法；确保公司灵活地在其产品中使用创新的加密技术。①

---

① 《全球数字经贸规则的第四种力量：DEPA有什么不一样？》，载腾讯网，https://new.qq.com/omn/20211103/20211103A0AFSP00.html，访问时间2022年7月14日。

其他国家也积极开展数字治理的国际合作。2020年6月，新加坡、智利和新西兰三国在线签署《数字经济伙伴关系协定》（DEPA），强化三国之间数字贸易合作关系，并同步建立便利数字经济发展的相关规范；2020年8月，澳大利亚与新加坡签署《数字经济协定》（DEA），该协定将降低两国之间的数字贸易壁垒，改善跨境数据流动、知识产权、数字系统兼容性、消费者数据保护、数字标准；2018年3月，澳大利亚、文莱等11国签署《全面与进步跨太平洋伙伴关系协定》（CPTPP），在电子商务一章中对数据跨境流动规则等问题作出规定。

除通过签署自由贸易协定、经济协定对数据安全治理问题一并进行规定外，针对数据跨境流动、数据安全等问题的专门协定也逐渐涌现。2021年1月，东盟部长级会议批准《东盟数据管理框架》（DMF）和《东盟跨境数据流动示范合同条款》；2021年4月，G7成员国签署《部长宣言：G7数字技术部长会议》，涉及一系列关于如何应对全球网络安全挑战的共同原则；2021年10月，G7就跨境数据使用和数字贸易规则达成协议，该协议在欧洲国家高度管制的数据保护制度和美国更开放的方式之间确定了一个中间立场。2022年4月21日，美国率领一众经济体宣布建立"全球跨境隐私规则"体系，将APEC框架下原有的跨境隐私规则体系转变成一个全球所有国家或经济体都可以加入的体系。

在这一背景下，我国积极推进以自身为主导的数据安全治理规则。自2020年9月8日在"抓住数字机遇，共谋合作发展"国际研讨会高级别会议上提出《全球数据安全倡议》以来，我国秉承该倡议的核心精神积极推进与他国的双边关系。2021年3月，我国同阿盟发表《中阿数据安全合作倡议》，支持秉持多边主义、兼顾安全发展、坚守公平正义的原则，共同应对数据安全风险挑战；2021年8月，我国同非洲发表《中非携手构建网络空间命运共同体倡议》，秉持"发展共同推进、安全共同维护、治理共同参与、成果共同分享"的理念，把网络空间建设成为发展共同体、安全共同体、责任共同体、利益共同体。两份倡议的精神与《全球数据安全倡议》一脉相承。另一方面，我国秉持开放态度，积极申请加入与自身发展理念一致的协定。2020年11月，习近平总书记以视频方式出席亚太经合组织领导人非正式会议时表示，"中方将积极考虑加入全面与进步跨太平洋伙伴关系协定"。2021年9月，我国商务部部长王文涛向CPTPP保存方新西兰贸易与出口增长部长奥康纳提交我国正式申请加入CPTPP的书面信函。2021年10月，我国国家主席习近平同志在出席二十国集团领导人峰会时明确指出，我国高度重视数字经济发展的国际合作，已经决定申请加入DEPA。2021年11月，商务部部长王文涛代表中方正式向DEPA保存方新西兰提出加入DEPA的申请。如果顺利加入CPTPP、DEPA，将更为有力地推动我国多边和区域经济一体化战略建设。

　　在合作的主流声音下，国际数据安全领域也有暗流涌动。例如美国于2022年4月领头签署《互联网未来宣言》，宣称代表了各签署方对推动建设全球互联网和数字技术积极愿景的政治承诺，促进"开放和自由"的互联网，以应对"数字威权主义"对全球互联网带来的威胁和挑战，就是典型的背离合作、制造对立的"噪声"。因此，作为探索全球数据安全治理规则的有益实践，当前的国际合作还存在更大的发展空间，加之存在更为多元化与多层次的合作需求，在各国竞争与博弈渐趋激烈的同时，加强数据安全领域的国际合作将是未来很长一段时间内的趋势。

第三章

数据安全的中国解决方案

  很长的一段时间，我国对数据安全的法律保障主要依附于对计算机信息系统安全或商业秘密、著作权等权益的保护，"数据安全"作为一种独立的权益并没有进入立法视野。随着信息技术及数字经济的快速发展，数据作为一种新型的、独立的保护对象逐渐获得立法上的认可。2015年《国家安全法》直接将数据安全上升到国家安全高度。2016年《网络安全法》将数据安全纳入网络安全范畴。近年来，地方层面围绕数据出境、数据安全保障、数据开放、数据权等问题积极先试先行。在此基础上，《数据安全法》在数据安全领域进行专门性与系统性规定，最终落地数据安全治理的中国方案。本章对从网络安全到数据安全的法治演进、公安机关数据安全监管、国家数据主权维护等方面进行介绍。

第一节　数据安全法治演进

一、从网络安全到数据安全

1.《网络安全法》时期

2015年《国家安全法》第二十五条明确提出，国家"实现网络和信息核心技术、关键基础设施和重要领域信息系统及数据的安全可控"，直接将数据安全上升到国家安全的高度。2016年《网络安全法》将数据安全纳入网络安全，网络安全等级保护、关键信息基础设施安全保护、个人信息保护等制度为数据安全的落实提供重要支撑。为规范公安机关互联网安全监督检查工作、维护网络安全，2018年公安部发布《公安机关互联网安全监督检查规定》，明确对互联网服务提供者和联网使用单位履行法律、行政法规规定的网络安全义务情况进行监督检查的内容和程序。2018年，全国人民代表大会常务委员会将《数据安全法》《个人信息保护法》纳入立法规划，2019年国家互联网信息办公室相继发布《数据安全管理办法（征求意见稿）》《个人信息出境安全评估办法（征求意见稿）》等多个《网络安全法》配套文件。2020年，第十三届全国人民代表大会第三次会议通过《中华人民共和国民法典》（以下简称《民法典》），从民事权益角度明确对"个人信息""数据""虚拟财产"的保护，为数据的民事保护提供基础法律依据。地方层面围绕数据出境、数据安全保障、数据开放、数据权等问题先试先行，为国家层面的数据安全立法积累前期经验，典型如《天津市数据安全管理办法（暂行）》《贵州省大数据安全保障条例》《中国（上海）自由贸易试验区临港新片区总体方案的通知》《海南自由贸易港建设总体方案》等。行业层面也积极探索数据安全规范路径。例如针对金融消费者信息安全问题，2020年中国人民银行发布《金融消费者权益保护实施办法》。

这一时期，《网络安全法》以保护数据的静态安全为主，呈现"重收集、轻处理"的特点，构建的网络安全等级保护、关键信息基础设施安全保护、数据本地化与出境安全管理、个人信息保护等制度成为当时数据安全治理的重要依据。随着国内外数据安全形势的变化，数据安全问题从安全保障走向战略博弈，既有法律规定在国际博弈方面应对乏力，在立法主动性和成熟度两方面面临考验，也难以满足数据动态利用、数据跨境、数据汇聚和融合等引发的安全保障需求。

2.《数据安全法》时期

2020年7月，《数据安全法（草案）》在中国人大网公开并征求公众意见。此次草案的出台有着深刻的时代背景和现实背景，是我国对当前数据安全内外部形势的回应。在我国数据安全形势严峻、数据安全立法尚不健全的背景下，《数据安全法》承载着解决我国数据安全内外部风险、构建数据安全核心制度框架，进而保障个人、公共、国家在大数据时代安全利益的重要使命和期待。全国人民代表大会在草案起草说明中将《数据安全法》定位为数据安全领域的基础性法律。

我国2021年政府工作报告指出，"加强网络安全、数据安全和个人信息保护"，这是"数据安全""个人信息保护"首次被写入政府工作报告。这一年是"十四五"的开局之年，数据安全产业蓬勃发展，《数据安全法》《个人信息保护法》《关键信息基础设施安全保护条例》等法律法规相继出台并施行，强化数据安全的法制基础。

2021年9月1日《数据安全法》正式施行，标志着我国正式迈入数据安全统一立法时代。在总体国家安全观的指导下，《数据安全法》针对数据这一非传统领域的国家安全风险与挑战，确立国家数据安全工作体制机制，构建数据安全协同治理体系，明确预防、控制和消除数据安全风险的一系列制度措施，提升国家整体数据安全保障能力。2021年11月1日，我国个人信息保护领域首部专门立法——《个人信息保护法》正式施行,对个人信息保护制度及规则做出全面、系统规定。违反相关规定的,最高可处以五千万以下或者上年度营业额百分之五以下的罚款,并处责令暂停相关业务或停业整顿、吊销业务许可或营业执照,并规定了双罚制及相应的限制从业条款。至此,我国数据安全法律框架及顶层制度设计构建基本完成。

2021年《关键信息基础设施安全保护条例》出台并正式实施,《网络安全等级保护条例》《网络数据安全管理条例》等也正在制定中。《数据安全法》《个人信息保护法》出台后,各部委也相继出台各项数据安全规范或征求意见稿。针对汽车数据安全问题,2021年国家互联网信息办公室、国家发展和改革委员会等多部门联合发布《汽车数据安全管理若干规定(试行)》;针对工业、电信行业数据安全问题,2021年工业和信息化部发布《工业和信息化领域数据安全管理办法(征求意见稿)》;针对数据出境问题,2022年7月,国家互联网信息办公室发布《数据出境安全评估办法》。

随着数据安全规范体系的逐步健全,各主管、监管部门在各自职责范围内积极开展数据安全监督管理工作。公安部组织全国网络安全执法大检查行动,首次开展针对大数据安全的整治工作。工业和信息化部为进一步提升用户信息安全保障,启动信息通信服务用户感知提升专项行动,督促企业建立个人信息保护"双清单"制度等。此外,多部门联合执法的机制也逐步建立。2020年公安部与中央网信办牵头,联合最高人民法院、最高人民检察院、工业和信息化部、国家市场监管总局等,建立打击危害公民个人信息和数据安全长效机制;[1] 中央网信办、工业和信息化部、公安部、国家市场监管总局针对App违规问题联合开展整治行动;交通运输部多次会同中央网信办、工业和信息化部、公安部、国家市场监管总局等部门就包含信息数据安全在内的问题联合约谈网约车平台。

---

[1] 《跨部委打击危害公民个人信息和数据安全违法犯罪长效机制成立》,载微信公众号"公安部网安局",2020年4月15日。

司法打击力度也持续加强。最高人民检察院一方面强化顶层设计，成立惩治网络安全犯罪维护网络安全研究指导组并发布《人民检察院办理网络犯罪案件规定》，全面加强惩治网络犯罪研究和指导，为依法追诉网络犯罪提供规范指引；另一方面持续加大对包括网络"黑灰产"在内的网络安全犯罪的司法治理力度。除打击传统网络安全犯罪外，针对数据安全问题，最高人民检察院还积极利用检察建议推动相关行业监管。如围绕网络黑灰产业链条整治、App违法违规收集个人信息、未成年人网络保护等问题，向工业和信息化部发出第六号检察建议。最高人民法院除发布指导案例，如付宣豪、黄子超破坏计算机信息系统案外，对实践中出现的多样化数据安全犯罪行为也作出有效应对，为个人、组织数据处理行为划定法律红线。2021年最高人民法院出台《关于审理使用人脸识别技术处理个人信息相关民事案件适用法律若干问题的规定》，回应个人信息安全问题。

2022年3月5日，第十三届全国人民代表大会第五次会议在北京人民大会堂开幕，李克强总理作2022年政府工作报告，提出"完善数字经济治理，培育数据要素市场，释放数据要素潜力""强化网络安全、数据安全和个人信息保护"。其中"数据安全""个人信息保护"再次被写入政府工作报告，上升为与网络安全并列的战略地位，意味着我国数据安全进入具有里程碑意义的发展新阶段。

二、公安机关数据安全监管

公安机关是维护网络安全的主力军。《中华人民共和国人民警察法》第六条明确公安机关职责包括"监督管理计算机信息系统的安全保护工作"。《计算机信息系统安全保护条例》第六条明确"公安部主管全国计算机信息系统安全保护工作"，并在第九条、第十一条确立的信息安全等级保护制度、计算机国际联网备案制度中强调公安机关作为相应监管机构。《网络安全法》第八条明确规定"国务院电信部门、公安部门和其他有关机关依照本法和有关法律、行政法规的规定在各自职责范围内负责网络安全保护和监督管理工作"。《关键信息基础设施安全保护条例》对关键信息基础设施运营者的网络安全、数据安全、个人信息保护提出了系列要求，并在第三条明确规定公安机关在关键信息基础设施安全保护工作中的"指导监督"职责。

长期以来，公安机关始终把维护网络安全作为战略性、根本性任务。通过全力推进"净网"专项行动①、积极构建国家网络安全综合防控体系，依法严厉打击涉网违法犯罪，切实加强网络空间治理，强化基础设施网络安全防护，提升网络安全事件应急指挥能力等措施，全力维护网络空间安全，保障广大网民合法权益。在网络安全等级保护、关键信息基础设施安全保护制度框架下，公安机关已经开展了广泛的网络安全包括数据安全的监督管理实践。

当前，数据已成为影响网络安全等级保护制度中定级、关键信息基础设施认定的重要因素之一，包含个人信息数据在内的数据安全保护已成为网络安全等级保护2.0制度、关键信息基础设施安全保护制度的重要内容。为深入贯彻党中央有关文件精神和《网络安全法》，指导重点行业、部门全面落实网络安全等级保护制度和关键信息基础设施安全保护制度，健全完善国家网络安全综合防控体系，有效防范网络安全威胁，有力处置重大网络安全事件，配合公安机关加强网络安全监管，严厉打击危害网络安全的违法犯罪活动，切实保障关键信息基础设施、重要网络和数据安全，2020年公安部发布《贯彻落实网络安全等级保护制度和关键信息基础设施安全保护制度的指导意见》。该意见将数据安全作为落实网络安全等级保护制度与关键信息基础设施安全保护制度的

---

① 面对近年来网络安全犯罪高发态势，公安机关深入推进"净网"专项行动，聚焦关系人民群众切身利益，群众反映强烈、深恶痛绝的侵犯公民个人信息违法犯罪开展严厉打击。2021年全国公安机关深入推进"净网2021"专项行动，侦办侵犯公民个人信息、黑客等重点案件1.8万余起，查处非法侵入计算机信息系统、非法获取系统数据人员3000余名，抓获行业内部人员680余名。《"净网行动"这一年，侦办侵犯公民个人信息等网络犯罪案件6.2万起》，载中国政府网，http://www.gov.cn/xinwen/2022-01/05/content_5666617.htm，访问时间2022年1月5日。

重要内容，在网络安全等级保护定级备案、等级测评、建设整改等环节均加入数据安全考量因素，并明确要求关键信息基础设施运营者加强重要数据和个人信息保护。根据该意见，运营者应建立并落实重要数据和个人信息安全保护制度，对关键信息基础设施中的重要网络和数据库进行容灾备份，采取身份鉴别、访问控制、密码保护、安全审计、安全隔离、可信验证等关键技术措施，切实保护重要数据全生命周期安全。运营者在境内运营中收集和产生的个人信息和重要数据应当在境内存储，因业务需要，确需向境外提供的，应当遵守有关规定并进行安全评估。

除了在网络安全等级保护、关键信息基础设施保护制度框架下推进数据安全，对于数据安全与个人信息保护领域的突出问题，公安机关也采取了一系列措施。针对非法采集、提供、倒卖公民个人信息等行为，2016年以来，公安部连续六年组织全国公安机关开展打击侵犯公民个人信息犯罪专项行动，深入开展公民个人信息和数据安全执法大检查，全链条打击非法采集、提供、倒卖个人信息违法犯罪，侦破相关案件3.3万余起，抓获犯罪嫌疑人7.6万余名。针对一些App超范围采集公民个人信息乱象，公安部会同多部门开展专项整治，推进网络安全监督检查和隐患整改，强化网络安全等级保护和数据安全保护。2020年2月，公安部联合17家部委建立了打击危害公民个人信息和数据安全违法犯罪长效机制，进一步提升了打击整治工作合力。[1]

随着《数据安全法》《个人信息保护法》相继出台，如何落实法律赋予的职责，快速、有效、有针对性地开展数据安全监管成为公安机关当前的重要工作。公安机关是《数据安全法》明确确定的数据安全监管机构。《数据安全法》规定，"公安机关、国家安全机关等依照本法和有关法律、行政法规的规定，在各自职责范围内承担数据安全监管职责"，并强调利用互联网等信息网络开展数据处理活动应当在网络安全等级保护制度的基础上履行数据安全保护义务。《个人信息保护法》确立国家

---

[1] 《公安部：守护公民个人信息安全，六年来侦破3.3万余起案件》，载光明网，https://m.gmw.cn/baijia/2022-01/15/1302764391.html，访问时间2022年1月15日。

网信部门负责统筹协调个人信息保护工作和相关监督管理工作。国务院有关部门依照本法和有关法律、行政法规的规定，在各自职责范围内负责个人信息保护和监督管理工作的监管职能划分。在此框架下，公安机关的监管职责主要体现于对作为网络安全、数据安全类型之一的个人信息安全的监督管理，包括个人信息安全的内部管理制度、个人信息分类、采取的安全技术措施、权限管理情况、安全教育和培训、应急预案的制定与实施、人员架构设置、特定情形下的个人信息保护影响评估、个人信息安全事件的补救与通知报告等。此外，作为打击侵犯公民个人信息犯罪的主力军，对于个人信息的非法获取、出售或者提供行为，公安机关具有当然的监督管理职责。因此，《个人信息保护法》中个人信息获取规则、对外提供规则的落实情况，例如个人信息采集是否合法、正当、必要，是否落实告知同意原则，个人信息对外提供是否获取单独同意，是否进行影响评估等均属于公安机关监管范畴。

公安机关将在有关部门的统筹协调下，重点从以下五个方面推进《数据安全法》的落实：一是建立完善数据安全工作机制、政策和基础制度，为贯彻落实《数据安全法》提供各项保障；二是深入推进关键信息基础设施安全保护和网络安全等级保护工作，制定出台数据安全保护技术标准，督促、指导数据处理者采取相应的技术措施和必要的其他措施，保障数据安全；三是加强数据安全监督管理，组织开展数据安全监督检查、检测评估等工作，督促数据处理者依法履行安全保护责任和义务，整改网络安全、数据安全风险、隐患、漏洞和突出问题，提高安全保护能力；四是依托国家网络与信息安全信息通报机制，加强数据安全监测、通报、预警和应急处置工作，防范数据安全事件和威胁风险；五是加强数据安全相关事件的调查处置和案件侦办，严厉打击危害数据安全的各类违法犯罪活动。①

---

① 《国新办公安机关护航全面建成小康社会新闻发布会答记者问》，载中华人民共和国公安部官网，https://www.mps.gov.cn/n6557563/c8122391/content.html，访问时间2021年9月18日。

第二节 国家数据主权维护

当前，新一轮科技革命和产业变革深入发展，国际力量对比深刻调整，国际环境日趋复杂，不稳定性不确定性明显增加，对我国国家主权、安全及发展带来新的风险和挑战。我国的数据主权立场不仅关系到国家数据安全的维护，也深刻影响着在复杂地缘经济政治竞争中的外部信任和我国数字全球市场的拓展。面对数据主权的国际立法态势及我国数据领域的国家安全、公共安全风险及挑战，我国坚持网络主权基本原则。对外，深化拓展网络空间国际合作，阐明我国尊重数据主权的基本主张；对内，积极构建数据主权制度体系，确立数据领域的立法、执法及司法管辖权边界。

一、强化制度体系设计，坚决维护数据主权

网络语境下我国主权理念有一个发展演进过程，从互联网主权到信息主权再到数据主权，我国网络空间主权理念逐渐成熟。

2010 年，国务院新闻办公室发布《中国互联网状况》白皮书，首次提出"互联网主权"概念，明确指出"互联网是国家重要基础设施，中华人民共和国境内的互联网属于中国主权管辖范围，中国的互联网主权应受到尊重和维护"。

2014 年 7 月，国家主席习近平在巴西国会发表《弘扬传统友好 共谱合作新篇》的演讲中进一步提出"信息主权"，指出虽然互联网具有高度全球化的特征，但每一个国家在信息领域的主权权益都不应受到侵犯，互联网技术再发展也不能侵犯他国的信息主权。2015 年 12 月，在第二届世界互联网大会的主旨演讲中，国家主席习近平将"尊重网络主权"列为全球互联网治理体系四项原则的核心。2015 年 8 月，国务院发布《促进大数据发展行动纲要》，明确提出"充分利用我国的数据

规模优势，发掘和释放数据资源的潜在价值，有利于更好发挥数据资源的战略作用，增强网络空间数据主权保护能力，维护国家安全，有效提升国家竞争力"，这是"数据主权"首次出现在国务院文件中。在网络数据领域，国家享有主权。2017年，我国外交部和国家互联网信息办公室发布《网络空间国际合作战略》，明确主权原则适用于网络空间，为数据主权原则的确立打下良好基础。

随着大数据产业及国际数据立法形势的发展，"数据主权"逐渐从政策层面走向立法层面。我国现行法中虽没有数据主权概念，但诸多立法中已有维护数据主权的制度设计。

《数据安全法》《个人信息保护法》出台前，我国《国家安全法》、《网络安全法》、《中华人民共和国国际刑事司法协助法》（以下简称《国际刑事司法协助法》）、《中华人民共和国证券法》（以下简称《证券法》）等法律及配套规范就已经从数据本地化与跨境、执法数据跨境调取、供应链安全等维度对数据主权问题作出回应。2015年《国家安全法》首次以法律形式明确要求"维护国家网络空间主权、安全和发展利益"，并在第二十五条将数据安全上升到国家安全的高度，明确提出国家要实现关键基础设施和重要领域信息系统及数据的安全可控，维护国家网络空间主权、安全和发展利益，为我国构建以维护国家安全及发展利益为核心的数据主权体系提供了直接依据。《网络安全法》进一步完善数据主权体系下的具体制度设计。在数据本地化与出境安全方面，第三十七条明确关键信息基础设施中的个人信息及重要数据出境的基本方案，要求关键信息基础设施的运营者在我国境内运营中收集和产生的个人信息和重要数据，应当在境内存储；因业务需要，确需向境外提供的，应当按照国家网信部门会同国务院有关部门制定的办法进行安全评估。在供应链安全方面，该法第三十五条规定的网络安全审查制度为保障数据供应链安全提供了重要支撑。该条要求关键信息基础设施的运营者采购网络产品和服务，可能影响国家安全的，应当通过国家网信部门会同国务院有关部门组织的国家安全审查。

面对以美国CLOUD法代表的诸多国家或地区不当扩张域外效力对

我国数据主权与安全带来的威胁，我国加紧出台了一系列阻断规定。例如，2018年实施的《国际刑事司法协助法》第四条明确规定"非经中华人民共和国主管机关同意，外国机构、组织和个人不得在中华人民共和国境内进行本法规定的刑事诉讼活动，中华人民共和国境内的机构、组织和个人不得向外国提供证据材料和本法规定地协助"。2020年实施的《证券法》第一百七十七条规定"境外证券监督管理机构不得在中华人民共和国境内直接进行调查取证等活动。未经国务院证券监督管理机构和国务院有关主管部门同意，任何单位和个人不得擅自向境外提供与证券业务活动有关的文件和资料。"

这些法律为防止他国绕过我国监管机构直接获取境内数据提供了法律依据。但总体来看，这一时期数据主权规定相对零散，无论是数据本地化与跨境传输规范、供应链安全规范还是执法数据跨境调取规范均存在诸多不足，难以应对日益复杂的国内外数据主权及安全威胁。以外国政府的数据调取请求为例，我国通过《国际刑事司法协助法》等法律法规基本确立了审批要求，为监管机构介入提供了一定路径。但整体来看，上述法律仍存在规范不全面、可操作性不强等问题，难以为政府监管机构介入提供有效、全面的制度支撑。多数情形下，面对境外执法机构向我国境内企业提供执法协助的要求，我国主要依赖于企业自身处理而非政府行动。

这种情况下，一方面，企业往往难以对抗外国政府代表的国家力量提出的强制要求；另一方面，在企业主体缺乏相应报备机制的环境下，我国政府存在诸多监管盲区。在古驰等公司商标侵权诉讼案中，中国银行就迫于美国罚款压力最终屈从提交了来自其中国境内机构的7000多页相关文件。此外，面对外国执法机构跨境调取数据涉及多领域、真实目的较隐蔽、安全风险跨部门的客观现实，我国部分监管、行业部门对相关数据安全、国家安全风险存在敏感度不高、把握不准、重视度不够、措施有效性不足等问题，亟需国家层面的跨部门信息共享、决策共商及应对措施协调机制。

《数据安全法》《个人信息保护法》在吸收、总结国内外先进经验的基础上，弥补现有法律制度不足，推进我国数据主权体系建立健全。

首先，面对全球数据立法域外效力扩张的形势，《数据安全法》《个人信息保护法》对域外效力作出规定。《数据安全法》第二条第二款采用保护管辖原则，明确在我国境外开展数据处理活动，损害我国国家安全、公共利益或者公民、组织合法权益的，依法追究法律责任。《个人信息保护法》借鉴欧盟GDPR的规定，明确在我国境外处理我国境内自然人个人信息的活动，如有"以向境内自然人提供产品或者服务为目的，或分析、评估境内自然人的行为"情形的，也适用该法。这些规定在一定程度上为我国制约美国CLOUD法、欧盟GDPR等立法的域外效力提供了法律应对。

其次，《数据安全法》建立的数据安全审查制度、数据出口管制制度进一步充实了我国数据主权制度体系。其中，数据安全审查制度弥补了一直以来我国数据主权维护局限于关注数据存储、出境环节的不足，形成了能够覆盖收集、存储、使用、加工、传输、提供、公开等各个数据处理环节的安全风险应对机制。值得关注的是，2021年12月，国家互联网信息办公室、国家发展和改革委员会、工业和信息化部、公安部、国家安全部、财政部、商务部、中国人民银行、国家市场监督管理总局、国家广播电视总局、中国证券监督管理委员会、国家保密局、国家密码管理局等十三个部门联合修订发布了《网络安全审查办法》，对2020年4月公布的《网络安全审查办法》进行修订。新版《网络安全审查办法》将《数据安全法》作为制定依据之一，网络安全审查的范畴不再局限于关键信息基础设施运营者采购产品或服务，而是扩展至网络平台开展数据处理活动。新增的诸多规定体现了对数据主权和安全的考量。例如明确规定"掌握超过100万用户个人信息的网络平台运营者赴国外上市，必须向网络安全审查办公室申报网络安全审查"。网络安全审查考量的因素包括核心数据、重要数据或者大量个人信息被窃取、泄露、毁损以及非法利用、非法出境的风险，国外上市存在关键信息基础设施、核心数据、重要数据或者大量个人信息被外国政府影响、控制、恶意利用的风险，以及网络信息安全风险等。

再次,《数据安全法》《个人信息保护法》完善了外国执法数据跨境调取应对机制及数据出境管理制度。针对外国执法数据跨境调取问题,《数据安全法》第三十六条规定,"中华人民共和国主管机关根据有关法律和中华人民共和国缔结或者参加的国际条约、协定,或者按照平等互惠原则,处理外国司法或者执法机构关于提供数据的请求。非经中华人民共和国主管机关批准,境内的组织、个人不得向外国司法或者执法机构提供存储于中华人民共和国境内的数据";第四十八条第二款设置了相应法律责任。《个人信息保护法》第四十一条规定,"中华人民共和国主管机关根据有关法律和中华人民共和国缔结或者参加的国际条约、协定,或者按照平等互惠原则,处理外国司法或者执法机构关于提供存储于境内个人信息的请求。非经中华人民共和国主管机关批准,个人信息处理者不得向外国司法或者执法机构提供存储于中华人民共和国境内的个人信息";第六十六条规定了违反的法律责任。这些规定弥补了此前《国际刑事司法协助法》等仅限于刑事司法领域且缺乏法律威慑力的不足。

针对数据出境问题,《数据安全法》强化了关键信息基础设施之外重要数据以及达到一定规模的个人数据的出境监管,弥补了《网络安全法》仅关注关键信息基础设施数据安全的监管漏洞。《个人信息保护法》专门设置"个人信息跨境提供的规则"一章,从法律层面明确个人信息跨境提供的基本规则,详细规定向境外提供个人信息需满足的条件、向境外提供个人信息情形的告知和单独同意等,对个人信息跨境提供制度的落地起到极大的促进作用。《数据出境安全评估办法》通过直接规定和协议约定的间接方式,构筑了数据的境外接收方的义务与责任体系,实际上也是数据主权在民事主体层面的重要体现与落实。其典型规定如下:要求境内的数据处理者对包括境外接收方的业务能力、保护水平、合同承诺、法律环境、实际控制等方面,通过承诺、评估、审计、法律救济等方式进行保障性约束。

此外,《个人信息保护法》还建立了互联网生态"守门人",即互联网大型平台管控制度。互联网大型平台是主权国家之外对数据主权构成潜在威胁的另一重要主体。针对提供重要互联网平台服务、用户数量巨大、业务类型复杂的个人信息处理者，《个人信息保护法》规定成立由外部成员组成的独立机构对个人信息保护情况进行监督，定期发布个人信息保护社会责任报告，制定平台规则，对严重违反法律、行政法规处理个人信息的平台内的产品或者服务提供者，停止提供服务等额外义务。

二、聚焦大国战略互信，积极推进安全共识

2020年9月，美国政府频繁针对我国信息技术企业，恶意指责我国企业非法获得美国公民数据，并针对我国企业开展"清网行动"，在此背景下，我国提出《全球数据安全倡议》。该倡议聚焦关键基础设施和个人信息保护、企业境外数据存储和调取、供应链安全等重大问题，就政府和企业在数据安全领域的行为规范提出建设性的解决思路与方案，阐明了我国尊重他国数据主权、坚决捍卫本国数据主权的基本立场。

针对部分国家企图违反国际法规则，绕过他国政府监管直接调取他国境内数据的问题，倡议明确提出，各国应尊重他国主权、司法管辖权和对数据的安全管理权，未经他国法律允许不得直接向企业或个人调取位于他国的数据。各国如因打击犯罪等执法需要跨境调取数据，应通过司法协助渠道或其他相关多双边协议解决。国家间缔结跨境调取数据双边协议，不得侵犯第三国司法主权和数据安全。

针对数据管辖及存储地问题，倡议提出各国应要求企业严格遵守所在国法律，不得要求本国企业将境外产生、获取的数据存储在境内。

针对数据供应链安全问题，倡议指出各国应以事实为依据全面客观看待数据安全问题，积极维护全球信息技术产品和服务的供应链开放、安全、稳定。同时提出各国承诺采取措施防范、制止利用网络侵害个人信息的行为，反对滥用信息技术从事针对他国的大规模监控、非法采集他国公民个人信息。信息技术产品和服务供应企业不得在产品和服务中设置后门，非法获取用户数据、控制或操纵用户系统和设备。

倡议得到世界多国积极评价，已成为我国数据主权立场的基本文件，相关主张和理念融入我国开展的各项数字经济国际合作文件中。2021年3月，作为有重要影响力的地区性国际组织，阿拉伯国家集体主动支持并同中国共同发表了《中阿数据安全合作倡议》，重申《全球数据安全倡议》的核心内容。2022年6月，"中国＋中亚五国"外长会晤通过《"中国＋中亚五国"数据安全合作倡议》，中亚各国支持中方提出的《全球数据安全倡议》。欢迎国际社会在支持多边主义、兼顾安全发展、坚守公平正义的基础上，为保障数据安全所作出的努力，愿共同应对数据安全风险挑战并在联合国等国际组织框架内开展相关合作。可以预见，在全球数据安全的共同诉求下，《全球数据安全倡议》的科学性将会得到更大范围的认可与支持。

第四章

国家数据安全制度

《数据安全法》专设"数据安全制度"一章,明确数据分类分级、重要数据及核心数据保护、数据安全风险评估、信息共享和监测预警、数据安全应急处置、数据安全审查、数据出口管制、数据对等措施等重要制度。本章将根据《数据安全法》的编排体例对上述制度以及数据出境、数据认证等重要制度作出具体介绍。

第一节 数据分类分级制度

在数据安全事件频发,数据泄露和数据滥用日益威胁国家安全和社会公共利益的背景下,对数据进行分类分级,根据不同的数据类别、级别确定相应的安全保护要求已成为国际通行做法。数据分类分级是落实数据安全保护措施的基础,也是促进数据充分利用、有序流动和安全共享的重要前提,数据分类分级的科学性与合理性直接关乎数据安全保护工作的成效。

一、相关法条及解释

《数据安全法》第二十一条第一款规定,"国家建立数据分类分级保护制度,根据数据在经济社会发展中的重要程度,以及一旦遭到篡改、破坏、泄露或者非法获取、非法利用,对国家安全、公共利益或者个人、组织合法权益造成的危害程度,对数据实行分类分级保护。国家数据安全工作协调机制统筹协调有关部门制定重要数据目录,加强对重要数据的保护。"

该款主要内容包含三个方面:首先,明确数据分类分级是一项数据保护制度,从法律层面肯定了数据分类分级的重要性;其次,从国家层面建立数据分类分级制度,并给出数据分类分级的依据,即国家相关部门开展数据分类分级工作,需要以数据在经济社会发展中的重要程度以及数据一旦遭到篡改、破坏、泄露或者非法获取、非法利用,对国家安全、公共利益或者个人、组织合法权益造成的危害程度为标准;再次,数据分类分级制度通过国家相关部门制定分类分级标准——有关部门制定重要数据保护目录——数据处理者按照要求执行这一传导机制发挥作用。据此,数据分类分级也是企业的一项法定义务。

事实上,国际社会不乏通过分类分级制度维护数据安全的实践。以美国为例,为确保国家信息安全,时任美国总统奥巴马在2009年签署13526号总统令——《国家安全信息分类》(CNSI),规定了一个用于国家安全信息分类、保护和解密的系统。CNSI延续了数据分级思维,依据信息泄露可能造成的损害程度维持将国家安全信息由低到高分为机密、秘密、绝密三个级别,并按照信息的覆盖领域将国家安全信息分为外国政府信息、情报活动、情报来源或方法、密码学等8类,在维护国家信息安全方面发挥关键作用。值得注意的是,CNSI强调若对信息分类存在重大疑问,则不得对此信息进行分类,若对分级存有重大疑问,则应将信息划分到较低级别,以避免对国家安全信息的过度定密。

二、制度概述

数据分类分级制度最终在《数据安全法》中得以确定，是分类分级理念历经多年发展与多领域实践的结果。同时，数据分类分级作为一项基本安全制度，只有真正实现落地，才能切实发挥数据安全保护的基础作用。

1. 制度沿革

从法律层面来看，分级制度的实践最早出现在等级保护领域。1994年《计算机信息系统安全保护条例》明确对计算机信息系统实行安全等级保护，率先提出分级保护理念。历经十多年的实践与探索，我国于2007年正式启动等级保护工作，将信息系统的安全保护等级分为五级，信息系统运营、使用单位根据级别对信息系统进行保护，国家有关信息安全监管部门根据级别对信息安全等级保护工作进行监督管理。互联网技术的快速发展使得信息安全保护对象逐渐从信息系统扩大至网络和信息系统，《网络安全法》明确将国家网络安全等级保护制度上升为法律要求，等级保护据此正式进入2.0时代，数据分级保护理念在等级保护2.0配套标准中被提出。《信息安全技术 网络安全等级保护定级指南》将数据资源作为确定网络信息系统等级的对象之一，并规定对于数据资源，应当综合考虑其规模、价值等因素，及其遭到破坏后对国家安全、社会秩序、公共利益以及公民、法人和其他组织的合法权益的侵害程度，确定其安全保护等级。

个人信息保护领域，自2013年正式实施的《信息安全技术 公共及商用服务信息系统个人信息保护指南》将个人信息分为个人一般信息和个人敏感信息，并提出对二者的处理应当遵循默许同意和明示同意的不同规则后，个人信息分类处理在实践中逐渐成为共识并最终在《个人信息保护法》中得到进一步确认。

数据安全领域，《数据安全法》出台前，我国在国家、行业及地方政府层面均明确提出了关于数据分类分级的要求。国家层面，2020年

4月9日，中共中央、国务院发布《关于构建更加完善的要素市场化配置体制机制的意见》，明确指出"要推动完善适用于大数据环境下的数据分类分级安全保护制度，加强政务数据、企业商业和个人数据的保护"。这一规定为数据分类分级在法律层面的提出提供科学依据。

行业层面，多个行业主管部门针对数据分类分级开展有益探索。如，科技部推动制定《科学数据管理办法》，明确我国科学数据管理的总体原则、主要职责、数据采集汇交与保存、共享利用、保密与安全等方面的内容。根据该办法，主管部门和法人单位应按照"分级分类管理，确保安全可控"的原则，依法确定科学数据的密级及开放条件，加强科学数据共享和利用的监管；2020年工业和信息化部办公厅发布《工业数据分类分级指南（试行）》，指导企业全面梳理自身工业数据，提升数据分级管理能力，促进数据充分使用、全局流动和有序共享为目的，对数据分类、数据分级、分级管理等内容作出规定；2018年证监会发布《证券期货业数据分类分级指引》（JR/T 0158—2018），结合行业特点提出"业务细分——数据归类——级别判定"的数据分类分级基本流程，同时提供数据分类分级管理的相关建议，为证券期货行业相关机构提供参考；2020年中国人民银行发布《金融数据安全 数据安全分级指南》（JR/T 0197—2020），界定金融数据安全分级的目标、原则和范围，明确数据安全定级要素、规则和过程，并给出金融业机构典型数据定级规则，为金融业机构开展数据安全分级工作提供指引；2020年国家市场监督管理总局与国家标准化管理委员会发布《信息安全技术 健康医疗数据安全指南》（GB/T 39725—2020），对健康医疗数据的分类分级作出规定。

地方政府层面，贵州、上海、浙江等地针对政府数据或公共数据陆续出台相应的分类分级指南。如贵州省质量技术监督局2016年发布地方标准——《政府数据 数据类分级指南》（DB52/T 1123—2016）指导政府部门在开放和共享本部门政府数据时，对本部门政府数据进行正确分类，并对分类后的政府数据定级提供参考；2019年上海市经济和信息化委员会印发《上海市公共数据开放分级分类指南（试行）》，规定公共数据开放的分级分类流程、要点、方法、示例等内容，指导公共数据开放主体开展数据分类分级;2021年浙江省市场监督管理局批准发布地方标准——《数字化改革 公共数据分类分级指南》(DB33/T 2351—2021),规定公共数据分类分级的一般要求、维度与方法。

在以上数据分类分级的行业与地方实践中,不乏一些科学、合理的规定与积极有益的尝试。尽管如此,这种自下而上的路径难以满足数据保护的现实要求。首先,以上文件具有明确的行业划分或存在地域局限性,这会导致数据安全监管部门无法统一开展工作,引发数据安全管理与监督的切实困难。其次,以上指南缺乏强制性约束,贯彻落实在很大程度上仅依靠行业自律实现,进一步限制其发挥作用。鉴于此,在国家层面建立统一的、具有法律约束力的数据分类分级要求,能够督促企业为数据提供更具针对性、更高水平的安全保护,《数据安全法》确立数据分类分级制度正是回应了这一现实需要。

2. 制度要点

数据分类与数据分级是两个不同的概念,二者分属数据保护的不同维度,各有侧重。数据分类是指根据数据属性进行区分和归类,通过明确数据的本质、属性、权属及其关系,了解各个数据是如何被使用的,确定哪些数据属于何种类别;数据分级是指按照一定的分级原则对分类后的组织数据进行定级。[①] 从逻辑上来讲,数据分类是数据分级的前提,为数据分级奠定基础。

国家开展数据分类分级工作,需要准确把握数据分类与数据分级的核心内容。就数据分类而言,其任务是识别繁杂的数据,全面且准确地梳理出数据类型,以便后续对重要数据实行重点管理,对核心数据实行严格管理。《数据安全法》第二十一条明确规定数据分类分级的依据,但这一依据严格来讲是针对数据分级设定的,并未提及数据应当如何分类。由于数据分类既可以从业务角度展开,又可以从数据管理角度展开,如何选择数据分类的维度就是应当解决的首要问题。从当前数据分

---

① 张勇:《数据安全分类分级的刑法保护》,载《法治研究》2021年第3期。

类的实践来看，其大多采用了多维度的分类方法。例如，贵州省采用多维度和线分类法相结合的方法，在主题、行业和服务三个维度对政府数据进行分类，每个维度采用线分类法分为大、中和小三类；浙江省根据公共数据具有的共同属性或特征，从数据管理、业务应用、安全保护、数据对象四大维度，将公共数据分成30余个子项。《数据安全法》出台后，2021年全国信息安全标准化技术委员会发布的《网络安全标准实践指南—网络数据分类分级指引》也采取多维度分类方法。可见由于考虑到数据的多重属性，多维度分类方法已经成为数据分类的一种可行方案，可以为国家层面的数据分类提供参考。

就数据分级而言，其任务应当是根据数据在经济社会发展中的重要程度，以及一旦遭到篡改、破坏、泄露或者非法获取、非法利用，对国家安全、公共利益或者个人、组织合法权益造成的危害程度对数据进行分级，以实现对数据的合理保护。除考虑自身分级的科学合理性外，数据分级还应当关注与网络安全等级保护制度的衔接问题。《数据安全法》第二十七条明确规定，数据处理者"利用互联网等信息网络开展数据处理活动，应当在网络安全等级保护制度的基础上，履行上述数据安全保护义务"。据此，如何实现与网络安全等级保护制度的衔接是数据分类分级制度落地过程中不可回避的重要问题。作为《网络安全法》《数据安全法》《个人信息保护法》等上位法律配套的行政法规，国家互联网信息办公室于2021年发布的《网络数据安全管理条例（征求意见稿）》虽然落实《数据安全法》提出的数据分类分级制度，明确将数据分为一般数据、重要数据、核心数据三级，但这仅回应了数据自身的分级问题，并不涉及数据分类分级与等级保护制度的衔接。

第二节 重要数据保护制度

对重要数据等特定类型数据进行重点保护并非我国独创，美国、加拿大、韩国等诸多国家均对特定类型数据进行区分保护。韩国提出"重要数据"概念，明确国家安全与主要政策相关信息以及国内开发的尖端技术或设备相关信息限制向国外传输。美国在倡导数据自由流动的同时，通过建立严格的知识产权保护、外商投资审查、出口管制等制度，限制特定类型数据向境外流动。美国在 13556 号行政令[①]中对"受控非密信息"（CUI）提出相应安全保护要求，并规定如美国政府认为该数据会对国家安全产生不利影响，可以将数据标记为"禁止向外国传播"。[②] 美国和加拿大还对军事关键技术数据（MCTD）进行严格控制。通过加拿大国防部《技术数据控制规定》和美国国防部第 5230.25 指令[③]，两国均禁止公众使用 MCTD，私营承包商必须通过联合认证计划（JCP）的认证才能访问 MCTD[④]。

《网络安全法》出台前我国虽未突出重要数据一词，但分等级保护、突出重点的思路始终蕴含在我国信息安全保障制度中，通过强调"重要领域计算机信息系统""重要信息系统安全"，客观上保障了其所承载的数据安全。《网络安全法》首次在基础立法中提出重要数据，要求对重要数据进行备份（第二十一条）以及关键信息基础设施运营者的重要数据出境安全评估义务（第三十七条）。这一阶段，重要数据主要是作为数据出境场景下的一类评估对象，相应的制度设计侧重重要数据出境安全。随着数据安全风险凸显，重要数据安全的内涵外延日益丰富，因此《数据安全法》将重要数据保护确立为一项独立的数据安全制度，不再局限于数据出境场景。同时，明确由中央国家安全领导机构建立的国家

[①] 2010 年，美国发布第 13556 号行政令《受控非密信息》（Controlled Unclassified Information）。

[②] 《数据跨境之（九）｜数字经济下的全球博弈与中国选择》，载微信公众号"交子金融论坛"，访问时间 2021 年 8 月 5 日。

[③] 1984 年，美国国防部发布第 5230.25 指令《将非密技术数据从公开披露中移除》（Withholding of Unclassified Technical Data from Public Disclosure）。

[④] 参见加拿大政府网站，https://www.tpsgc-pwgsc.gc.ca/pma-jcp/dtcpm-mctd-eng.html#:~:text=MCTD%20is%20a%20type%20of%20unclassified%20technical%20data.，is%20strictly%20controlled%20in%20Canada%20and%20the%20U.S，访问时间 2021 年 8 月 5 日。

数据安全工作协调机制负责加强对重要数据的保护，从监管机构层级方面进一步凸显重要数据保护对于国家数据安全的重要性。

一、相关法条及解释

《数据安全法》第二十一条规定，"国家建立数据分类分级保护制度，根据数据在经济社会发展中的重要程度，以及一旦遭到篡改、破坏、泄露或者非法获取、非法利用，对国家安全、公共利益或者个人、组织合法权益造成的危害程度，对数据实行分类分级保护。国家数据安全工作协调机制统筹协调有关部门制定重要数据目录，加强对重要数据的保护。关系国家安全、国民经济命脉、重要民生、重大公共利益等数据属于国家核心数据，实行更加严格的管理制度。各地区、各部门应当按照数据分类分级保护制度，确定本地区、本部门以及相关行业、领域的重要数据具体目录，对列入目录的数据进行重点保护。"

该条明确国家在数据分类分级的基础上建立重要数据和国家核心数据保护制度，要求对重要数据进行重点保护，对国家核心数据实行更加严格的管理制度。

与《数据安全法（草案）》《数据安全法（草案二次审议稿）》相比，正式通过的《数据安全法》进一步理顺重要数据目录/重要数据具体目录两级设置，明确由国家数据安全工作协调机制统筹协调有关部门先制定重要数据目录，而后各地区、各部门按照数据分类分级保护制度，确定本地区、本部门以及相关行业、领域的重要数据具体目录。

在《数据安全法（草案）》人大审议阶段，有常委会组成人员提出，关系国家安全、国计民生等数据属于国家核心数据，应当实行更加严格的管理制度，对违反规定损害国家核心利益的应当从严从重处罚。[①] 对此，全国人大常委会宪法和法律委员会经研究，在正式通过的

---

① 《全国人民代表大会宪法和法律委员会关于〈中华人民共和国数据安全法（草案）〉审议结果的报告》，载中国人大网，http://www.npc.gov.cn/npc/c30834/202106/a2292e20dfa743febe23b01fa6aa330b.shtml，访问时间2022年7月14日。

《数据安全法》中新增"国家核心数据"概念，要求实行更加严格的管理制度。同时规定严苛的法律责任，明确违反国家核心数据管理制度，危害国家主权、安全和发展利益，构成犯罪的，将依法追究刑事责任。①

总体而言，《数据安全法》要求建立全面的重要数据和国家核心数据保护制度，这意味着重要数据和国家核心数据保护的处理者在识别重要数据和国家核心数据的基础上，不仅需要落实《数据安全法》规定的全流程数据安全管理等普适性义务，还应落实重要数据和国家核心数据的针对性保护义务。

二、制度概述

如何界定重要数据概念，如何科学确定重要数据识别规则，如何加强对国家核心数据的严格保护是细化落实重要数据和国家核心数据保护制度的重要内容。

1. 重要数据定义

《网络安全法》《数据安全法》均未定义重要数据，《网络安全法》共有两处涉及重要数据，一是第二十一条要求网络运营者采取重要数据备份措施，二是第三十七条要求关键信息基础设施运营者的重要数据因业务需要确需向境外提供的，应当经过出境安全评估。《数据安全法》对重要数据处理者规定了更为具体的安全保护义务。《网络安全法》《数据安全法》虽然对重要数据保护提出了若干要求，但并未给出重要数据概念，使得重要数据定义成为目前数据安全配套法规设计的重要考量内容。

---

① 《数据安全法》第四十五条第二款：违反国家核心数据管理制度，危害国家主权、安全和发展利益的，由有关主管部门处二百万元以上一千万元以下罚款，并根据情况责令暂停相关业务、停业整顿、吊销相关业务许可证或者吊销营业执照；构成犯罪的，依法追究刑事责任。

具体来说，2017年4月，国家互联网信息办公室发布《个人信息和重要数据出境安全评估办法（征求意见稿）》，其中第十七条规定"重要数据是指与国家安全、经济发展，以及社会公共利益密切相关的数据，具体范围参照国家有关标准和重要数据识别指南。"2017年5月，全国信息安全标准化技术委员会发布国家标准《信息安全技术 数据出境安全评估指南（草案）》，附录A《重要数据识别指南》[①]中进一步细化重要数据定义。2019年5月，国家互联网信息办公室发布《数据安全管理办法（征求意见稿）》，规定"重要数据是指一旦泄露可能直接影响国家安全、经济安全、社会稳定、公共健康和安全的数据，如未公开的政府信息、大面积人口、基因健康、地理、矿产资源等。重要数据一般不包括企业生产经营和内部管理信息、个人信息等。"另外，部分行业标准中也对本行业重要数据进行了定义，如工业和信息化部发布的《基础电信企业重要数据识别指南》（YD/T 3867—2021），给出了基础电信企业重要数据的定义及示例。

《数据安全法》制定过程中和正式实施后，诸多配套法规和国家标准均尝试对重要数据进行定义。规章及规范性文件层面，《汽车数据安

---

① 指南中的重要数据是指我国政府、企业、个人在境内收集、产生的不涉及国家秘密，但与国家安全、经济发展以及公共利益密切相关的数据（包括原始数据和衍生数据），一旦未经授权披露、丢失、滥用、篡改或销毁，或汇聚、整合、分析后，可能造成以下后果：

（一）危害国家安全、国防利益，破坏国际关系；

（二）损害国家财产、社会公共利益和个人合法利益；

（三）影响国家预防和打击经济与军事间谍、政治渗透、有组织犯罪等；

（四）影响行政机关依法调查处理违法、渎职或涉嫌违法、渎职行为；

（五）干扰政府部门依法开展监督、管理、检查、审计等行政活动，妨碍政府部门履行职责；

（六）危害国家关键基础设施、关键信息基础设施、政府系统信息系统安全；

（七）影响或危害国家经济秩序和金融安全；

（八）可分析出国家秘密或敏感信息；

（九）影响或危害国家政治、国土、军事、经济、文化、社会、科技、信息、生态、资源、核设施等其他国家安全事项。

全管理若干规定（试行）》规定，"重要数据是指一旦遭到篡改、破坏、泄露或者非法获取、非法利用，可能危害国家安全、公共利益或者个人、组织合法权益的数据。"《网络数据安全管理条例（征求意见稿）》规定，"重要数据是指一旦遭到篡改、破坏、泄露或者非法获取、非法利用，可能危害国家安全、公共利益的数据。"《数据出境安全评估办法》规定，"本办法所称重要数据，是指一旦遭到篡改、破坏、泄露或者非法获取、非法利用等，可能危害国家安全、经济运行、社会稳定、公共健康和安全等的数据。"《工业和信息化领域数据安全管理办法（试行）（征求意见稿）》中依据危害程度给出重要数据范围，其中规定"危害程度符合下列条件之一的数据为重要数据：……（三）造成重大数据安全事件或生产安全事故，对公共利益或者个人、组织合法权益造成严重影响，社会负面影响大。"

国家标准层面，2021年12月全国信息安全标准化技术委员会发布的《网络安全标准实践指南—网络数据分类分级指引》采取了与《网络数据安全管理条例（征求意见稿）》同样的表述。2022年4月正式发布的《信息安全技术 网络数据处理安全要求》（GB/T 41479—2022）规定，"重要数据是指一旦泄露可能直接影响国家安全、公共安全、经济安全和社会稳定的数据。"这一阶段，《信息安全技术 重要数据识别指南》成为一项独立的国家标准立项，不再作为其他国家标准的附录等形式推进。目前，《信息安全技术 重要数据识别指南》已经过多次修改，分别于2021年9月、2022年1月和2022年4月发布征求意见稿。根据2022年4月发布的征求意见稿，标准名称已更名为《信息安全技术 重要数据识别规则》。在2022年4月发布的征求意见稿①中，将重要数据定义为"特定领域、特定群体、特定区域或达到一定精度和规模的数据，一旦被泄露或篡改、损毁，可能直接危害国家安全、经济运行、社会稳定、公共健康和安全。"2022年9月发布的《信息安全技术 网络数

---

① 《国标〈重要数据识别指南〉起草发生重大修改》，载微信公众号"小贝说安全"，访问时间2022年4月5日。

据分类分级要求（征求意见稿）》中沿用了这一定义。

核心数据方面，《数据安全法》第二十一条第二款规定关系国家安全、国民经济命脉、重要民生、重大公共利益等数据属于国家核心数据。《网络数据安全管理条例（征求意见稿）》中沿用这一描述。《信息安全技术 网络数据分类分级要求（征求意见稿）》对核心数据的定义进行细化，指出核心数据是"对领域、群体、区域具有较高覆盖度或达到较高精度、较大规模、一定深度的重要数据，一旦被非法使用或共享，可能直接影响政治安全。核心数据主要包括关系国家安全重点领域的数据，关系国民经济命脉、重要民生、重大公共利益的数据，经国家有关部门评估确定的其他数据。"

二是重要数据与个人信息、业务数据的关系。从《网络安全法》第三十七条的制定过程来看，2015年7月《网络安全法（草案）》规定的是"公民个人信息等重要数据"[1]，此时将公民个人信息作为重要数据的一种。随后，根据公众提出的关键信息基础设施运营者的重要业务数据也应在境内存储的建议，《网络安全法（草案二次审议稿）》修改为"公民个人信息和重要业务数据"[2]，将公民个人信息和重要业务数据并列，重要数据的范围限定在业务数据。而正式通过的《网络安全法》修改为"个人信息和重要数据"[3]。就关键信息基础设施的数据出

---

[1] 《网络安全法（草案）》第三十一条：关键信息基础设施的运营者应当在中华人民共和国境内存储在运营中收集和产生的公民个人信息等重要数据；因业务需要，确需在境外存储或者向境外的组织或者个人提供的，应当按照国家网信部门会同国务院有关部门制定的办法进行安全评估。法律、行政法规另有规定的从其规定。

[2] 《网络安全法（草案二次审议稿）》第三十五条：关键信息基础设施的运营者在中华人民共和国境内运营中收集和产生的公民个人信息和重要业务数据应当在境内存储。因业务需要，确需向境外提供的，应当按照国家网信部门会同国务院有关部门制定的办法进行安全评估；法律、行政法规另有规定的，依照其规定。

[3] 《网络安全法》第三十七条：关键信息基础设施的运营者在中华人民共和国境内运营中收集和产生的个人信息和重要数据应当在境内存储。因业务需要，确需向境外提供的，应当按照国家网信部门会同国务院有关部门制定的办法进行安全评估；法律、行政法规另有规定的，依照其规定。

境安全而言，重要数据和个人信息出境安全评估的侧重点有所不同，个人信息出境侧重对信息主体权益的保障，而重要数据更强调数据出境对于国家安全和公共利益带来的潜在风险。鉴于此，出于不同的保护需求，《网络安全法》将个人信息和重要数据并列，并且重要数据并不局限在业务数据范畴。《信息安全技术 网络数据处理安全要求》（GB/T 41479—2022）中，明确"重要数据包括未公开的政府信息，数量达到一定规模的基因、地理、矿产信息等，原则上不包括个人信息、企业内部经营管理信息等。"《信息安全技术 重要数据识别规则（征求意见稿）》中规定，"识别重要数据应聚焦安全影响，从国家安全、经济运行、社会稳定、公共健康和安全等角度识别重要数据，仅影响组织自身或公民个体的数据一般不作为重要数据。"《信息安全技术 网络数据分类分级要求（征求意见稿）》中沿用了这一表述。

值得注意的是，重要数据、个人信息和业务数据并不是泾渭分明的关系。《网络安全标准实践指南—网络数据分类分级指引》中规定，"重要数据一般不包括个人信息和企业内部管理信息，但达到一定规模的个人信息或者基于海量个人信息加工形成的衍生数据，如其一旦遭到篡改、破坏、泄露或者非法获取、非法利用可能危害国家安全、公共利益，也应满足重要数据保护要求。"

三是重要数据与国家秘密的关系。《信息安全技术 数据出境安全评估指南（草案）》规定，"重要数据是指我国政府、企业、个人在境内收集、产生的不涉及国家秘密，但与国家安全、经济发展以及公共利益密切相关的数据。"《网络安全标准实践指南—网络数据分类分级指引》同样明确重要数据不包括国家秘密。

2. 重要数据识别

从海量数据中识别出重要数据是落实重要数据保护要求的前提。从《网络安全法》到《数据安全法》，我国持续围绕重要数据识别进行探索。在此过程中，一直注意平衡安全与发展的关系，避免重要数据范围过宽或过窄而削弱重要数据保护效能；需要解决的具体问题包括由谁负责识别、应识别哪些数据等问题。

鉴于《网络安全法》有关重要数据的规定主要体现在关键信息基础设施的重要数据出境安全评估。因此，这一阶段对于重要数据识别的探索也主要围绕数据出境制度展开，《信息安全技术 数据出境安全评估指南（草案）》将《重要数据识别指南》作为附录A包含其中。

负责主体方面，附录A要求各行业（领域）主管部门结合实际，明确本行业（领域）重要数据定义、范围或判定依据；并根据行业（领域）发展变化，及时更新或替换指南中相关内容。同时，附录A还给出了27个行业（领域）[1]具体负责的主管部门，明确行业（领域）主管部门在重要数据识别方面的一系列职责。应识别的数据类型方面，附录A根据给出的重要数据定义和行业（领域）主管部门相关规定，明确了27个行业（领域）重要数据的范围。同时，考虑到重要数据涉及范围众多，附录A还明确了其他行业（领域）主管部门判断是否存在其他重要数据时的十大考量因素。

但针对此国家标准的意见反馈中，普遍认为附录A存在重要数据范围较宽、边界模糊、可操作性不强等问题。

《数据安全法》将重要数据保护作为一项独立的数据安全制度，并通过《数据安全管理办法（征求意见稿）》《网络数据安全管理条例（征求意见稿）》等制定中的立法文件，不断完善重要数据的重点保护义务。此时，对于解决重要数据识别这一基础问题的需求更为迫切。这一阶段依旧需要明确负责主体、应识别数据类型的问题，同时在识别流程上也有所探索。

《数据安全法》规定，"国家数据安全工作协调机制统筹协调有关部门制定重要数据目录；各地区、各部门按照数据分类分级保护制度，确定本地区、本部门以及相关行业、领域的重要数据具体目录。"可以看

---

[1] 附录A给出的27个行业（领域）包括石油天然气、煤炭、石化、电力、通信、电子信息、钢铁、有色金属、装备制造、化学工业、国防军工、其他工业、地理信息、民用核设施、交通运输、邮政快递、水利、人口健康、金融、征信、食品药品、统计、气象、环境保护、广播电视、海洋环境、电子商务。

出,这一阶段在国家数据安全工作协调机制的统筹协调下,依旧十分重视行业主管部门在重要数据识别方面的作用。这与《网络安全法》时期的探索是一脉相承的,也是重要数据自身所具有的行业分布特性决定的。同时,《数据安全法》还强调各地区应确定本地区的重要数据具体目录。

从经过多次修改完善的《信息安全技术 重要数据识别规则(征求意见稿)》可以看出,该规则不再根据行业(领域)给出具体的重要数据类别,而是通过明确重要数据特征或识别因素,给各地区和各部门制定本地区、本部门以及相关行业、领域的重要数据具体目录提供参考。

2021年版本的《信息安全技术 重要数据识别规则(征求意见稿)》规定了识别重要数据的基本原则、重要数据特征、重要数据识别流程及描述方法。一是识别重要数据应遵循聚焦安全影响、促进数据流动、衔接既有规定、综合考虑风险、定量定性结合、动态识别复查六大基本原则。识别重要数据聚焦在国家安全、经济运行、社会稳定、公共健康和安全等角度。只对组织自身而言重要或敏感的数据不属于重要数据,如企业的内部管理相关数据。识别重要数据将根据具体数据类型、特性不同采取定量或定性方法。同时,重要数据的识别是动态变化的,应定期复查识别结果,在数据用途、共享方式、敏感性等发生变化时,对重要数据进行重新识别。二是重要数据特征主要围绕八个维度展开,分别是与经济运行相关、与人口与健康相关、与自然资源与环境相关、与科学技术相关、与安全保护相关、与应用服务相关、与政务活动相关,以及其他。以与安全保护相关为例,征求意见稿从涉及物理安全和涉及网络安全两个角度出发,明确重要场所与目标数据、安保装备数据、关键信息基础设施运营维护数据、漏洞与重大事件信息等属于重要数据。

2022年版本在2021年版本的基础上进行调整,取消了对重要数据的"特征"说明,因为这些特征依然不可避免地涉及行业分类,对各地方、各部门制定本部门、本行业以及本系统、本领域的重要数据识别细则带来了不必要的约束。① 鉴于此，征求意见稿增加"重要数据的识别因素"，包括 13 个方面考虑及兜底性条款。

《信息安全技术 网络数据分类分级要求（征求意见稿）》进一步优化重要数据识别规则，结合重要数据定义，从数据一旦被泄露、篡改、损毁或者非法获取、非法使用、非法共享，可能直接对国家安全、经济运行、社会稳定、公共利益造成的危害程度；数据是否直接关系国家安全、经济运行、社会稳定、公共健康和安全特定领域、特定群体或特定区域；以及数据的精度、规模或深度等角度，给出识别重要数据的参考规则。

可以看出，从《网络安全法》到《数据安全法》，在重要数据识别的探索过程中，始终强调行业主管部门的作用。这一阶段，通信、金融等领域发布正式的行业标准，确立本行业内的重要数据范围。例如，中国人民银行 2020 年 9 月发布《金融数据安全 数据安全分级指南》（JR/T 0197—2020），指出重要数据可包括宏观特征数据、海量信息汇聚得到的衍生特征数据、行业监管机构决策和执法过程中的数据，以及关键信息基础设施网络安全缺陷信息等。工业和信息化部发布的《基础电信企业重要数据识别指南》（YD/T 3867—2021），给出基础电信企业重要数据的定义、识别规则、识别工作流程和重要数据安全保护实施指导，以及基础电信企业重要数据示例。

第三节　国家数据安全风险管理

集中统一、高效权威的数据安全风险评估、报告、信息共享、监测预警机制，有助于及时发现和准确识别数据安全风险并在此基础上有效预测数据安全事件发生的可能性、影响范围和危害程度，以便于有关部门准确发布避免、减轻危害的措施。

---

① 《国标〈重要数据识别指南〉起草发生重大修改》，载微信公众号"小贝说安全"，访问时间 2022 年 4 月 5 日。

一、相关法条及解释

《数据安全法》第二十二条规定，国家建立集中统一、高效权威的数据安全风险评估、报告、信息共享、监测预警机制。国家数据安全工作协调机制统筹协调有关部门加强数据安全风险信息的获取、分析、研判、预警工作。可以看出，本条规定与《网络安全法》第三十九条第三款规定的"促进关键信息基础设施网络安全信息共享"、第五十一条规定的"建立国家网络安全监测预警和信息通报制度"，以及《关键信息基础设施安全保护条例》第二十三条规定的"建立网络安全信息共享机制"形成对应与衔接，并且是对前述机制与制度在数据安全领域的扩展和延伸。但是，《数据安全法》不仅涉及对数据保密性、完整性和可用性的安全保障——包括但不限于防止数据篡改、数据假冒、数据泄露、数据窃取、数据丢失等安全风险，更加关注对数据汇聚、融合、分析之后的数据动态利用的安全保障，以确保数据在使用、加工、传输、提供、公开、交易等环节的依法有序自由流动。数据安全风险评估、报告、信息共享、监测预警机制与已建立的网络安全风险评估、网络安全信息共享、网络安全监测预警和信息通报制度之间存在一定关联，但在数据安全风险及风险信息的界定方面有所扩展。

二、国家数据安全风险机制

如前所述，国家数据安全风险机制的相关规定与《网络安全法》第三十九条第三款、第五十一条以及《关键信息基础设施安全保护条例》第二十三条规定形成对应与衔接，但由于实践中仍然存在跨部门、跨区域的信息共享不充分，以及涵盖中央和地方在内的国家网络安全监测预警与信息通报体系尚不完善等问题，导致"信息孤岛""信息壁垒"现象并未消失。因此，从国家核心数据、重要数据重点保护的总体思路来看，《数据安全法》强调建立集中统一、高效权威的数据安全风险机制，即在国家层面建立自上而下的数据安全风险治理机制，其必将与重要数据、核心数据识别与保护制度、数据分类分级制度相结合，并依赖各行业、各地区的数据应用场景予以细化。

国家数据安全风险机制下的数据安全风险涵盖两方面内容：一方面指由网络安全风险引发的数据安全风险（例如数据被篡改、假冒、泄露、窃取、丢失等所导致的数据保密性、完整性和可用性可能遭到破坏的安全风险）；另一方面指数据在流动和动态利用，包括但不限于数据的使用、加工、传输、提供、公开等环节中可能产生的安全风险，例如数据被滥用，数据违规出境，数据因汇聚、融合、分析而可能引发的安全风险等，并且在此种情形下，基于数据处理活动的特殊属性、数据的重要程度及数据的具体应用场景，数据安全风险可能呈现的内容也会存在差异。

三、国家数据安全工作协调机制

如何确保国家数据安全风险机制的集中统一、高效权威，关键在于国家数据安全工作协调机制充分发挥其统筹协调职责。根据《数据安全法》第五条规定，中央国家安全领导机构负责"建立国家数据安全工作协调机制"。在此基础上，国家数据安全工作协调机制统筹协调数据安全风险信息的获取、分析、研判、预警。也就是说，各地区、各行业数据安全主管部门将结合各行业、各部门数据应用的特定场景进行具体的数据安全风险信息的获取、分析、研判、预警，公安机关、国家安全机关，以及国家网信部门将在其职责范围内负责数据安全风险信息的获取、分析、研判、预警。可以预见的是，《数据安全法》的各项配套规定将在国家数据安全工作协调机制的统筹协调下，对各地区、工业、电信、交通、金融、自然资源、卫生健康、教育、科技等主管部门以及公安机关、国家安全机关、国家网信部门开展的数据安全风险信息的获取、分析、研判、预警工作机制予以明确和细化。

结合《关键信息基础设施安全保护条例》第二十三条[1]和第二十四条[2]，从目前有关网络安全信息共享、监测预警与信息通报的实践探索来看，我国正在尝试构建以国家网络与信息安全信息通报机制为核心，电信、金融、互联网等各行业内部网络安全信息共享机制为支撑，涵盖政府之间、政企之间、企业之间信息共享，以及网络安全信息开放共享在内的网络安全信息共享、监测预警与信息通报机制，并且尝试将数据安全风险评估、报告、信息共享、监测预警机制纳入其框架体系，例如公安机关明确表示要依托国家网络与信息安全信息通报机制，加强数据安全监测、通报、预警和应急处置工作，防范数据安全事件和威胁风险。

数据安全风险信息的获取来源与网络安全风险信息的获取来源基本一致，既包括数据处理者自主监测的信息，又包括来源于国家电信、交通、金融、自然资源、卫生健康、教育、科技等主管部门，网信、公安等政府有关部门，计算机应急响应小组（CNCERT），网络安全企业、互联网企业、科研机构等提供的数据安全风险信息，以及从商业网络威胁情报服务供应商处获得的相关信息等。我国目前在网络安全信息共享平台建设方面取得了一定的工作进展，具体情况如下：

1. 行业层面的网络安全信息共享平台

如前所述，电信、金融、互联网等行业、领域已逐步开始构建完善本行业、本领域的网络安全信息共享平台，未来能否建立国家层面统一

---

[1] 参见《关键信息基础设施安全保护条例》第二十三条：国家网信部门统筹协调有关部门建立网络安全信息共享机制，及时汇总、研判、共享、发布网络安全威胁、漏洞、事件等信息，促进有关部门、保护工作部门、运营者以及网络安全服务机构等之间的网络安全信息共享。

[2] 参见《关键信息基础设施安全保护条例》第二十四条：保护工作部门应当建立健全本行业、本领域的关键信息基础设施网络安全监测预警制度，及时掌握本行业、本领域关键信息基础设施运行状况、安全态势，预警通报网络安全威胁和隐患，指导做好安全防范工作。

的跨部门、跨区域网络安全信息共享平台,以避免"信息孤岛""信息壁垒"等现象的持续存在仍需进一步跟踪观察。实践中,我国已通过建立工业和信息化部网络安全威胁和漏洞信息共享平台[①]、金融业网络安全态势感知与信息共享平台[②]对行业网络信息安全风险、威胁和事件进行监测预警、信息通报和应急处置。然而,数据安全风险防范工作涉及部门众多,数据安全风险信息来源分散、数据体量大,且有关数据安全风险信息的分析报告数据分散在各个部门,将影响国家整体网络安全态势分析结果的综合性、全面性、精准性和及时性。

2. 企业层面的网络安全信息共享机制

国内一些互联网企业已经开展了网络安全信息共享制度的实践,例如,微步在线建立了国内首个综合性的威胁分析平台和情报分享社区——X 情报社区;腾讯安全应急响应中心(TSRC)协助腾讯安全开展的"网络安全威胁信息共享计划";奇安信、360 等网络安全企业构建的网络安全威胁情报生态联盟。

---

① 为贯彻落实《网络安全法》《公共互联网网络安全威胁监测与处置办法》《网络产品安全漏洞管理规定》的有关要求,工业和信息化部网络安全管理局组织建设的工业和信息化部网络安全威胁和漏洞信息共享平台(https://www.nvdb.org.cn)于 2021 年 9 月 1 日正式上线运行。该平台主要面向电信主管部门、基础电信企业、互联网企业、网络安全企业、网络安全专业机构等用户,旨在建立网络安全威胁和漏洞信息上报、认定、处置、共享的管理体系,构建国家公共互联网网络安全威胁和漏洞信息资源库。该平台由中国信息通信研究院会同国家工业信息安全发展研究中心、中国软件评测中心、中国汽车技术研究中心等国家网络安全专业机构共同建设,将威胁数据划分为恶意网络资源、恶意程序、安全隐患、安全事件四大类。其中,恶意网络资源包括恶意 IP 地址、恶意域名/URL、恶意码号、恶意社交网络账号;恶意程序包括计算机恶意程序、移动恶意程序和其他恶意程序;安全隐患包括产品漏洞和系统漏洞;安全事件包括主机受控、数据泄露、网页篡改、网页仿冒。

② 2020 年 12 月,金融业网络安全态势感知与信息共享平台初步建成,其是贯彻落实习近平总书记"全天候全方位感知网络安全态势"的重要指示精神和总体国家安全观的具体举措。

3. 会员制网络安全信息共享平台

网络安全威胁信息共享平台，由国家互联网应急中心（CNCERT/CC）发起成立的中国互联网网络安全威胁治理联盟（CCTGA）[①] 主持并建设，以方便企业共享威胁信息为出发点，以建立网络安全纵深防御体系为目标，汇总基础电信运营企业、网络安全企业等各渠道提供的网络安全威胁信息数据，建立公开透明、公平公正的信息评价体系，利于各企业之间的网络安全威胁信息共享。平台坚持自愿、公平[②]、可信、可控[③]、保密[④]的五项基本原则，包括国家互联网应急中心、中国信息通信研究院、中国互联网络信息中心、中国电信、中国联通、中国移动、阿里巴巴、百度、360、启明星辰、华为、腾讯、网易、微软、新浪等53家成员单位。CCTGA联盟将共享的网络安全威胁信息数据分为25类[⑤]，并明确了网络安全威胁信息数据披露与交换机制，以及网络安全威胁数据交换过程的评分机制，即围绕网络安全威胁信息数据提交的数据属性、新颖性、活跃度及共享范围4个方面来综合评定企业上传的网络安全威胁信息的数据积分。[⑥]

---

① 该联盟是一个非营利性组织，由国家互联网应急中心主办。
② 保证按照"积分政策"规则给共享数据的成员单位计算积分。
③ 从CCTGA平台获取的数据不可恶意扩散、不可用作二次交易。成员单位通过积分获取的数据允许10次下载机会，全量摘要公开的数据允许3次下载机会。
④ 成员单位签订"网络安全威胁信息共享保密协议"后，才正式启动数据共享工作。
⑤ 包括计算机恶意程序、移动恶意程序、物联网恶意程序、计算机放马地址、移动恶意程序传播地址、物联网恶意程序传播地址、计算机恶意控制端地址、移动恶意控制端地址、物联网恶意控制端地址、钓鱼网站地址、计算机放马服务器IP地址、移动恶意程序传播服务器IP地址、物联网恶意程序传播服务器IP地址、钓鱼网站服务器IP地址、计算机恶意控制服务器IP地址、移动恶意控制服务器IP地址、物联网恶意控制服务器IP地址、恶意邮箱账户、恶意手机号、僵尸网络数据、社交账号数据、DDoS攻击主机服务器地址、反射型DDoS攻击服务器地址、开源情报、SP数据。
⑥ 得分＝数据属性×新颖性系数×活跃度系数×共享范围。

4. 政企合作与社会共治的国家级网络安全信息开放共享平台

国家网络空间威胁情报共享开放平台（CNTIC）是政企合作的国家级网络空间威胁情报平台，经国家发改委批复和相关部门组织验收，由中国科学院信息工程研究所联合国内相关机构与安全公司建设与运营。CNTIC全面兼容威胁情报的国家标准、STIX与TAXII规范，提供云端威胁情报聚合检索、本地情报全生命周期管理、全链条网络威胁分析、多形式情报订阅与预警等功能，支持用户侧上下联动、横向协同的威胁情报平台本地化构建，已为相关部门与行业机构网络安全事件的分析、发现、研判、处置等工作提供了高效支撑。

国家信息安全漏洞库（China National Vulnerability Database of Information Security，简称CNNVD）是中国信息安全测评中心为切实履行漏洞分析和风险评估职能，在国家专项经费支持下，负责建设运维的国家级信息安全漏洞数据管理平台，旨在为我国信息安全保障提供服务。CNNVD通过自主挖掘、社会提交、协作共享、网络搜集以及技术检测等方式，联合政府部门、行业用户、安全厂商、高校和科研机构等社会力量，对涉及国内外主流应用软件、操作系统和网络设备等软硬件系统的信息安全漏洞开展采集收录、分析验证、预警通报和修复消控工作，建立了规范的漏洞研判处置流程、通畅的信息共享通报机制以及完善的技术协作体系，处置漏洞涉及国内外各大厂商上千家，涵盖政府、金融、交通、工控、卫生医疗等多个行业，为我国重要行业和关键基础设施安全保障工作提供了重要的技术支撑和数据支持，对提升全行业信息安全分析预警能力，提高我国网络和信息安全保障工作发挥了重要作用。[1]

国家信息安全漏洞共享平台（CNVD）是由CNCERT联合国内重要信息系统单位、基础电信运营商、网络安全厂商、软件厂商和互联网

---

[1] 国家信息安全漏洞库官网，http：//www.cnnvd.org.cn/home/childHome，访问时间2022年10月11日。

企业建立的国家网络安全漏洞库。建立CNVD的主要目标即与国家政府部门、重要信息系统用户、运营商、主要安全厂商、软件厂商、科研机构、公共互联网用户等共同建立软件安全漏洞统一收集验证、预警发布及应急处置体系。CNVD用户包括政府高校，基础电信企业与搜狐、新浪、百度、腾讯等增值电信企业，华为、中兴等网络设备企业，工业控制企业，邮件系统、电子政务相关企业；其合作方包括乌云网站、漏洞盒子、补天漏洞响应平台、360漏洞云。

综上所述，我国目前正在尝试构建条块结合、纵横联通、协同联动的网络安全信息共享、网络安全监测预警与信息通报机制，前期取得的一系列工作进展也将为国家数据安全风险机制的建立健全奠定坚实的基础。

第四节　数据安全应急处置机制

一、相关法条及解释

《数据安全法》第二十三条规定，"国家建立数据安全应急处置机制。发生数据安全事件，有关主管部门应当依法启动应急预案，采取相应的应急处置措施，防止危害扩大，消除安全隐患，并及时向社会发布与公众有关的警示信息。"本条规定与《网络安全法》第五十三条、第五十五条规定的"国家网络安全应急处置机制"形成协调与衔接。

《网络数据安全管理条例（征求意见稿）》第五十六条进一步规定，"国家建立健全数据安全应急处置机制，完善网络安全事件应急预案和网络安全信息共享平台，将数据安全事件纳入国家网络安全事件应急响应机制，加强数据安全信息共享、数据安全风险和威胁监测预警以及数据安全事件应急处置工作。"考虑到实践中大多数数据安全事件由网络安全风险引起，因此国家网络安全应急处置机制总体上能够涵盖数据安全应急处置工作要求，从该政策导向可见监管机构认可数据安全事件应急处置机制与网络安全事件应急处置机制之间的强关联关系。

数据安全应急处置机制条款中的数据安全事件如何界定，有关主管部门包括哪些，应急预案所指为何，应急处置措施包括哪些，向社会发布警示信息有什么具体要求等问题，都需要进一步细化和明确。

二、数据安全事件及其分类分级

1. 数据安全事件及其分类

数据安全应急处置机制建立的前提在于明确界定何为数据安全事件，其与"网络安全事件"是否存在对应关系是必须厘清的首要问题。2017年1月，中央网信办印发《国家网络安全事件应急预案》，其中规定，网络安全事件是指由于人为原因、软硬件缺陷或故障、自然灾害等，对网络和信息系统或者其中的数据造成危害，对社会造成负面影响的事件，结合2007年《信息安全技术 信息安全事件分类分级指南》（GB/Z 20986—2007）的规定，《国家网络安全事件应急预案》明确将网络安全事件分为七类，包括有害程序事件、网络攻击事件、信息破坏事件、信息内容安全事件、设备设施故障、灾害性事件和其他事件，并在附件1中分别对上述七类网络安全事件的子类进行了细化列举。对应来看，《数据安全法》所界定的数据安全事件与前述第三类网络安全事件中的信息破坏事件存在交叉与关联，即其是指通过网络或其他技术手段，造成信息系统中的信息被篡改、假冒、泄露、窃取等而导致的信息安全事件，并可将其进一步细分为信息篡改事件、信息假冒事件、信息泄露事件、信息窃取事件、信息丢失事件和其他信息破坏事件。同时，《数据安全管理办法（征求意见稿）》第三十五条概括列举了个人信息泄露、毁损、丢失等数据安全事件。

2021年1月全国信息安全标准化技术委员会发布了《信息安全技术 信息安全事件分类分级指南（征求意见稿）》，在充分借鉴原标准的框架和结构,吸纳原标准对网络安全事件分类分级的方式和考虑要素的基础上,结合当前网络安全形势、信息安全事件、网络攻防技术等实际情况,对事件的类别和级别进行更新。最值得关注的是,该征求意见稿将原来的"信息破坏事件"名称变更为"数据攻击事件",即是指通过网络或其他技术手段,造成信息系统中的数据被篡改、假冒、泄露、窃取等而造成系统损失或社会影响的事件。其子类对应修改为数据篡改、数据假冒、数据泄露、数据窃取、数据丢失,并增加了数据拦截、数据错误、数据勒索三个子类。

尽管该征求意见稿对数据攻击事件的分类予以变更并适时增加新的子类,但也并未突破仅通过网络运行安全保障数据安全的间接保护模式,因此缺乏对数据动态利用安全保障的重要考量,难以有效规范数据动态利用和流动过程中产生的安全问题。因此,对数据安全事件的界定不应只关注数据的静态安全保障,还应当涵盖数据在动态利用和流动过程中可能发生的安全事件,例如数据被滥用,数据违规出境,数据因汇聚、融合、分析而导致的安全事件等。基于上述已有规定对网络安全事件进行界定与分类,厘清对数据安全事件的全面描述与类别划分是国家完善数据安全应急处置机制的基础和关键点。

2. 数据安全事件的分级

基于前述对数据安全事件的分类,结合《国家网络安全事件应急预案》对网络安全事件的分级标准,可以看出,在国家秘密信息、重要敏感信息和关键数据丢失或被窃取、篡改、假冒时,根据其对国家安全和社会稳定构成威胁的严重程度,分别被认定为特别重大、重大、较大网络安全事件(前述所指的网络安全事件具体对应第三类信息破坏事件)。

同时,《国家网络安全事件应急预案》在附件2中参考《信息安全技术 云计算服务安全指南》(GB/T 31167—2014)对上述规定中涉及的"重要敏感信息"作出界定,主要是指不涉及国家秘密,但与国家安全、经济发展、社会稳定以及企业和公众利益密切相关的信息,这些信息一旦未经授权被披露、丢失、滥用、篡改或销毁,可能造成以下损害后果：(1) 损害国防、国际关系；(2) 损害国家财产、公共利益以及个人财产或人身安全；(3) 影响国家预防和打击经济与军事间谍、政治渗透、有组织犯罪等；(4) 影响行政机关依法调查处理违法、渎职行为，或涉嫌违法、渎职行为；(5) 干扰政府部门依法公正地开展监督、管理、检查、审计等行政活动，妨碍政府部门履行职责；(6) 危害国家关键基础设施、政府信息系统安全；(7) 影响市场秩序，造成不公平竞争，破坏市场规律；(8) 可推论出国家秘密事项；(9) 侵犯个人隐私、企业商业秘密和知识产权；(10) 损害国家、企业、个人的其他利益和声誉等后果。《信息安全技术 云计算服务安全指南》中界定的敏感信息也只是基于对非涉密政府信息的分类（敏感信息和公开信息）涵盖范围有所限定，《国家网络安全事件应急预案》也未对何为关键数据作出明确界定。

该征求意见稿对信息安全事件分级规则及分级的描述方式进行补充和改进，将原来的"系统损失"中"系统关键数据的保密性、完整性、可用性遭到严重破坏"修改为"系统重要数据/个人敏感信息的保密性、完整性、可用性遭到严重破坏"，将前述并未予以明确界定的"关键数据"这一术语替换为"重要数据/个人敏感信息"，与《数据安全法》《个人信息保护法》中的相关概念术语形成协调与衔接。

此外，针对信息安全事件的分级主要考虑三个要素：信息系统的重要程度、系统损失和社会影响。其中，系统损失的大小主要考虑恢复系统正常运行和消除安全事件负面影响所需付出的代价，对应将信息安全事件划分为特别严重、严重、较大、较小的系统损失四个等级。具体而言，根据系统重要数据以及个人敏感信息的保密性、完整性、可用性遭到破坏的程度不同，恢复系统正常运行和消除安全事件负面影响所需付出的代价不同，划分为特别严重、严重的系统损失；根据系统重要数据以及个人信息的保密性、完整性、可用性遭到破坏的程度不同，恢复系统正常运行和消除安全事件负面影响所需付出的代价不同，划分为较大、较小的系统损失。

该征求意见稿还增加了信息安全事件分类和分级的关系，对应数据攻击事件，根据信息系统的重要程度、泄露数据的重要程度及数量、系统损失和社会影响细化了数据攻击事件的分级标准。其中，（1）特别重大事件是指特别重要的信息系统大量敏感信息或业务数据泄漏，导致特别严重的系统损失，造成特别重大的社会影响；（2）重大事件是指特别重要的信息系统少量敏感信息或业务数据泄漏，或重要信息系统大量敏感信息或重要业务数据泄漏，导致严重的系统损失，造成重大的社会影响；（3）较大事件是指重要信息系统少量敏感信息或业务数据泄漏，或一般信息系统大量敏感信息或业务数据泄漏，导致较大的系统损失，造成较大的社会影响；（4）一般事件是指一般信息系统少量敏感信息或业务数据泄漏，及时发现并控制，没有造成系统损失或造成较小的系统损失。由此可以看出，该征求意见稿针对狭义的数据安全事件（此处仅指数据的三性受到破坏而引发的安全事件）的分级思路依据"信息系统的重要程度"和"泄露的敏感信息或业务数据的数量及重要程度"结合"系统损失"和"社会影响"等损害后果进行综合判定。

各行业、各地区也在数据安全事件分类分级的基础上，根据本行业、本地区的特点和实际需求，并结合数据应用的具体场景作出特殊的细化规定。例如，工业和信息化部发布的《公共互联网网络安全突发事件应急预案》根据社会影响范围和危害程度的不同，将公共互联网网络安全突发事件划分为四级，针对其中的互联网用户信息泄露事件，主要依据用户数量（1亿以上、1千万以上、1百万以上、10万以上）对应划分为特别重大、重大、较大、一般事件。水利部印发的《水利网络安全事件应急预案》依据《国家网络安全事件应急预案》对网络安全事件的分级标准，进行了符合水利行业特点的特殊规定：（1）国家秘密信息、重要敏感信息和关键数据丢失或被窃取、篡改、假冒，对国家安全和社会稳定构成特别严重威胁的，构成特别重大网络安全事件；（2）公民个人信息、省级以上集中存储的水利工程基础数据及其他重要敏感信息和关键数据大规模丢失或被窃取、篡改、假冒，对国家安全和社会稳定构成严重威胁的，构成重大网络安全事件；（3）符合前述第（2）项规定，对国家安全和社会稳定构成较大威胁的，构成较大网络安全事件。

三、有关主管部门的应急处置职责

《数据安全法》第六条规定,有关主管部门应当包括行业主管监管部门和专门数据安全监管部门。工业、电信、交通、金融、自然资源、卫生健康、教育、科技等主管部门承担本行业、本领域数据安全监管职责,即上述所列关键行业的主管部门在其监管的行业内部发生数据安全事件时,应当依法立即启动本行业已制定的应急预案;公安机关、国家安全机关以及国家网信部门在数据安全事件涉及国家安全或网络数据安全时,在各自的职责范围内启动相应的应急预案或专项应急预案。

1. 数据安全事件应急预案

应急预案作为一种事前预防措施,能够最大程度地预防和减少数据安全事件及其造成的损害,保护个人、组织的合法权益,维护国家主权、安全和发展利益。而我国 2013 年公布的《突发事件应急预案管理办法》已有突发事件应对的具体规则,确立了应急预案管理遵循统一规划、分类指导、分级负责、动态管理的原则。数据安全事件作为社会突发事件的一种,其应急预案管理也应遵循上述原则,加强应急预案的制定、审批、备案、公布、演练、修订和保障工作,充分发挥应急预案的重要作用。如前所述,数据安全事件与网络安全事件存在交叉关联关系,相应的各行业、各地区数据安全事件应急预案制定应当在原有网络安全事件应急预案体系的框架下,结合数据安全事件的分类分级特点予以补充制定或修订。值得注意的是,制定数据安全事件应急预案还应当综合考量数据的重要程度、数据的应用场景、数据处理活动的特殊风险等进行更新。

根据《网络安全法》第五十三条规定,负责关键信息基础设施安全保护工作的部门应当制定本行业、本领域的网络安全事件应急预案,这些预案将紧密结合本行业、本领域实际情况做出有针对性、可操作性强的安排。同时,根据网信办《国家网络安全事件应急预案》要求,各地区、各部门、各行业、各单位需制定或修订本地区、本部门、本行业、本单位的网络安全事件应急预案，在事件分级上与国家预案保持一致，在事件报告、指挥机构、处置流程上与国家预案有效衔接，形成国家网络安全事件应急预案体系。因此，各行业、各地区、各部门、各单位预案都要在国家级的网络安全事件应急预案的总体框架下分别制定，具体而言主要包括中央国家机关应急预案、行业部门应急预案、地方应急预案、企事业单位应急预案、专项应急预案。

实践中，有的行业或地方已经制定了本行业、本地区的网络安全事件应急预案。行业应急预案包括工业和信息化部的《公共互联网网络安全突发事件应急预案》、证券期货业信息化工作领导小组办公室的《证券期货业网络与信息安全事件应急预案》、教育部的《教育系统网络安全事件应急预案》、水利部的《水利网络安全事件应急预案》；地方应急预案包括《贵州省网络安全事件应急预案》《上海市网络安全事件应急预案》《北京市网络与信息安全事件应急预案》等。在发生数据安全事件时，上述有关主管部门应当按照本行业、本地区以及本部门已经制定的应急预案确定的数据安全事件分类分级规定，依法启动相应的应急预案。

2. 数据安全事件应急处置措施

有关主管部门应当按照应急预案的规定采取相应的应急处置措施，防止危害扩大，消除安全隐患。根据《国家网络安全事件应急预案》，中央和国家机关各部门按照职责和权限，负责本部门、本行业网络和信息系统网络安全事件的应急处置工作。各省（区、市）网信部门在本地区党委网络安全和信息化领导小组统一领导下，统筹协调组织本地区网络和信息系统网络安全事件的应急处置工作。网络安全事件发生后，各有关地区、部门立即组织先期处置、控制事态、消除隐患，同时组织研判，注意保存证据，做好信息通报工作。对于初判为特别重大、重大网络安全事件的，立即报告国家网络安全应急办公室。

网络安全事件应急处置机制如何与国家数据安全工作协调机制、数据安全监管机制有效协调仍然是当前亟待解决的重大疑难问题，有待后续配套规定予以理顺和明晰。具体的应急处置措施至少应当包括以下内容：(1) 依据相关规定、事件性质、影响范围等，对数据安全事件进行分级管理。(2) 对不同级别的数据安全事件进行相应处置，重大数据安全事件发生后应及时启动数据安全应急响应机制。(3) 各行业、各地区主管部门应接收本行业、本地区的数据处理者报送的数据安全事件及其处置情况，并组织专业机构进行研判分析，采取相应措施。(4) 发生数据安全事件后，指导、监督本行业、本地区的数据处理者及时采取补救措施，涉及数据泄露事件的，指导、监督数据处理者按照合同协议等有关约定向用户及合作方告知。(5) 数据安全事件处置结束后，应指导、监督事件发生单位分析和总结原因和存在的问题，形成调查记录和事件清单，调整本行业、本地区数据安全事件应急处置策略，避免类似事件再次发生，并形成总结报告。(6) 建立数据安全事件管理平台，对已发生的数据安全事件进行统一记录、管理。

四、向社会发布警示信息

有权发布警示信息的主体即为前述有关主管部门，其应当按照具体对应的应急预案、管理规定等及时向社会发布与公众相关的警示信息。同时，《公共互联网网络安全突发事件应急预案》也注重信息发布，明确要求未经工业和信息化部应急办同意，各相关单位不得擅自向社会发布突发事件相关信息。

1. 发布信息的限制

2021年7月工业和信息化部、国家互联网信息办公室、公安部联合发布的《网络产品安全漏洞管理规定》明确八项漏洞发布要求：(1) 不得在网络产品提供者提供网络产品安全漏洞修补措施之前发布漏洞信息；认为有必要提前发布的，应当与相关网络产品提供者共同评估协商，并向工业和信息化部、公安部报告，由工业和信息化部、公安部组织评估后进行发布。(2) 不得发布网络运营者在用的网络、信息系统及其设备存在安全漏洞的细节情况。（3）不得刻意夸大网络产品安全漏洞的危害和风险，不得利用网络产品安全漏洞信息实施恶意炒作或者进行诈骗、敲诈勒索等违法犯罪活动。（4）不得发布或者提供专门用于利用网络产品安全漏洞从事危害网络安全活动的程序和工具。（5）在发布网络产品安全漏洞时，应当同步发布修补或者防范措施。（6）在国家举办重大活动期间，未经公安部同意，不得擅自发布网络产品安全漏洞信息。（7）不得将未公开的网络产品安全漏洞信息向网络产品提供者之外的境外组织或者个人提供。（8）法律法规的其他相关规定。

2019年国家互联网信息办公室发布的《网络安全威胁信息发布管理办法（征求意见稿）》第四条规定，发布的网络安全威胁信息不得包含下列内容：（1）计算机病毒、木马、勒索软件等恶意程序的源代码和制作方法；（2）专门用于从事侵入网络、干扰网络正常功能、破坏网络防护措施或窃取网络数据等危害网络活动的程序、工具；（3）能够完整复现网络攻击、网络侵入过程的细节信息；（4）数据泄露事件中泄露的数据内容本身；（5）具体网络的规划设计、拓扑结构、资产信息、软件源代码，单元或设备选型、配置、软件等的属性信息；（6）具体网络和信息系统的网络安全风险评估、检测认证报告、安全防护计划和策略方案；（7）其他可能被直接用于危害网络正常运行的内容。

2. 发布的程序要求

《网络安全威胁信息发布管理办法（征求意见稿）》第五条规定，"发布网络和信息系统被攻击破坏、非法侵入等网络安全事件信息前，应向该事件发生所在地地市级以上公安机关报告。各级公安机关应及时将相关情况报同级网信部门和上级公安机关。"第六条规定，"发布全国性或跨地区、跨行业领域的综合分析报告时，应事先向国家网信部门和国务院公安部门报告。"第八条规定，"发布具体网络和信息系统存在风险、脆弱性情况，应事先征求网络和信息系统运营者书面意见，以下情况除外：（1）相关风险、脆弱性已被消除或修复；（2）已提前30日向网信、电信、公安或相关行业主管部门举报。"

第五节 数据安全审查制度

一、相关法条及解释

《数据安全法》第二十四条规定,"国家建立数据安全审查制度,对影响或者可能影响国家安全的数据处理活动进行国家安全审查。依法作出的安全审查决定为最终决定。"

本条对我国的"数据安全审查制度"进行了概括式规定,尽管法律表达相对简单,但包含了相当丰富的制度内容,明确了如下制度适用的关键性问题。

1. 关于审查性质

根据本条规定,数据安全审查在制度性质上明确属于国家安全审查的一种。为顺应国家安全形势的发展变化,2015年《国家安全法》对我国原有相对狭隘的国家安全内涵和较为单一的国家安全职能进行全面扩展和改良,将"总体国家安全观"法律化和制度化,构建了充分"基于风险"和有效回应安全诉求的国家安全保障框架。

国家安全审查是一项重要的制度设计,旨在识别、控制、防范和应对特定活动中的国家安全风险,有效维护国家安全。《国家安全法》第五十九条规定,"国家建立国家安全审查和监管的制度和机制,对影响或者可能影响国家安全的外商投资、特定物项和关键技术、网络信息技术产品和服务、涉及国家安全事项的建设项目,以及其他重大事项和活动,进行国家安全审查,有效预防和化解国家安全风险。"

该条规定为我国后续相继建立的各类国家安全审查制度确立了基本依据。例如,根据该条规定,《中华人民共和国外商投资法》(以下简称

《外商投资法》）第三十五条建立"外商投资安全审查制度"①；《网络安全法》第三十五条建立"网络安全审查制度"②；《中华人民共和国密码法》（以下简称《密码法》）第二十七条建立"关键信息基础设施涉及商用密码的国家安全审查制度"③；《中华人民共和国生物安全法》（以下简称《生物安全法》）第二十条建立"生物安全审查制度"④ 等。当然，包括数据安全审查制度在内，上述诸类安全审查均可以统称为"国家安全审查"，但其间的逻辑结构并不是完全的并行关系，存在一定程度的交叉和包含关系（如图4-1所示）。

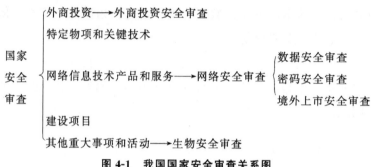

图 4-1　我国国家安全审查关系图

国家安全审查的制度性质决定了数据安全审查活动将始终以国家安全为中心，强调数据处理行为对国家安全风险的识别、控制和防范。这

---

① 我国《外商投资法》于2020年1月1日正式实施，其中第三十五条规定，国家建立外商投资安全审查制度，对影响或者可能影响国家安全的外商投资进行安全审查。依法作出的安全审查决定为最终决定。

② 我国《网络安全法》于2017年6月1日正式实施，其中第三十五条规定，关键信息基础设施的运营者采购网络产品和服务，可能影响国家安全的，应当通过国家网信部门会同国务院有关部门组织的国家安全审查。

③ 我国《密码法》于2020年1月1日正式实施，其中第二十七条第二款规定，关键信息基础设施的运营者采购涉及商用密码的网络产品和服务，可能影响国家安全的，应当按照《中华人民共和国网络安全法》的规定，通过国家网信部门会同国家密码管理部门等有关部门组织的国家安全审查。

④ 我国《生物安全法》于2021年4月15日正式实施，其中第二十条规定，国家建立生物安全审查制度。对影响或者可能影响国家安全的生物领域重大事项和活动，由国务院有关部门进行生物安全审查，有效防范和化解生物安全风险。

也意味着数据安全审查将区别于通常管理意义上的风险评估或检测认证，是对数据处理过程中潜在的国家安全风险进行基于主观感受和客观事实相结合的综合判断，其中风险评估或检测认证仅是数据安全审查可能采取的一种方法或手段。

同时，国家安全审查的制度性质也决定了数据安全审查活动具有一些较为特殊的特征，例如审查过程具有一定的保密性，审查标准相对模糊，审查活动兼具法律性与政治性，审查结论不接受司法审查等。

2. 关于审查对象

根据本条规定，数据安全审查活动的审查对象为数据处理活动。在这里需要注意的是，《数据安全法》规定的数据处理活动范围非常广泛，与通常语境下对原始数据进行的分析、整理、计算、编辑等加工或运算活动存在较大差别。《数据安全法》第三条规定，"数据处理，包括数据的收集、存储、使用、加工、传输、提供、公开等"，可以认为，《数据安全法》下的数据处理活动将涵盖整个数据生命周期的几乎所有利用方式。

但是，并非所有涉数据类的行为或活动都将纳入数据安全审查的范围，过于广泛的审查对象对于保障国家安全而言，既不必要又不现实。根据本条规定，只有"影响或者可能影响国家安全"的数据处理活动才会成为数据安全审查的审查对象。为此，只有那些具备潜在"国家安全风险"的数据处理活动，才可能成为法定审查对象从而触发审查。

然而，作为确定审查对象的核心标准，国家安全本身具有十分突出的不确定性。在冷战后"非传统安全"观念的兴起进程中，国家安全几乎可以从所有与之相关的安全意图加以阐述。奥利弗·温德尔·霍尔姆斯曾经形象地指出，"国家安全恰如一种鲜明的表皮，它所应用的实践和环境不同，其色彩和内容就截然不同。"[1] 为此，国家安全可能是一

---

[1] Oliver Wendell Holmes, In Search of a Post-Cold War Security Structure, Mcnair Paper 27, 1994, p.24.

个永远无法"被标准化的标准",其取决于国家对于某一具体问题的现实认知,这也是为何同一事项在一些国家属于典型的国家安全问题,而在另一些国家则不是。正如个体对于安全状态的理解千差万别一样,国家对于安全情势的判断也会形成不同的安全主张,甚至包含一定程度的主观表达。

沃尔弗斯将国家安全称为一种"模糊的符号",其认为"对已获得的价值而言,安全就是客观上不存在威胁,主观上不存在恐惧"[1],首次提出国家安全在认识论中的二分法。沃尔弗斯的论述实质上阐明了国家安全主观性和客观性之间的紧张关系,主观安全概念更强调意识、认知和心理对国家安全形成的重要意义,这意味着国家既可以理性地正确认识存在性威胁,也有理由偏执地怀疑臆测性威胁。毕竟,对国家而言安全同样"涉及生存"[2]。为此,通常在国家安全审查制度中,对于国家安全风险的识别、认定和判断是一个综合考量的过程,高度依赖国家对于安全价值的主张和对于安全环境的感受。这也决定了国家安全审查制度通常具有大概率的模糊性,审查对象对于自身行为的法律后果较难预测,数据安全审查制度也不例外。

作为负责任的大国,我国是全球少有的具有国家安全法定概念的国家,这为明确国家安全边界,防止审查活动的过度"政治化"起到很好的规范效果,同时也为限定审查对象提供了相关参照。根据我国《国家安全法》第二条的规定,"国家安全是指国家政权、主权、统一和领土完整、人民福祉、经济社会可持续发展和国家其他重大利益相对处于没有危险和不受内外威胁的状态,以及保障持续安全状态的能力。"为此,我国确定的国家安全首先是一种状态,其次是一种能力,这种"状态"或"能力"保证了"国家既没有外部的威胁和侵害又没有内部的混乱和

---

[1] Wolfers, Arnold, National Security as an Ambiguous Symbol, Political-science Quarterly, 67 (4): 481-502.

[2] Barry Buzan, Ole Waver and Jaap De Wilde, Security: A New Framework for Analysis. Boulder, Co: Lynne Rienner, 1998, p. 46.

失序。"① 在判断某一数据处理活动是否可能成为审查对象，进而纳入审查范围时，可以考虑该数据处理活动是否将对这种"状态"或"能力"产生减损，是否可能威胁到国家的生存和发展利益。

3. 关于审查可诉性

根据本条规定，依法作出的安全审查决定为最终决定。这意味着我国《数据安全法》明确排除了数据安全审查的可诉性，并间接表明数据安全审查活动不接受司法审查。

这一立法规定同样源于国家安全审查制度的性质，并与国际通行做法保持一致。将数据安全审查排除在司法审查之外的主要法理依据是政治问题除外原则，数据安全审查本质上属于国家安全审查，而国家安全问题属于典型的政治问题。该原则源自历史悠久的三权分立思想，认为司法权的行使不得干预立法权和行政权的固有领域，司法审查便不应当也不适合对外交或国家安全等政治问题作出判断。例如美国1950年《国防生产法》第721条在授权美国外商投资国家安全委员会和总统基于国家安全考虑对外资并购美国企业进行审查的同时，明确规定审查决定不接受司法审查。我国《外商投资法》同样存在类似规定。

政治问题除外原则有一个预设前提，即所争议的事项应当属于纯粹的政治问题。在1962年的贝克诉卡尔案中，大法官厄尔首次明确阐述了政治问题的内涵，认为法院可以认定为政治问题的情况包括六个方面：(1)宪法明文将该问题委诸于其他同等政治部门予以处理；(2)或欠缺解决该问题所需之司法上可创获或可操作的标准；(3)或需有明显非属司法裁量的先决政策决定，使足以作出司法判断；(4)或法院如为独立的解释，势必构成对其他同等政府部门的不尊重；(5)或确有特殊需要，须毫不犹豫地遵循已经做成的政治决定；(6)或因不同政府部门

---

① 刘跃进：《全方位研究国家安全》，载《中共中央党校学报》2002年第3期。

间就同一问题发表不同意见,而可能发生尴尬局面者。① 该六项标准并不需要同时满足,这也导致政治问题存在异常广泛的适用环境。

随着"法治国家"思潮在全球兴起,国家安全审查"绝对化"的政治问题除外原则也受到一定的实践挑战。例如,在"罗尔斯公司诉美国外国投资委员会和奥巴马总统案"中,作为上诉法院的哥伦比亚特区地方法院尽管依据"政治问题除外原则"和《国防生产法》第721条的规定,认定法院无权审查罗尔斯公司关于"总统越权"的主张,但同样认为这并不意味着法院无权审查与此相关的程序事项。在判决书中,艾米·伯曼·杰克逊法官指出,721条禁止法院对总统决定进行司法审查是事实,但寻求法院决定是否有权知悉总统决定所依据的理由和寻求法院评判这些理由的充分性是两回事。为此,总统令在未向罗尔斯公司提供充分回应机会或提供充足理由阐释的情况下剥夺罗尔斯公司财产权的做法违反《美国宪法第五修正案》有关程序正当的规定。②

该判决的重要意义在于,区分了国家安全审查活动在实体内容和程序内容方面的差异性,明确程序正当是国家安全审查行为的合法性基础,建立了将涉及国家安全活动的程序内容纳入司法审查的有益判例,改变了长久以来国家安全审查不可触碰的司法禁忌,为审查相对方提供了司法救济途径。

我国在现行立法中对于审查程序的可诉性问题并没有明确规定,但鉴于程序正义已经成为各国普遍承认的基本原则,我国近年来亦非常强调程序正义对整体法治环境的支撑作用。为此,尽管数据安全审查的实体性审查结论必然需要排除在司法审查之外,但审查程序的司法救济仍然有望获得明确和落实。

---

① 李建良:《论司法审查的政治界限:美国"政治问题原则"初探》,载《人文及社会科学集刊》,1997年第4期。

② United States District Court for the District of Columbia Civil Action No. 12-1513(ABJ)

4. 关于法律责任

我国《数据安全法》并未对违反数据安全审查规定的数据处理活动制定专门性罚则，在法律责任部分没有与本条直接对应或适用的条款。但鉴于数据安全审查制度旨在维护国家安全的制度性质，《数据安全法》第四十五条第二款可作为承担法律否定性评价功能的罚则基础。该款规定，"违反国家核心数据管理制度，危害国家主权、安全和发展利益的，由有关主管部门处二百万元以上一千万元以下罚款，并根据情况责令暂停相关业务、停业整顿、吊销相关业务许可证或者吊销营业执照；构成犯罪的，依法追究刑事责任。"

此外，违反数据安全审查规定（例如拒不配合审查，隐报、瞒报数据处理信息），即具有重大的国家安全风险隐患，应当属于本款规定的"危害国家主权、安全和发展利益"的情形，适用该款应当无争议。需要注意的是，该款规定的罚款数额较大，"责令暂停相关业务、停业整顿、吊销相关业务许可证或者吊销营业执照"也属于新修订的《行政处罚法》中较重的行政责任。同时，该款明确"构成犯罪的，依法追究刑事责任"，明确"行政责任不得替代刑事责任"的处罚原则，产生了行政责任和刑事责任并行适用的可能。

针对数据安全审查（网络安全审查），目前我国已经出现具有代表性和指引性的实践案例，需要引起数据处理者的警醒，审慎对待数据安全审查活动，强化自身的国家安全注意义务，切实履行数据安全审查规定的各项要求。2022 年 7 月 21 日，国家网信办公布针对滴滴公司作出网络安全审查相关行政处罚的决定，依据《网络安全法》《数据安全法》《个人信息保护法》《行政处罚法》等法律法规，对滴滴全球股份有限公司处人民币 80.26 亿元罚款，对滴滴全球股份有限公司董事长兼 CEO、总裁各处人民币 100 万元罚款。在本案中，国家网信办根据网络安全审查结论和发现的问题线索，认定滴滴公司存在侵犯公民个人信息权益和危害国家安全等多方面的违法事实。

其中，针对侵犯公民个人信息的活动，国家网信办查明滴滴公司违反《网络安全法》《个人信息保护法》和《数据安全法》的十六项违法事实，一是违法收集用户手机相册中的截图信息1196.39万条；二是过度收集用户剪切板信息、应用列表信息83.23亿条；三是过度收集乘客人脸识别信息1.07亿条、年龄段信息5350.92万条、职业信息1633.56万条、亲情关系信息138.29万条、"家"和"公司"打车地址信息1.53亿条；四是过度收集乘客评价代驾服务时、App后台运行时、手机连接桔视记录仪设备时的精准位置（经纬度）信息1.67亿条；五是过度收集司机学历信息14.29万条，以明文形式存储司机身份证号信息5780.26万条；六是在未明确告知乘客情况下分析乘客出行意图信息539.76亿条、常驻城市信息15.38亿条、异地商务/异地旅游信息3.04亿条；七是在乘客使用顺风车服务时频繁索取无关的"电话权限"；八是未准确、清晰说明用户设备信息等19项个人信息处理目的。

此外，网络安全审查还发现滴滴公司存在严重影响国家安全的数据处理活动，以及拒不履行监管部门的明确要求，阳奉阴违、恶意逃避监管等其他违法违规问题。滴滴公司违法违规运营给国家关键信息基础设施安全和数据安全带来严重安全风险隐患。因涉及国家安全，依法不公开。①

二、制度概述

数据安全审查制度在全球范围内尚属创新制度，尽管在数据驱动的时代背景下，各国已建立的各类国家安全审查制度中已经开始关注数据

---

① 《国家互联网信息办公室有关负责人就对滴滴全球股份有限公司依法作出网络安全审查相关行政处罚的决定答记者问》，载《中华人民共和国国家互联网信息办公室》，http://www.cac.gov.cn/2022-07/21/c_1660021534364976.htm

要素（典型的如美国外商投资国家安全审查①），但目前并没有法律意义上专门针对数据处理活动实施安全审查的制度先例。

我国构建数据安全审查制度是基于对内外部安全风险进行的深入考虑。一方面，我国信息技术产业的发展冠绝全球，技术应用和创新层出不穷，这在客观上产生了更为开放的数据利用环境，安全边界相对更加模糊，特别是在存在数据跨境的业务场景下，风险防范和处置的难度进一步加大；另一方面，自2013年"棱镜事件"曝光之后，全球数据安全的可信环境跌入冰点，数据窃取、恶意利用等非法活动对国家安全的威胁日益严峻。特别是随着大数据分析技术的成熟，原本毫无关联或相互割裂的无意义数据，也开始能够产生惊人的洞察能力，成为足以窥探国家秘密的有效途径，为大规模的网络监听、网络间谍和网络破坏活动提供便利。例如，美国在2018年通过《外国投资风险审查现代化法》时就认为，外资安全审查应该增加考虑"受管辖交易直接或间接可能暴露美国公民个人可识别信息、基因信息或其他敏感数据的范围"，原因在于"这些信息可能被外国政府或外国主体获取，并以威胁美国国家安全的方式挖掘利用"②。此外，数据挖掘提供的数据洞察能力强化了各类数据之间的关联性，使某些合法的数据处理活动也可能具备潜在的安全风险。典型的如开源情报，即通过公开的资源收集和分析数据，以得出某些被刻意掩盖的重要信息。

上述风险并非危言耸听，2021年11月，我国国家安全机关就罕见地公布了一起典型的涉数据国家安全案件。自2020年以来，多个境外机构在我国境内开设网站，并在微博、贴吧、论坛、QQ群、视频网站

---

① 美国于2018年通过《外国投资风险审查现代化法》（FIRRMA），增加了外商投资中高风险敏感数据对国家安全影响的关注。例如根据该法案的规定，在交易完成或者提交书面通知或申报之前12个月内，如果交易方曾经收集或存储超过100万人的可识别数据，或其商业目标将促使交易方收集或存储超过100万人的可识别数据，就将被认为具有潜在的"国家安全风险"。

② 刘金瑞：《美国外资安全审查改革中的数据安全审查及其对我国的启示》，载《中国信息安全》2021年第7期。

等多个平台推送广告，利用我国国内航空和无线电爱好者群体，以免费提供设备、共享航空信息数据等为诱饵，广泛招募志愿者，协助其收集我国各类飞行器航空数据等信息，并非法向境外传输。本案中，境外机构向我国航空爱好者提供的收集航空数据的设备并不需要人工操作，可以自动进行实时的数据收集和传输，可以跟踪所有配备该系统的航空器，甚至包括军用飞机。这些设备在传输数据的过程中还使用了加密算法，用以规避我国国家安全机关的侦获。①

事实上，我国早在 2015 年《促进大数据发展行动纲要》和 2016 年《国家信息化发展战略纲要》中就明确将数据视为国家基础性战略资源，指出数据正日益对全球生产、流通、分配、消费活动以及经济运行机制、社会生活方式和国家治理能力产生重要影响。上述案例充分表明数据对于国家安全的重要意义，也客观反映出我国在数据安全领域面临的严峻形势。为此，针对数据处理活动开展"基于风险"的审查活动必要而紧迫，其在数字时代背景下对于切实维护和保障国家安全具有不可替代的重要作用。

尽管数据安全审查制度的重要性毋庸置疑，但在制度设立之初，由于缺少有益的前期经验，立法规定又相对较为原则，导致该制度的整体架构一直不甚清晰，制度的可实施性也备受质疑②。但这一矛盾因滴滴事件或将尘埃落定。

2021 年 7 月 2 日，中央网信办发布公告称，将对滴滴出行实施网络安全审查，并要求滴滴出行在审查期间停止新用户注册。仅三天后，中央网信办再次发布公告，对运满满、货车帮、BOSS 直聘实施网络安

---

① 《国家安全部公布三起危害重要数据安全案例》，载新华网，http：//www.xinhuanet.com/info/20211101/b21cc3f1219f48f7bc9ecb70b6c91b84/c.html，访问时间 2021 年 12 月 28 日。

② 例如，根据前述分析，数据安全审查属于国家安全审查的一种，在理论上可能形成与外商投资安全审查、网络安全审查或生物安全审查并行适用的独立审查制度，但其并没有类似《网络安全法》项下形成的《网络安全审查办法》等配套细则，实体内容和程序内容都存在缺位情况，如何开展数据安全审查充满了巨大的不确定性。

全审查,同样要求其在审查期间停止新用户注册。各界猜测,上述几家公司均具有近期"赴美上市"的共同特点,存在因遵从美国《外国公司问责法案》向境外提供我国用户数据的情况①,有可能导致我国重要数据、个人信息的泄露。

滴滴事件之后,中央网信办于2021年7月10日发布《网络安全审查办法(修订草案征求意见稿)》,该办法于2021年11月获得通过,自2022年2月15日正式实施。其中第二条规定,"网络平台运营者开展数据处理活动,影响或可能影响国家安全的,应当按照本办法进行网络安全审查。"这意味着我国目前的立法思路是,将数据安全审查纳入网络安全审查的范畴,不作为独立的审查制度进行设计,这样就可以依托现有相对成熟的网络安全审查规则,使数据安全审查制度迅速具备可实施性,发挥在数据领域保障国家安全的制度功能。尽管有专家认为二者之间有区别,但从现行法律规定的构建要件来看,二者仍然具有明显的一致性。

数据安全审查所依托的网络安全审查制度是《网络安全法》颁布实施后最先配套相关细则的国家安全保障制度,这也足以看出我国对于该制度的重视程度。至今,网络安全审查制度已经经历了多年的探索实践,其规则体系正在逐渐趋于完善,对于数据安全审查具有高度的兼容性和适应性。自2013年开始,我国便开始尝试通过多部政策立法,不断构建和完善网络安全审查制度。

2013年工业和信息化部在印发的《信息化发展规划》明确提出"信息安全形势更趋复杂严峻,信息化发展体制机制有待健全"的现实矛盾,并在第十二条"加强网络与信息安全保障体系建设"中明确提出要确保基础信息网络和重要信息系统安全,其中的具体措施就包括"建立信息安全审查制度",但该规划并没有对信息安全审查制度的相关内容作出具体说明。

---

① 参见《多家互联网企业接受网络安全审查 原因是什么?》,载光明网,http://legal.gmw.cn/2021-07/07/content_34976803.htm

2014年5月，国家互联网信息办公室正式公告我国将实行网络安全审查制度，明确将"国家安全和公共利益系统使用的重要技术产品和服务"作为审查对象；将"防止产品提供者非法控制、干扰、中断用户系统，非法收集、存储、处理和利用用户有关信息"作为审查目的；将"产品和服务的安全性和可控性"作为审查内容。自此，国家网络安全审查开始成为重要的政策法律议题。

2014年12月，国家互联网信息办公室发布《关于加强党政部门云计算服务网络安全管理的意见》，明确规定要建立云计算服务安全审查机制。其中，第四条规定，对为党政部门提供云计算服务的服务商，应当组织第三方机构进行网络安全审查，重点审查云计算服务的安全性、可控性。并鼓励重点行业优先采购和使用通过安全审查的服务商提供的云计算服务。

《国家安全法》第五十九条规定建立国家安全审查制度，以有效预防和化解国家安全风险。其中明确将"对网络信息技术产品和服务的安全审查"作为国家安全审查的重要组成部分，确定了网络安全审查制度的性质，为后续《网络安全法》建立网络安全审查制度奠定了坚实基础。

《网络安全法》第三十五条重申和细化了《国家安全法》中有关网络安全审查制度的相关规定，要求关键信息基础设施运营者采购网络产品和服务，在可能影响国家安全的情况下，应当通过国家安全审查。尽管《网络安全法》针对网络安全审查制度的规定继承和沿袭了《国家安全法》的基本思路，但在制度构成方面有所突破，例如将审查范围限定为关键信息基础设施，将审查主体进一步由"中央国家机关各部门"明确为"网信部门会同国务院有关部门"。

2017年《网络产品和服务安全审查办法（试行）》对网络安全审查制度进行了全面规定，涵盖了审查主体、审查范围、审查内容等核心制度要素，使网络安全审查制度具备了真正意义上的可实施性。该办法是《网络安全法》实施后，我国颁布的首部配套规范。2020年4月，国家互联网信息办公室等12部委联合颁布《网络安全审查办法》，对《网络产品和服务安全审查办法（试行）》的内容进行了重大调整，使审查主体、审查范围、审查内容和审查程序等制度要素更为科学合理，进一步增强了制度的可实施性。该办法正式生效之后，《网络产品和服务安全审查办法（试行）》同时废止。2021年7月，为了应对滴滴事件，国家互联网信息办公室等13部委对该审查办法进行了系统性修订，将数据安全审查纳入审查范围。新版《网络安全审查办法》自2022年2月15日正式实施。

2019年，我国通过《密码法》。作为我国首部综合性和基础性的密码管理立法，该法特别强调了保障网络与信息安全的立法目的。其中第二十七条第二款明确规定，关键信息基础设施的运营者采购涉及商用密码的网络产品和服务，可能影响国家安全的，应当按照《网络安全法》的规定，通过国家网信部门会同国家密码管理部门等有关部门组织的国家安全审查。

三、制度要素

2022年，中央网信办等13部委联合修订后的新版《网络安全审查办法》基本继承了2020年旧版《网络安全审查办法》的核心内容，并融入对数据安全审查特殊性的充分考虑，本部分将对其中的关键制度要素进行梳理。

1. 审查主体

审查主体是指在数据安全审查过程中，承担审查职能，行使审查权力的组织、部门或机构。针对审查主体，2021年《网络安全审查办法》没有做出实质改变，仍然采取以网络安全审查工作机制为核心的审查主体结构。

其中，网络安全审查办公室负责制定网络安全审查相关制度规范，并组织网络安全审查；网络安全审查工作机制成员单位①和相关部门（例如关键信息基础设施保护部门）是审查结论的决策者，其意见可以影响审查结论；中央网络安全和信息化委员会是特别审查程序的批准者，如果网络安全审查工作机制成员单位认为影响或者可能影响国家安全的网络产品和服务以及数据处理活动，由网络安全审查办公室按程序报中央网络安全和信息化委员会批准后，才能依照审查办法的规定进行审查。

2. 审查对象

审查对象是指数据安全审查活动所作用和指向的特定客体，即数据处理者。对于审查对象此前已做出解释，本部分不再赘述。唯一需要说明的是，2020年旧版《网络安全审查办法》对网络安全审查（采购审查）的审查对象限定于关键信息基础设施。但此次新版《网络安全审查办法》并没有对数据安全审查的审查对象进行类似限定，作为上位法的《数据安全法》也没有限定。为此，在理论上，只要网络平台运营者所进行的数据处理活动存在影响或者可能影响国家安全的风险，那么就均需要接受安全审查，而不论数据处理者的性质如何。

3. 审查内容

审查内容是指审查主体针对审查对象的何种事项开展审查活动。新

---

① 根据《网络安全审查办法》第四条规定，在中央网络安全和信息化委员会领导下，国家互联网信息办公室会同中华人民共和国国家发展和改革委员会、中华人民共和国工业和信息化部、中华人民共和国公安部、中华人民共和国国家安全部、中华人民共和国财政部、中华人民共和国商务部、中国人民银行、国家市场监督管理总局、国家广播电视总局、中国证券监督管理委员会、国家保密局、国家密码管理局建立国家网络安全审查工作机制。如前所述，国家安全风险的认定是一项异常复杂的工作，对于同一事项，不同部门的侧重和关注点可能有所不同，也就可能导致不同的审查结论。我国建立多部门组成的联合审查机制，有助于更为广泛、周延、公正和理性地识别和认定国家安全风险，既有助于最大程度地维护和保障国家安全，又有助于防止国家安全滥用，维护和保障审查相对人的合法权益。

版《网络安全审查办法》第十条第五款规定，数据安全审查主要关注数据处理活动中可能出现的"核心数据、重要数据或者大量个人信息被窃取、泄露、毁损以及非法利用、非法出境的风险"。根据上述规定，数据安全审查主要关注核心数据、重要数据和大量个人信息的安全风险。

4. 审查启动方式

新版《网络安全审查办法》对于数据处理活动没有规定申报义务——这一点与网络产品和服务采购、境外上市有所不同——为此，数据安全审查的启动方式目前仅能够通过"依职权"的方式予以启动，而不能"依申请"。即如果网络安全审查工作机制成员单位认为数据处理活动存在影响或可能影响国家安全的风险，应由网络安全审查办公室按程序报中央网络安全和信息化委员会批准后，依照本办法的规定进行审查。

对于数据处理活动，新版《网络安全审查办法》之所以采取差异化的审查启动方式，大概因为数据处理活动通常具有实时性和不可预测性，如果强制要求前置性的预审查或申报，将会严重影响正常数据业务的开展，阻碍数字经济的发展。此外，鉴于现代社会的一切表征都正在泛化为数据，数据处理活动已经成为公民生活不可分割的常态化活动，从数据处理者自身专业性和成本性的角度考虑，强制性的申报要求既不必要也不现实。

5. 审查程序

审查程序是实施数据安全审查活动所遵循的顺序、程序或步骤，是形成审查结论的过程。如前所述，新版《网络安全审查办法》仅对数据安全审查规定了"依职权"启动的方式，其审查程序以审查主体为主导。通过对相关法条的梳理，其审查程序大致包括如下步骤（见图4-2）。

步骤1：网络安全审查工作机制成员单位认为数据处理活动影响或可能影响国家安全的，由网络安全审查办公室按程序报中央网络安全和信息化委员会批准。

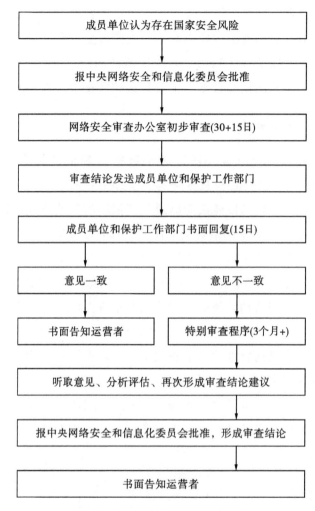

图 4-2　数据安全审查的审查程序

步骤 2：网络安全审查办公室应当自向当事人发出书面通知之日起 30 个工作日内完成初步审查，包括形成审查结论建议和将审查结论建议发送网络安全审查工作机制成员单位、相关部门征求意见；情况复杂的，可以延长 15 个工作日。

步骤 3：网络安全审查工作机制成员单位和相关部门应当自收到审查结论建议之日起 15 个工作日内书面回复意见。网络安全审查工作机制成员单位、相关部门意见一致的，网络安全审查办公室以书面形式将审查结论通知当事人；意见不一致的，按照特别审查程序处理，并通知当事人。

步骤4：按照特别审查程序处理的，网络安全审查办公室应当听取相关部门和单位意见，进行深入分析评估，再次形成审查结论建议，并征求网络安全审查工作机制成员单位和相关部门意见，按程序报中央网络安全和信息化委员会批准后，形成审查结论并书面通知当事人。特别审查程序一般应当在90个工作日内完成，情况复杂的可以延长。

第六节　数据出口管制制度

一、相关法条及解释

《数据安全法》第二十五条规定，"国家对与维护国家安全和利益、履行国际义务相关的属于管制物项的数据依法实施出口管制。"

根据本条规定，我国"数据出口管制"具有特定的制度含义和适用范围，在理解和适用时应特别注意与学理意义和业务场景中的广义"数据出口"相区分。一个较为典型的例子是，个人数据跨境在贸易语境下同样存在数据跨越司法管辖区的普遍情况，其中，"个人数据由本国向境外传输"确实已经被很多国家视为明确的数据出口活动。我国在《网络安全法》《数据安全法》《个人信息保护法》等重要立法中亦对数据跨境给予了高度关注，规定了严格的数据跨境安全评估制度。数据跨境安全评估在本质上同样构成了对数据向境外自由转移的限制，属于法律意义上典型的"管制方法"。为此，如果仅从术语字面理解，"数据出口管制"和"数据跨境评估"确实具有极大程度的耦合度和竞合性，这也是在实践中广泛存在制度误读的主要原因。

事实上，我国《数据安全法》项下的数据出口管制制度具有非常清晰的制度边界，制度独立性极为明确。首先，我国数据出口管制制度的目的是"维护国家安全和利益，履行国际义务"，其中的国际义务主要指防扩散义务①。其次，我国数据出口管制制度的适用对象仅限于管制物项数据，一般包括两用物项、军品、核等相关的产品、服务及技术。这一点是数据出口管制制度同大部分数据跨境限制规则相区别的核心制度界分点，非与管制物项相关的数据跨境限制规则都不属于数据出口管制，例如个人数据或公共数据。再次，我国的数据出口管制制度在实施层面最主要的依据是《出口管制法》②，而非传统意义上的数据保护法（包括个人数据和非个人数据），其制度体系和规范结构相对独立。

二、制度概述

自冷战结束，国际安全、和平是各国共同期冀和努力追求的终极愿景。但大规模杀伤性武器及其运载工具的国际扩散具有非常复杂的历史根源和环境影响，始终是威胁各国国家安全的严重隐患。我国历来以负责任的态度积极对待"防扩散"义务，一贯主张全面禁止和彻底销毁核武器、生物武器和化学武器等大规模杀伤性武器，坚决反对此类武器的国际扩散。我国在该问题上的基本态度是，"不支持、不鼓励、不帮助任何国家发展大规模杀伤性武器及其运载工具。"③

为此，我国积极参与国际防扩散进程，先后缔结并加入众多国际防扩散条约和防扩散机制④，并不断完善和强化出口管制法律法规体系建设（包括《核出口管理条例》《核两用品及相关技术出口管制条例》《生物两用品及相关设备和技术出口管理条例》《监控化学管理条例》《有关

---

① 例如防止大规模杀伤性武器及其运载工具的国际扩散。
② 《出口管制法》由第十三届全国人民代表大会常务委员会第二十二次会议于2020年10月17日通过，自2020年12月1日起正式实施。
③ 参见《中国的防扩散政策和措施》，http://www.gov.cn/zwgk/2005-05/27/content_1469.htm
④ 典型的如《不扩散核武器条约》《全面禁止核试验条约》《禁止发展、生产、储存细菌（生物）及毒素武器和销毁此种武器公约》《关于禁止发展、生产、储存和使用化学武器及销毁此种武器的公约》等。

化学品及相关设备和技术出口管制办法》《导弹及相关物项和技术出口管制条例》《军品出口管理条例》等），在核、生物、化学、导弹、军品等敏感和重要领域切实践行大国责任。《出口管制法》是我国首部针对出口管制的专门性和统一性立法，彻底改变了以往该领域"诸法分立"的法治格局，对于更为高效地履行国际防扩散等义务，维护国家安全和利益起到了不可替代的有力支撑。

《出口管制法》一大亮点是对管制物项的范围进行扩展，不仅包括产品、服务和技术，还明确将与管制物项"相关的技术资料等数据"纳入其中，回应了数据时代出口管制的新特点和新内容，并形成我国数据出口管制制度的基本框架。

1. 受管制的数据范围

根据《出口管制法》第二条规定，受出口管制的数据是与"两用物项、军品、核以及其他与维护国家安全与利益、履行防扩散等国际义务"相关的物项数据。这表明，非与管制物项相关的数据不适用出口管制制度，其跨境转移活动需根据其他制度（例如数据跨境评估）进行约束和监管。

为进一步明确受管制的物项范围，《出口管制法》采用了清单管理的方式，要求国家出口管制管理部门会同有关部门制定、调整管制物项的出口管制清单，并及时公布。清单管理在现代行政监管中普遍被视作一种极为高效的监管方法，也是目前各国在出口管制领域所采用的通行做法。清单管理划定了清晰、明确的监管边界，既便利了义务方对照遵从，又防止了监管权力滥用。目前，我国已经发布了《两用物项和技术出口许可证管理目录》《核出口管制清单》《军品出口管制清单》等，列入管制清单的物项数据即应当接受出口管制。

当然，这并不意味着数据出口活动对于清单之外的物项数据就可以不加关注，《出口管制法》在清单管理的制度基础之上，同样规定了临时管制措施。该法第九条第二款规定，经国务院批准，或者经国务院、中央军事委员会批准，国家出口管制管理部门可以对出口管制清单以外的货物、技术和服务实施临时管制。临时管制的实施期限不超过两年。临时管制期限届满，受临时管制的物项根据评估结果，可能被取消、延长或并入管制清单。临时管制有助于在风险泛化的态势下迅速进行管制策略调整，在固化的管制清单之外预留充足的管制弹性，形成"动静结合"的二元管制结构，更为有效地满足维护国家安全和利益、履行防扩散等国际义务的现实需要。数据出口活动的参与方对此也应当予以跟踪和关注，避免因不了解临时管制物项而产生违反出口管制的不利法律后果。

2. 数据出口的范围

《出口管制法》所确定的"出口"涵义较为广泛。根据该法第二条的规定，数据出口将主要包括两种情形：一是从我国境内向境外转移（数据离境）；二是我国公民、法人和非法人组织向外国组织和个人提供（数据非离境）。在上述两种基本的数据出口情形之外，数据过境、转运、通运、再出口等活动同样应当被视为数据出口，接受必要的数据出口管制。[①]

在商务部2020年修订后发布的《中国禁止出口限制出口技术目录》中，对与数据有关的技术出口的禁止和限制性规定进行了更细粒度的规定。在限制规定部分主要包括以下方面：（1）空间数据传输技术中的与保密原理、方案及线路设计技术，或加密与解密的软件、硬件相关的卫星数据加密技术；（2）计算机服务技术中的基于数据分析的个性化信息推送服务技术；（3）信息防御技术中的信息隐藏与发现技术、信息分析与监控技术、系统和数据快速恢复技术，以及可信计算技术；（4）信息对抗技术中的流量捕获和分析技术、漏洞发现和挖掘技术、恶意代码编制和植入技术、信息伪装技术，以及网络攻击追踪溯源技术；（5）基础软件安全增强技术中的操作系统与数据库系统安全增强技术；（6）航天

---

① 《出口管制法》第四十五条规定，管制物项的过境、转运、通运、再出口或者从保税区、出口加工区等海关特殊监管区域和出口监管仓库、保税物流中心等保税监管场所向境外出口，依照本法的有关规定执行。

遥感器技术，包括航空遥感器仿真（地面、航空）技术、遥感数据编码技术等。

3. 数据出口许可

"数据出口许可"是我国实现数据出口管制的主要方式，《出口管制法》第十二条明确规定，国家对管制物项的出口实行许可制度。根据《行政许可法》的规定，所谓许可是指行政机关根据公民、法人或者其他组织的申请，经依法审查，准予其从事特定活动的行为。由此可见，许可的本质是"普遍禁止、许可例外"，也就是说，列入清单管制和临时管制的物项数据，在原则上是不得实施出口活动的，只有在经申请依法审查批准后，方可对受管制的物项数据进行出口。其中，有两点需要特别注意：

一是"许可"属于典型的"依申请"行为，出口管制管理机关不会主动"依职权"向数据出口经营者授予许可。在数据出口中，《出口管制法》将许可申请作为一项明确的前置性"义务"，对于涵盖清单管制或临时管制物项的数据出口活动，出口经营者应当向国家出口管制管理部门申请许可。此外，对于清单管制和临时管制之外的物项数据，出口经营者也负有一定的注意义务，如果出口经营者"知道或者应当知道"，或者得到国家出口管制管理部门通知，拟出口的物项数据可能存在相关安全风险①，也应当向国家出口管制管理部门申请许可。

二是数据出口许可属于一种实质性审查，不同于某些"默认许可"的特定场景②，《出口管制法》第十三条明确规定国家出口管制管理部门作出许可决定时所应当考虑的因素，包括国家安全和利益；国际义务和对外承诺；出口类型管制物项敏感程度；出口目的国家或者地区；最终用户和最终用途；出口经营者的相关信用记录；法律、行政法规规定

---

① 根据《出口管制法》第十二条第三款的规定，这些风险包括：（一）危害国家安全和利益；（二）被用于设计、开发、生产或者使用大规模杀伤性武器及其运载工具；（三）被用于恐怖主义目的。

② 例如新加坡对从事互联网服务的许可形式。

的其他因素。为此，同数据安全审查制度类似，数据出口许可对于相对方而言同样具有相当程度的不确定性，是国家对于出口行为安全威胁的综合判断。但是，上述考虑因素也能够为数据出口经营者提供相应的前期合规支持，数据出口经营者可以事先对所列事项进行预评估，提前识别和缓解其中在自身能力范围内的安全风险，提升获得许可的成功率。事实上，我国也特别强调出口经营者的内部合规制度，并对其提供了相应的便利条件，甚至是豁免义务。例如，根据《出口管制法》第十四条规定，如果数据出口经营者建立出口管制内部合规制度，且运行情况良好的，国家出口管制管理部门可以对其出口管制物项数据给予便利措施，例如通用许可。这意味着此类数据出口经营者可能由此豁免逐单申请出口许可的烦琐程序。为此，数据出口经营者应当充分重视自身内部出口管制合规制度的建设工作。

4. 最终用户和最终用途风险管理

从出口管制的核心目的来看，其制度实施的有效性高度依赖于最终用户的可信度，这决定了管制物项是否可能被用于严重威胁国际和国家安全的活动（例如恐怖主义）。在早期实践中，通过改变最终用户和最终用途来规避出口管制措施的做法极为常见，例如 A 国明确将 B 国视为管制物项的"禁运国"，那么直接向 B 国出口管制物项就是不允许的。为此，B 国可能要求 A 国的出口商现将管制物项出口至 C 国，再从 C 国进口管制物项。为此，各国出口管制立法通常都会明确规定最终用户和最终用途的跟踪和报告义务，确保管制物项不会被非法对象轻易获得。

我国亦不例外，《出口管制法》建立了非常全面的最终用户和最终用途风险管理制度。根据相关规定，首先，数据出口经营者应当向国家出口管制管理部门提交管制物项数据的最终用户和最终用途证明文件，确认管制物项数据严格按照许可申请中载明的用户和用途进行使用。该证明文件必须由最终用户或者最终用户所在国家和地区政府机构出具。其次，管制物项数据的最终用户应当承诺，未经我国出口管制管理部门允许，不得擅自改变相关管制物项数据的最终用途或者向任何第三方转让。如果数据出口经营者或数据进口商发现最终用户或者最终用途有可能被改变的，应当立即报告我国出口管制管理部门。最后，对于那些违反管制要求和诚信原则的数据进口商或最终用户，我国建立管控名单制度。该制度是《出口管制法》首次引入，具有非常重要的反规避意义。根据规定，对于违反最终用户或者最终用途管理要求的数据进口商和最终用户[①]，国家出口管制管理部门可以将其列入管控名单，采取禁止、限制有关管制物项数据交易，责令中止有关管制物项数据出口等必要的措施。

第七节　数据领域的对等措施

对等措施是维护我国主权，保障我国安全与发展利益的有力工具。目前，我国在《数据安全法》、《个人信息保护法》、《中华人民共和国出口管制法》（以下简称《出口管制法》）[②]、《中华人民共和国行政诉讼法》（以下简称《行政诉讼法》）[③]、《中华人民共和国民事诉讼法》[④]（以下简称《民事诉讼法》）等诸多立法中均规定任何国家和地区对我

[①]　除此之外还有两种情形可能触发"管控清单"，一是可能危害国家安全和利益的；二是将管制物项用于恐怖主义目的的。

[②]　《出口管制法》第四十八条规定，任何国家或者地区滥用出口管制措施危害中华人民共和国国家安全和利益的，中华人民共和国可以根据实际情况对该国家或者地区对等采取措施。

[③]　《行政诉讼法》第九十九条规定，外国人、无国籍人、外国组织在中华人民共和国进行行政诉讼，同中华人民共和国公民、组织有同等的诉讼权利和义务。外国法院对中华人民共和国公民、组织的行政诉讼权利加以限制的，人民法院对该国公民、组织的行政诉讼权利，实行对等原则。

[④]　《民事诉讼法》第五条规定，外国人、无国籍人、外国企业和组织在人民法院起诉、应诉，同中华人民共和国公民、法人和其他组织有同等的诉讼权利义务。外国法院对中华人民共和国公民、法人和其他组织的民事诉讼权利加以限制的，中华人民共和国人民法院对该国公民、企业和组织的民事诉讼权利，实行对等原则。

国公民、法人等主体采取限制、歧视性措施，侵犯我国安全与发展利益的，我国有权采取对等措施或实行对等原则。

一、相关法条及解释

《数据安全法》第二十六条规定，"任何国家或者地区在与数据和数据开发利用技术等有关的投资、贸易等方面对中华人民共和国采取歧视性的禁止、限制或者其他类似措施的，中华人民共和国可以根据实际情况对该国家或者地区对等采取措施。"《个人信息保护法》第四十三条规定，"任何国家或者地区在个人信息保护方面对中华人民共和国采取歧视性的禁止、限制或者其他类似措施的，中华人民共和国可以根据实际情况对该国家或者地区对等采取措施。"

从上述条文可以看出，我国将其他国家和地区采取歧视性措施作为我国采取对等措施的前提，体现出我国始终致力于维护开放、公正、非歧视性的营商环境，推动实现互利共赢、共同发展。明确我国有权采取对等措施既表明我国坚定维护国家主权、安全和发展利益的态度，又为《数据安全法》《个人信息保护法》施行后，面对可能出现的上述情况储备法律工具和手段。

除此之外，《个人信息保护法》第四十二条规定，"境外的组织、个人从事侵害中华人民共和国公民的个人信息权益，或者危害中华人民共和国国家安全、公共利益的个人信息处理活动的，国家网信部门可以将其列入限制或者禁止个人信息提供清单，予以公告，并采取限制或者禁止向其提供个人信息等措施。"本条立法目的与《网络安全法》第七十五条①类似，旨在赋予我国在特定情形下追责境外组织和个人的权力。

---

① 《网络安全法》第七十五条规定，境外的机构、组织、个人从事攻击、侵入、干扰、破坏等危害中华人民共和国的关键信息基础设施的活动，造成严重后果的，依法追究法律责任；国务院公安部门和有关部门并可以决定对该机构、组织、个人采取冻结财产或者其他必要的制裁措施。

二、制度概述

滥用长臂管辖、制裁措施等手段已经成为个别国家推行强权政治、霸权主义的一贯途径。实际上，20世纪90年代以来，联合国大会即通过一系列决议，多次强调反对一国滥用法律域外效力，要求废除各种对他国企业和个人具有域外效力的单方面法律与措施，呼吁各国不承认、不执行此类法律与措施。①

近年来，我国华为、中兴、字节跳动、腾讯等诸多互联网企业在国际市场的发展频频受到不正当、不公正的阻碍。与此同时，我国也不断完善涉外经贸法律和规则体系，保护中国企业、组织和个人的合法权益，维护国家主权、安全和发展利益，维护公平、自由的国际经贸秩序。

2020年6月，印度电子信息技术部发布公告，以TikTok未经授权窃取用户数据，并秘密传输到位于印度境外的服务器为由，禁止在全国范围内使用TikTok等59款软件。随后，时任美国总统特朗普于8月6日签署行政令《应对TikTok带来的威胁，并采取额外措施应对信息通信技术和服务供应链方面的国家紧急情况》，援引印度电子信息技术部的公告，表示TikTok会自动捕捉大量用户信息，包括互联网和其他网络活动信息，比如位置数据、浏览和搜索历史。此种数据收集可能会让中国获得美国公民的个人和专有信息，让中国获得追踪联邦雇员和承包商或进行间谍活动的能力。对此，行政令要求在45天后禁止美国个人及企业与TikTok母公司字节跳动进行交易。8月14日，特朗普再次签署《关于字节跳动收购Musical.ly的行政令》，责成美国外国投资委员会（CFIUS）自行政令公布之日起90天内（可以延长30天），要求字

---

① 《为反制外国歧视性措施提供有力法治支撑和保障——专家解读〈中华人民共和国反外国制裁法〉》，载中国人大网，http://www.npc.gov.cn/npc/c30834/202106/2ff9a8d1878647c38e8c398bf492754a.shtml，访问时间2022年7月14日。

节跳动及其子公司放弃在美国所有资产,以及利用 TikTok 或 Musical.ly 应用程序在美国收集的用户个人资料。①

2020 年 8 月 28 日,我国商务部、科技部发布调整后的《中国禁止出口限制出口技术目录》,将人工智能交互界面技术、基于数据分析的个性化信息推送服务技术等纳入限制出口目录,明确限制类技术进出口需要申请许可证。9 月底,商务部表示,根据《技术进出口管理条例》和《中国禁止出口限制出口技术目录》规定,北京市商务局已收到北京字节跳动公司提交的技术出口许可申请。②

2020 年 9 月,我国商务部发布《不可靠实体清单规定》。按照该规定,我国将建立有关工作机制,负责不可靠实体清单制度的组织实施。对列入不可靠实体清单的外国实体,工作机制根据实际情况,可以决定采取限制或者禁止其从事与中国有关的进出口活动、限制或者禁止其在中国境内投资等一项或者多项处理措施,并予以公告。

2021 年 1 月 5 日,特朗普再次签署行政令《应对由中国公司开发或控制的应用程序和其他软件带来的威胁》,与封禁 TikTok、WeChat 相同,以在个人信息和数据安全方面的理由,决定禁止与支付宝、腾讯 QQ、WPS Office 等多款中国互联网应用程序进行交易。

2021 年 1 月 9 日,我国商务部发布《阻断外国法律与措施不当域外适用办法》,要求中国公民、法人或者其他组织遇到外国法律与措施禁止或者限制其与第三国(地区)及其公民、法人或者其他组织正常的经贸及相关活动情形的,应当在 30 日内向国务院商务主管部门如实报告有关情况。关于是否存在不当域外适用情形,工作机制将结合各种因素,进行评估确认。经评估确认有关外国法律与措施存在不当域外适用

---

① 《外媒:特朗普再签行政令打压 TikTok》,载新华网客户端,https://baijiahao.baidu.com/s?id=16751720337780299536&wfr=spider&for=pc,访问时间 2022 年 7 月 14 日。

② 《商务部召开例行新闻发布会(2020 年 9 月 24 日)》,载商务部官网,http://www.mofcom.gov.cn/article/i/jyjl/l/202010/20201003012247.shtml,访问时间 2022 年 7 月 14 日。

情形的，可以决定由国务院商务主管部门发布不得承认、不得执行、不得遵守有关外国法律与措施的禁令。对外国法律与措施不当域外适用，中国政府可以根据实际情况和需要，采取必要的反制措施。

2021年1月底，现任美国总统拜登上台后，对 TikTok 等行政令及政府采取的措施进行重新审查。2021年6月9日，拜登签署《保护美国公民敏感数据免受外国对手侵害的行政令》，撤销此前针对 TikTok、WeChat、支付宝等多款中国应用程序的禁令，但要求美商务部对与"外国对手"相关的应用程序进行评估，并"酌情采取行动"。白宫表示该行政令旨在提供一份标准，用以识别和评估可能对美国国家安全和敏感数据安全构成风险的应用程序。应用程序可能将个人身份信息和基因信息等敏感数据泄露给包括中国在内的"外国对手"，对美国数据隐私和国家安全构成风险。①

2021年6月10日，《中华人民共和国反外国制裁法》（以下简称《反外国制裁法》）与《中华人民共和国数据安全法》（以下简称《数据安全法》）同日通过。《反外国制裁法》旨在反制、反击、反对外国对中国搞的所谓单边制裁，维护我国的主权、安全、发展利益，保护我国公民、组织的合法权益。同时，为我国在一定情况下主动采取反制措施应对打击外国反华势力、敌对势力的活动提供法律依据。

《反外国制裁法》规定的适用情形包括以下内容：外国国家违反国际法和国际关系基本准则，以各种借口或者依据其本国法律对我国进行遏制、打压，对我国公民、组织采取歧视性限制措施，干涉我国内政的，我国有权采取相应反制措施。国务院有关部门可以决定将直接或者间接参与制定、决定、实施歧视性限制措施的个人、组织列入反制清单。

《反外国制裁法》储备的反制措施包括以下内容：国务院有关部门可以按照各自职责和任务分工，根据实际情况决定采取下列一种或者几

---

① 《拜登撤销对 TikTok 和微信等中国软件禁令》，载人民网，http://world.people.com.cn/gb/n1/2021/0611/c1002-32128173.html，访问时间2022年7月14日。

种措施：（一）不予签发签证、不准入境、注销签证或者驱逐出境；（二）查封、扣押、冻结在我国境内的动产、不动产和其他各类财产；（三）禁止或者限制我国境内的组织、个人与其进行有关交易、合作等活动。同时规定"其他必要措施"的兜底条款。

对于他国对我国组织、个人采取的限制性制裁措施，《反外国制裁法》规定，任何组织和个人均不得执行或者协助执行外国对我国公民、组织采取的歧视性限制措施。组织和个人违反规定，侵害我国公民、组织合法权益的，我国公民、组织可以依法向人民法院提起诉讼，要求其停止侵害、赔偿损失。

除《反外国制裁法》外，我国现行立法中已有一些法律作出了类似反制措施的规定。《中华人民共和国外商投资法》（以下简称《外商投资法》）规定，任何国家或者地区在投资方面对中华人民共和国采取歧视性的禁止、限制或者其他类似措施的，我国可以根据实际情况对该国家或者该地区采取相应的措施。《出口管制法》规定任何国家或者地区滥用出口管制措施危害我国国家安全和利益的，我国可以根据实际情况对该国家或者地区对等采取措施。考虑到上述情况并为今后类似情况在法律上预留空间，《反外国制裁法》专门作出一个衔接性、兼容性规定，即"对于危害我国主权、安全、发展利益的行为，除本法规定外，有关法律、行政法规、部门规章可以规定采取其他必要的反制措施。"此条也为《数据安全法》第二十六条、《个人信息保护法》第四十三条规定的对等采取措施留下接口。

第八节　数据出境安全管理制度

当前，数据出境安全与国家安全的关系日益密切，随着数据跨境和本地化立法分歧与摩擦的增多，数据本地化与跨境传输已成为各国博弈和利益角逐的重要领域。据统计，2017年至2021年间，世界范围内实施数据本地化举措的国家数量增长近一倍，从2017年的35个国家发展为2021年的62个，所采取的数据本地化政策（包括明确的和事实上的）从2017年的67项增长至2021年的144项。① 其中，美国、欧盟和中国三家主要参与者的治理模式各不相同，美国在强调自由市场的同时，也采取措施限制某些数据驱动型外国企业进入其市场，并禁止国内相关数据外流；② 欧盟以GDPR为核心，推行在基本权利和价值观的基础上强调数据主体权利；我国在健全数据出境安全管理制度时始终秉持安全与发展并重的理念，鼓励数据依法合理有效利用，保障数据依法有序自由流动。

同时，在数字全球化时代，尤其是在数据本地化和跨境传输领域，国际多边规则成为各国主张和推行符合本国利益诉求，同时寻求国际共识的重要渠道。当前，WTO《服务贸易总协定》、OECD《关于隐私保护与个人数据跨境流动的指南》、APEC《隐私框架》与《跨境隐私规则体系》、《区域全面经济伙伴关系协定》（RCEP）、《跨太平洋伙伴关系协定》（TPP）及《全面与进步跨太平洋伙伴关系协定》（CPTPP）、《数字经济伙伴关系协定》（DEPA）成为规范数据跨境流动的重要国际规则。2020年9月，我国提出《全球数据安全倡议》，倡议各国应要求企业严格遵守所在国法律，不得要求本国企业将境外产生、获取的数据存储在境内。各国应尊重他国主权、司法管辖权和对数据的安全管理权，未经他国法律允许不得直接向企业或个人调取位于他国的数据。各国如因打击犯罪等执法需要跨境调取数据，应通过司法协助渠道或其他相关多双边协议解决。国家间缔结跨境调取数据双边协议，不得侵犯第三国司法主权和数据安全。2021年9月和11月，我国正式提出申请加入CPTPP和DEPA。

目前，我国在数据出境安全管理方面的法律法规日趋完善，除《网

---

① 美国信息技术与创新基金会（ITIF），*How Barriers to Cross-Border Data Flows Are Spreading Globally，What They Cost，and How to Address Them*，https：//d1bcsfjk95uj19.cloudfront.net/sites/default/files/2021-data-localization.pdf

② 联合国贸易和发展会议，《2021年数字经济报告：概述》，https：//unctad.org/system/files/official-document/der2021_overview_ch.pdf

络安全法》《数据安全法》《个人信息保护法》等专门的网络与数据安全立法外，在《中华人民共和国保守国家秘密法》（以下简称《保守国家秘密法》）、《出口管制法》、《证券法》、《地图管理条例》、《征信业管理条例》、《人类遗传资源管理条例》等针对性法律法规中也有所涉及；从规制主体看，包括关键信息基础设施运营者、数据处理者、个人信息处理者等；从规制对象看，包括国家秘密、重要数据、个人信息、个人遗传资源信息等；从适用场景看，包括业务需要、国际合作研究、执法数据跨境调取等。

一、相关法条及解释

《数据安全法》第三十一条规定，"关键信息基础设施的运营者在中华人民共和国境内运营中收集和产生的重要数据的出境安全管理，适用《中华人民共和国网络安全法》的规定；其他数据处理者在中华人民共和国境内运营中收集和产生的重要数据的出境安全管理办法，由国家网信部门会同国务院有关部门制定。"

《数据安全法》对数据出境的规定聚焦在"重要数据"领域，将关键信息基础设施运营者在境内收集和产生的重要数据出境衔接至《网络安全法》第三十七条，采取原则上应在境内存储，确需向境外提供应进行安全评估的模式。同时，将非关键信息基础设施运营者的重要数据出境纳入约束范围，具体管理办法由国家网信部门会同国务院有关部门后续制定。实际上，《网络安全法》通过之后，围绕《网络安全法》第三十七条制定的配套规则曾试图将重要数据出境安全评估的义务主体扩展至所有网络运营者，引发是否存在突破上位法规定的讨论。《数据安全法》填补了立法对非关键信息基础设施运营者重要数据出境安全管理的缺失，为后续国家网信部门会同国务院有关部门制定具体管理办法提供充分的上位法依据。需要注意的是，《数据安全法》下的"数据"包括电子和非电子形式，因此数据出境安全管理涵盖电子数据和非电子数据的出境。

作为一种特殊的数据类型,《个人信息保护法》设立专章,即第三章"个人信息跨境提供规则",对个人信息出境条件及个人信息处理者安全保护义务进行详细规定。第三章第三十八条规定,"个人信息处理者因业务等需要,确需向中华人民共和国境外提供个人信息的,应当具备下列条件之一:(一)依照本法第四十条的规定通过国家网信部门组织的安全评估;(二)按照国家网信部门的规定经专业机构进行个人信息保护认证;(三)按照国家网信部门制定的标准合同与境外接收方订立合同,约定双方的权利和义务;(四)法律、行政法规或者国家网信部门规定的其他条件。中华人民共和国缔结或者参加的国际条约、协定对向我国境外提供个人信息的条件等有规定的,可以按照其规定执行。"

其中,第(一)项中"本法第四十条的规定",是指"关键信息基础设施运营者和处理个人信息达到国家网信部门规定数量的个人信息处理者,应当将在中华人民共和国境内收集和产生的个人信息存储在境内。确需向境外提供的,应当通过国家网信部门组织的安全评估;法律、行政法规和国家网信部门规定可以不进行安全评估的,从其规定。"除要求关键信息基础设施运营者在境内收集和产生的个人信息出境需要进行安全评估外,《个人信息保护法》还要求达到国家网信部门规定数量的个人信息出境也需通过安全评估。此外,《个人信息保护法》还规定了更为灵活的个人信息出境合法路径,如标准合同、个人信息保护认证等。

从《网络安全法》《数据安全法》《个人信息保护法》的规定来看,建立全面的数据出境安全管理制度还需国家网信部门会同国务院有关部门制定出台一系列的细化规定,包括但不限于数据出境安全评估规则、需要进行安全评估的个人信息数量、个人信息保护认证、标准合同模板、可以不进行安全评估的情形等。

二、制度概述

近年来,随着数字经济繁荣发展,全球范围内的跨境服务日益频繁,数据跨境流动逐渐走向常态化,成为影响全球经济贸易的重要问题。与此同时，数据跨境流动安全风险日益凸显，规范数据出境活动，加强数据出境安全管理成为促进数据跨境安全、自由流动的重要环节。除《网络安全法》《数据安全法》《个人信息保护法》外，我国在《保守国家秘密法》《人类遗传资源管理条例》《地图管理条例》《汽车数据安全管理若干规定（试行）》《科学数据管理办法》等诸多法律规范中也对政务数据、地图数据、金融数据、健康数据等特定类型数据提出出境要求。其中，2018年10月，我国科技部官网公布罚单，华大基因、阿斯利康、药明康德、上海华山医院等6家公司或机构因违规将人类遗传资源信息传输出境，违反人类遗传资源管理相关规定遭科技部处罚。① 这是我国首次公布的数据出境处罚案。2019年5月我国通过《人类遗传资源管理条例》，为人类遗传资源信息出境建立安全审查制度，要求"将人类遗传资源信息向外国组织、个人及其设立或者实际控制的机构提供或者开放使用，不得危害我国公众健康、国家安全和社会公共利益；可能影响我国公众健康、国家安全和社会公共利益的，应当通过国务院科学技术行政部门组织的安全审查。" 2022年3月发布的《人类遗传资源管理条例实施细则（征求意见稿）》进一步细化安全审查的范围②和要求③。

现阶段，我国数据出境安全管理包括数据出境安全评估、标准合

---

① 《科技部首次公开涉及人类遗传资源的行政处罚华大基因等6家机构遭罚》，载新京报网站，http：//www.bjnews.com.cn/news/2018/10/25/514209.html，访问时间2022年7月14日。

② 《人类遗传资源管理条例实施细则（征求意见稿）》第四十九条［安全审查范围］规定，安全审查的情形包括对外提供或者开放使用以下信息：（一）重要遗传家系的人类遗传资源信息；（二）特定地区的人类遗传资源信息；（三）500人以上人群的外显子组测序、基因组测序信息资源；（四）可能影响我国公众健康、国家安全和社会公共利益的其他信息。

③ 《人类遗传资源管理条例实施细则（征求意见稿）》第五十条［安全审查要求］规定，科技部会同相关部门制定安全审查原则，组织相关领域专家进行安全审查评估，并根据专家安全审查评估意见做出决定。

同、个人信息保护认证[①]等路径。其中，自《网络安全法》第三十七条确立数据出境安全评估制度以来，我国围绕安全评估主体、模式、程序等方面寻求解决方案，先后于 2017 年发布《个人信息和重要数据出境安全评估办法（征求意见稿）》与国家标准《信息安全技术 数据出境安全评估指南（草案）》、2019 年发布《个人信息出境安全评估办法（征求意见稿）》。《数据安全法》《个人信息保护法》通过后，发布《数据出境安全评估办法（征求意见稿）》《网络数据安全管理条例（征求意见稿）》，不断探索细化规则。2022 年 7 月，国家互联网信息办公室正式通过《数据出境安全评估办法》（以下简称《办法》），定位于部门规章，规定安全评估的情形、模式、评估事项、评估程序等内容，标志着我国探索多年的数据出境安全评估细化规则落地。2022 年 8 月，《办法》施行前夕，国家互联网信息办公室发布《数据出境安全评估申报指南（第一版）》（以下简称《指南》），对安全评估的申报方式、流程、材料等具体要求作出说明。

《办法》和《指南》发布后，北京、上海、江苏、浙江等省市纷纷开通数据出境安全评估咨询或申报通道，旨在进一步指导和帮助数据处理者规范、有序申报数据出境安全评估。

1. 数据出境安全评估情形

首先，《网络安全法》《个人信息保护法》规定关键信息基础设施运营者在境内运营中收集和产生的个人信息和重要数据、处理个人信息达到国家网信部门规定数量的个人信息处理者在境内收集和产生的个人信

[①] 我国正在研究推进个人信息保护认证和标准合同制度。2022 年 6 月，全国信息安全标准化技术委员会发布《网络安全标准实践指南—个人信息跨境处理活动安全认证规范》，为落实《个人信息保护法》，建立个人信息保护认证制度提供认证依据。2022 年 6 月，国家互联网信息办公室发布《个人信息出境标准合同规定（征求意见稿）》，明确个人信息处理者依据《个人信息保护法》第三十八条第一款第（三）项，与境外接收方订立合同向中华人民共和国境外提供个人信息的，应当按照本规定签订个人信息出境标准合同。

息应当存储在境内。因业务需要，确需向境外提供时，应通过安全评估。因此，数据处理者在判断是否需要申报安全评估时，应先判断是否属于"因业务需要，确需向境外提供"。

其次，如何理解"数据出境"？国家互联网信息办公室表示，《办法》所称的数据出境活动主要包括以下三点：一是数据处理者将在境内运营中收集和产生的数据传输、存储至境外；二是数据处理者收集和产生的数据存储在境内，境外的机构、组织或者个人可以查询、调取、下载、导出；三是国家网信办规定的其他数据出境行为。

再次，什么情况下需要进行安全评估？《办法》将《网络安全法》《数据安全法》《个人信息保护法》中分散规定的安全评估情形进行整合，明确以下四种情形需要申报安全评估：一是数据处理者向境外提供重要数据；二是关键信息基础设施运营者和处理100万人以上个人信息的数据处理者向境外提供个人信息；三是自上年1月1日起累计向境外提供10万人个人信息或者1万人敏感个人信息的数据处理者向境外提供个人信息；四是国家网信办规定的其他需要申报数据出境安全评估的情形。

情形一"数据处理者向境外提供重要数据"是从出境数据的类型来判断是否需要安全评估。此处的数据处理者包括关键信息基础设施运营者和其他数据处理者。在此情形下，出境数据属于重要数据的，应当申报安全评估，不以是否是关键信息基础设施运营者为前置条件，也不要求出境数据数量。

情形二"关键信息基础设施运营者和处理100万人以上个人信息的数据处理者向境外提供个人信息"是从数据处理者的类型来判断是否需要安全评估。此处的"100万"与《网络安全审查办法》要求的掌握超过100万用户个人信息的运营者赴国外上市必须申报网络安全审查的数量要求相同。在此情形下，当数据处理者被认定为关键信息基础设施运营者，或者是处理100万人以上的个人信息时，向境外提供个人信息的，应当申报安全评估。

情形三"自上年1月1日起累计向境外提供10万人个人信息或者1

万人敏感个人信息的数据处理者向境外提供个人信息"是从出境数据的累计数量来判断是否需要安全评估。如何判断是否属于此情形？首先，个人信息数量是从上年1月1日起累计计算；其次，数量是从信息主体的人数出发，即是"10万人"个人信息，并非"10万条"个人信息；最后，将个人信息和个人敏感信息区分对待，个人信息要求是10万人，个人敏感信息要求是1万人即需要申报安全评估。此外，此处的"10万人个人信息"与《汽车数据安全管理若干规定（试行）》将涉及个人信息主体超过10万人的个人信息定义为重要数据的数量要求相同。

情形四作为兜底条款，为后续数据出境安全风险变化或实践需要，完善数据出境安全评估制度留下接口。

总的来说，数据处理者是否需要申报安全评估需判断自身是否属于关键信息基础设施运营者、拟出境数据是否被认定为重要数据、拟出境个人信息规模等因素进行综合判断。

最后，《办法》自2022年9月1日起施行。施行后开展的数据出境活动，符合安全评估情形的，应依法依规开展安全评估。施行前已经开展的数据出境活动，不符合《办法》规定的，应当自施行之日起6个月内完成整改。

2. 数据出境安全评估模式

数据出境安全评估采取"风险自评估＋安全评估"的模式，即数据处理者符合应当进行安全评估的情形时，应首先开展风险自评估，然后通过所在地省级网信部门向国家网信部门申报数据出境安全评估。数据出境安全评估申报书、自评估形成的自评估报告、数据处理者与境外接收方拟订立的合同或者其他具有法律效力的文件等作为申报材料提交网信部门。

国家互联网信息办公室表示，数据处理者应当在数据出境活动发生前申报并通过数据出境安全评估。实践中，数据处理者宜在与境外接收方签订数据出境相关合同或者其他具有法律效力的文件前，申报数据出境安全评估。如果在签订法律文件后申报评估，建议在法律文件中注明此文件须在通过数据出境安全评估后生效,以避免可能因未通过评估而造成损失。①

3. 数据出境安全评估事项

数据处理者风险自评估与国家网信部门安全评估均是为了评估数据出境活动的安全性及其对国家安全、公共利益、个人或组织合法权益带来的风险,因此在评估事项方面存在共性。同时,基于数据处理者和国家网信部门角色定位不同,评估事项方面也各有侧重。具体评估事项见表 4-1。

表 4-1　数据出境安全评估事项对比表

风险自评估事项	安全评估事项
数据出境和境外接收方处理数据的目的、范围、方式等的合法性、正当性、必要性	数据出境的目的、范围、方式等的合法性、正当性、必要性
	境外接收方所在国家或者地区的数据安全保护政策法规和网络安全环境对出境数据安全的影响
出境数据的规模、范围、种类、敏感程度,数据出境可能对国家安全、公共利益、个人或者组织合法权益带来的风险	出境数据的规模、范围、种类、敏感程度
境外接收方承诺承担的责任义务,以及履行责任义务的管理和技术措施、能力等能否保障出境数据的安全	境外接收方的数据保护水平是否达到中华人民共和国法律、行政法规的规定和强制性国家标准的要求

---

① 《〈数据出境安全评估办法〉答记者问》,中国网信网,http://www.cac.gov.cn/2022-07/07/c_1658811536800962.htm,访问时间 2022 年 7 月 18 日。

续表

风险自评估事项	安全评估事项
数据出境中和出境后遭到篡改、破坏、泄露、丢失、转移或者被非法获取、非法利用等的风险,个人信息权益维护的渠道是否通畅等	出境中和出境后遭到篡改、破坏、泄露、丢失、转移或者被非法获取、非法利用等的风险 数据安全和个人信息权益是否能够得到充分有效保障
与境外接收方拟订立的数据出境相关合同或者其他具有法律效力的文件等(统称法律文件)是否充分约定了数据安全保护责任义务	数据处理者与境外接收方拟订立的法律文件中是否充分约定了数据安全保护责任义务
	遵守中国法律、行政法规、部门规章情况
其他可能影响数据出境安全的事项	国家网信部门认为需要评估的其他事项

从评估事项可以看出,自评估和安全评估均十分重视数据处理者与境外接收方拟订立的法律文件。这是通过合同等文件约定境外接收方数据安全保护责任义务,保障出境数据安全的有效途径之一。鉴于此,数据处理者应当在与境外接收方订立的法律文件中明确约定数据安全保护责任义务,至少包括以下内容:(1)数据出境的目的、方式和数据范围,境外接收方处理数据的用途、方式等;(2)数据在境外保存地点、期限,以及达到保存期限、完成约定目的或者法律文件终止后出境数据的处理措施;(3)对于境外接收方将出境数据再转移给其他组织、个人的约束性要求;(4)境外接收方在实际控制权或者经营范围发生实质性变化,或者所在国家、地区数据安全保护政策法规和网络安全环境发生

变化以及发生其他不可抗力情形导致难以保障数据安全时，应当采取的安全措施；（5）违反法律文件约定的数据安全保护义务的补救措施、违约责任和争议解决方式；（6）出境数据遭到篡改、破坏、泄露、丢失、转移或者被非法获取、非法利用等风险时，妥善开展应急处置的要求和保障个人维护其个人信息权益的途径和方式。

4. 数据出境安全评估流程

步骤1：数据处理者符合应当申报数据出境安全评估的情形，开展数据出境风险自评估。

步骤2：数据处理者向所在地省级网信部门提交申报材料，包括申报书、数据出境风险自评估报告、数据处理者与境外接收方拟订立的法律文件等。

步骤3：省级网信部门应当自收到申报材料之日起5个工作日内完成完备性查验。申报材料齐全的，将申报材料报送国家网信部门；申报材料不齐全的，应当退回数据处理者并一次性告知需要补充的材料。

步骤4：国家网信部门应当自收到申报材料之日起7个工作日内，确定是否受理并书面通知数据处理者。

步骤5：国家网信部门受理申报后，根据申报情况组织国务院有关部门、省级网信部门、专门机构等进行安全评估。国家网信部门应当自向数据处理者发出书面受理通知书之日起45个工作日内完成数据出境安全评估；情况复杂或者需要补充、更正材料的，可以适当延长并告知数据处理者预计延长的时间。

步骤6：评估结果应当书面通知数据处理者。数据处理者对评估结果有异议的，可以在收到评估结果15个工作日内向国家网信部门申请复评，复评结果为最终结论。数据出境安全评估流程图见图4-3。

第四章
国家数据安全制度

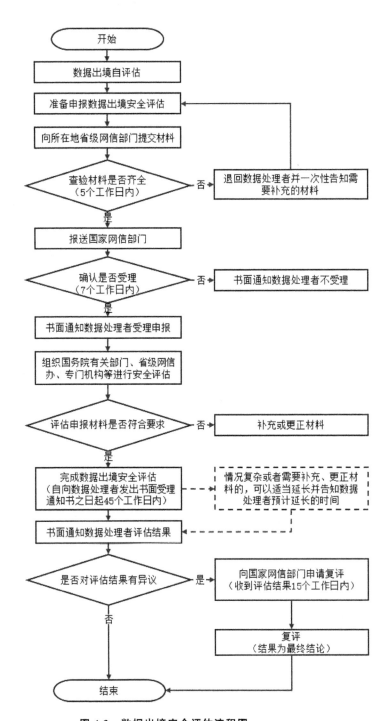

图 4-3　数据出境安全评估流程图

数据出境安全评估是一个动态的过程。通过评估的结果有效期为两年，自评估结果出具之日起计算。数据处理者出现以下情形时，应重新申报评估：

一是在有效期内出现以下情形之一：（1）向境外提供数据的目的、方式、范围、种类和境外接收方处理数据的用途、方式发生变化影响出境数据安全的，或者延长个人信息和重要数据境外保存期限的；（2）境外接收方所在国家或者地区数据安全保护政策法规和网络安全环境发生变化以及发生其他不可抗力情形、数据处理者或者境外接收方实际控制权发生变化、数据处理者与境外接收方法律文件变更等影响出境数据安全的；（3）出现影响出境数据安全的其他情形。

二是有效期届满，需要继续开展数据出境活动的，数据处理者应当在有效期届满 60 个工作日前重新申报评估。

三是国家网信部门发现已经通过评估的数据出境活动在实际处理过程中不再符合数据出境安全管理要求的，将书面通知数据处理者终止数据出境活动。数据处理者需要继续开展数据出境活动的，应当按照要求整改，整改完成后重新申报评估。

三、典型数据出境场景示例

以下结合几种典型的数据出境场景，进一步分析数据出境的管理过程及可能存在的悬而未决的问题。

1. 汽车数据出境

2021 年 4 月，一起指控特斯拉刹车失灵的维权事件爆出特斯拉车辆数据传回特斯拉美国总部，监管机构要获取相关数据需要特斯拉上海总部与美国总部取得联系。有媒体披露，特斯拉车上装有 8 个摄像头，12 个雷达，可以全方位地侦查周边的真实影像，这些影像会直接传回设在美国的数据中心，这些引发了对我国汽车数据出境安全的担忧。

2021 年 5 月 12 日，国家互联网信息办公室发布《汽车数据安全管理若干规定（征求意见稿）》，规定"个人信息或者重要数据应当依法在境内存储，确需向境外提供的，应当通过国家网信部门组织的数据出境安全评估。国家网信部门会同国务院有关部门以抽查方式核验向境外提供个人信息或重要数据的类型、范围等，运营者应当以明文、可读方式予以展示。"

2021年5月25日，特斯拉官方微博发文称，已经在中国建立数据中心以实现数据存储本地化，所有在中国大陆市场销售车辆所产生的数据都将存储在境内，并且将会向车主开放车辆信息查询平台。

2021年8月，国家互联网信息办公室、国家发展和改革委员会、工业和信息化部、公安部、交通运输部正式发布《汽车数据安全管理若干规定（试行）》，将涉及个人信息主体超过10万人的个人信息定义为重要数据。明确"重要数据应当依法在境内存储，因业务需要确需向境外提供的，应当通过国家网信部门会同国务院有关部门组织的安全评估。未列入重要数据的涉及个人信息数据的出境安全管理，适用法律、行政法规的有关规定。"

2021年9月，工业和信息化部发布《关于加强车联网网络安全和数据安全工作的通知》，进一步强化数据出境安全管理。通知要求智能网联汽车生产企业、车联网服务平台运营企业需向境外提供在境内收集和产生的重要数据的，应当依法依规进行数据出境安全评估并向所在省（区、市）通信管理局、工业和信息化主管部门报备。

2. 运营者赴国外上市

2022年2月，修订后的《网络安全审查办法》正式施行。《办法》将网络平台运营者开展数据处理活动，影响或者可能影响国家安全的情形纳入网络安全审查范畴。要求掌握超过100万用户个人信息的运营者赴国外上市，必须向网络安全审查办公室申报网络安全审查。将"上市存在关键信息基础设施、核心数据、重要数据或者大量个人信息被外国政府影响、控制、恶意利用的风险，以及网络信息安全风险"纳入网络安全审查的评估因素。

作为一种特殊场景下的数据出境，满足条件的我国企业赴国外上市前应按规定申报网络安全审查。同时，《数据出境安全评估办法》规定处理100万人以上个人信息的数据处理者向境外提供个人信息的，应申报数据出境安全评估。因此，不排除在此场景下同时触发数据出境安全评估和网络安全审查的可能。当然从监管资源的角度，在网络安全审查中，将会"吸收"数据出境安全评估的环节。但是，以国外上市为目的的网络安全审查属于"一次性"的管理活动，数据出境安全评估则为持续和常态化的行为，具体协调尚有待相关案例验证。

针对赴港上市情形，鉴于《网络安全审查办法》仅对"赴国外上市"提出要求，意味着赴港上市不需要申报网络安全审查，但运营者在赴港上市过程中仍需高度关注网络与数据安全风险。同时《网络数据安全管理条例（征求意见稿）》规定，"数据处理者开展以下活动，应当按照国家有关规定，申报网络安全审查：……（二）处理一百万人以上个人信息的数据处理者赴国外上市的；（三）数据处理者赴香港上市，影响或者可能影响国家安全的。"① 目前，《网络数据安全管理条例》仍在制定过程中，并已经列入《国务院2022年度立法工作计划》，针对该条例对赴港上市的网络安全审查要求是否会发生变化仍需保持关注。

3. 执法数据跨境调取

执法数据跨境调取是一种特殊的数据出境场景。如何应对近年来以美国CLOUD法为代表的数据跨境获取体系对我国企业合规、数据主权等带来的巨大冲击，成为我国数据安全法律法规制定过程中亟须解决的

---

① 《网络数据安全管理条例（征求意见稿）》第十三条 数据处理者开展以下活动，应当按照国家有关规定，申报网络安全审查：（一）汇聚掌握大量关系国家安全、经济发展、公共利益的数据资源的互联网平台运营者实施合并、重组、分立，影响或者可能影响国家安全的；（二）处理一百万人以上个人信息的数据处理者赴国外上市的；（三）数据处理者赴香港上市，影响或者可能影响国家安全的；（四）其他影响或者可能影响国家安全的数据处理活动。大型互联网平台运营者在境外设立总部或者运营中心、研发中心，应当向国家网信部门和主管部门报告。

问题之一。《网络安全法》第三十七条在一定程度上可缓解CLOUD法所带来的问题，但由于关键信息基础设施中的个人数据与重要数据与执法数据并非完全匹配，导致第三十七条仍存在诸多适用局限。2018年10月我国通过的《国际刑事司法协助法》规定，"非经中华人民共和国主管机关同意，外国机构、组织和个人不得在中华人民共和国境内进行本法规定的刑事诉讼活动，中华人民共和国境内的机构、组织和个人不得向外国提供证据材料和本法规定的协助"，这被视为对CLOUD法的直接回应。但是，鉴于该条款规定抽象，也未设立相应的罚则，可操作性不足，实难应对CLOUD法的冲击。①

鉴于此，《数据安全法》第三十六条②和《个人信息保护法》第四十一条③均明确对境外司法或执法机构请求提供数据/个人信息的处理规则。两处条文规定基本相同，即我国主管机关根据有关法律和我国缔结或者参加的国际条约、协定，或者按照平等互惠原则，处理外国司法或者执法机构关于提供存储在境内的数据或个人信息的请求。非经我国主管机关批准，境内的组织、个人/个人信息处理者不得向外国司法或者执法机构提供存储于我国境内的数据/个人信息。

2022年6月，司法部发布《国际民商事司法协助常见问题解答》，将上述规定整合，用意在于针对一些国家绕开国际司法协助、行政执法协助，通过制定国内法赋予本国司法机构、行政执法机构强制调取海外

---

① 胡文华：《美国〈合法使用境外数据明确法〉对中国的影响及应对》，载《信息安全与通信保密》2019年第7期。

② 《数据安全法》第三十六条规定，中华人民共和国主管机关根据有关法律和中华人民共和国缔结或者参加的国际条约、协定，或者按照平等互惠原则，处理外国司法或者执法机构关于提供数据的请求。非经中华人民共和国主管机关批准，境内的组织、个人不得向外国司法或者执法机构提供存储于中华人民共和国境内的数据。

③ 《个人信息保护法》第四十一条规定，中华人民共和国主管机关根据有关法律和中华人民共和国缔结或者参加的国际条约、协定，或者按照平等互惠原则，处理外国司法或者执法机构关于提供存储于境内个人信息的请求。非经中华人民共和国主管机关批准，个人信息处理者不得向外国司法或者执法机构提供存储于中华人民共和国境内的个人信息。

数据权力的行为，通过我国前置审批机制阻断其域外管辖能力。对于国际民商事司法协助调查取证环节可能涉及的数据信息出境问题，司法部表示，根据《数据安全法》《个人信息保护法》，数据信息确需向境外提供的，应当通过国家网信部门组织的安全评估、认证后方可向境外提交。涉及国际司法协助的，非经中华人民共和国主管机关批准，境内的组织、个人不得向外国司法或者执法机构提供存储于中华人民共和国境内的数据或个人信息。在条约①规定框架下，由人民法院调取的证据材料等数据信息经最高人民法院审核后，由司法部转交外国请求方。

第九节　数据安全认证制度

一、相关法条及解释

《数据安全法》第十八条第一款规定，"国家促进数据安全检测评估、认证等服务的发展，支持数据安全检测评估、认证等专业机构依法开展服务活动。"

该款从法律层面确立了数据安全认证制度，为数据安全认证专业机构开展相关服务活动提供了法律保障。在《数据安全法》出台前，《网络安全法》第十七条就已经明确，"国家鼓励有关企业、机构开展网络安全认证、检测和风险评估等安全服务"。此后，为贯彻落实《网络安全法》第十七条及相关法律法规要求，充分发挥质量认证工作在加强网络安全服务机构管理、提升网络安全服务质量等方面的重要支撑作用，国家市场监督管理总局联合中央网信办、公安部起草了《关于开展网络安全认证工作的实施意见（征求意见稿）》，并于2022年7月21日向

---

① 此处的"条约"指的是《海牙送达公约》《海牙取证公约》以及目前我国与外国缔结的38项中外双边司法协助条约。

社会公开征求意见。《个人信息保护法》在第六十二条也明确了"国家支持有关机构开展个人信息保护评估、认证服务",第三十八条还将"个人信息保护认证"作为个人信息处理者向境外提供个人信息的合法路径之一。目前,相关部门尚未就开展个人信息保护认证工作发布公告,但全国信息安全标准化技术委员会于2022年6月24日发布了《网络安全标准实践指南 个人信息跨境处理活动安全认证技术规范》,为认证机构对个人信息跨境处理活动进行个人信息保护认证提供了依据。

欧盟GDPR也规定了数据保护认证机制。具体地,GDPR第42(1)款规定,"成员国、监管机构、欧盟数据保护委员会和欧盟委员会应当鼓励——尤其是在欧盟层面——建立数据保护认证机制、数据保护印章和标记,以证明控制者和处理者的处理操作符合本条例。"明确了数据保护认证制度设计。第43(1)款规定,"在不影响第57条和第58条规定的有权监管机构的任务与权利的前提下,具有相应专业性的认证机构可以在告知监管机构后——以便监管机构可以行使第58(2)款(h)项所规定的权利——颁发和更新认证。成员国应当确保这些认证机构是如下一个机构认可或两个机构同时认可的:(a)第55或56条所规定的有权监管机构;(b)按照欧洲议会和理事会的(EC)No 765/2008条例、EN-ISO/IEC 17065/2012设定的,以及满足第55条或第56条的有权监管机构所规定的额外要求的全国性认证机构。"此规定明确了认证机构的资质要求。除第42、43条对数据保护认证机制的基本方面做出了规定外,第57、58、64、70、83条对认证的颁发、审查、撤回等有关数据保护认证的问题进行了补充。

二、制度概述

目前,在数据安全认证体系下,我国已正式开展了应用程序安全认证与数据安全管理认证工作。

早在2019年3月15日,国家市场监督管理总局、中央网信办就联合发布了《关于开展App安全认证工作的公告》,决定开展App安全认证工作。两部门确定中国网络安全审查技术与认证中心为从事App安全认证的认证机构,并通过《移动互联网应用程序(App)安全认证实施规则》详细规定了App安全认证的适用范围、认证依据、认证模式、认证程序、认证时限等具体要求。App安全认证的依据为《信息安全技术 个人信息安全规范》(GB/T 35273—2020)及相关标准、规范,认证模式为技术验证、现场核查及获证后监督三步认证。

相较于App安全认证的快速发展,数据安全管理认证工作进展较慢。2019年5月28日,国家互联网信息办公室发布《数据安全管理办法(征求意见稿)》(以下简称"办法")首次提出了数据安全管理认证制度。该办法第三十四条规定,"国家鼓励网络运营者自愿通过数据安全管理认证和应用程序安全认证,鼓励搜索引擎、应用商店等明确标识并优先推荐通过认证的应用程序。国家网信部门会同国务院市场监督管理部门,指导国家网络安全审查与认证机构,组织数据安全管理认证和应用程序安全认证工作。"虽然办法截至目前并未出台,但数据安全管理认证工作的思路得以延续。

2022年6月5日,国家市场监督管理总局、国家网信办联合发布《关于开展数据安全管理认证工作的公告》,决定开展数据安全管理认证工作,鼓励网络运营者通过认证方式规范网络数据处理活动,加强网络数据安全保护。至此数据安全管理认证制度正式建立。根据公告附件《数据安全管理认证实施规则》的规定,数据安全管理认证的依据为《信息安全技术 网络数据处理安全要求》(GB/T 41479—2022)及相关标准、规范,认证模式与App安全认证相同。

除国家开展的认证外,为贯彻落实《数据安全法》第十八条"国家促进数据安全检测评估、认证等服务的发展,支持数据安全检测评估、认证等专业机构依法开展服务活动"的有关规定,部分认证机构也自发开展了数据安全领域的认证工作。如中国信息通信研究院泰尔认证中心有限公司搭建围绕数据安全领域的认证体系,包括聚焦大数据平台组件安全性能的产品认证,依据《信息安全技术 数据安全能力成熟度模型》(GB/T 37988—2019)所开展的数据安全能力成熟度(DSMM)管理体系认证，以及关注数据安全技术和管理制度落地实践的数据安全管理能力认证。目前，已有十余家企业申请了相关认证。[①]

三、制度要点

鉴于《数据安全法》仅原则性规定数据安全认证制度，本部分将结合数据安全相关认证，即 App 安全认证及数据安全管理认证的具体工作情况，对数据安全认证的制度要点进行明确。

1. 认证性质

在性质上，数据安全认证属于第三方规制。作为一种第三方提供的社会化服务，其既区别于数据处理者在组织内部开展的数据安全合规自评估，又区别于政府主导的数据安全审查。通过建立声誉评价机制，数据安全认证能够激励数据处理者强化自身数据安全建设，弥补数据安全保护领域存在的政府与市场"双重失灵"的不足，助力我国数据安全保障水平的提升。

2. 认证机构

认证机构，即是指开展数据安全认证服务活动的专业机构。针对专业机构的资质，《数据安全法》并未做出规定。根据《中华人民共和国认证认可条例》第十条，"取得认证机构资质，应当符合下列条件：（一）取得法人资格；（二）有固定的场所和必要的设施；（三）有符合认证认可要求的管理制度；（四）注册资本不得少于人民币 300 万元；（五）有 10 名以上相应领域的专职认证人员。从事产品认证活动的认证机构，还应当具备与从事相关产品认证活动相适应的检测、检查等技术能力"的规定，开展数据安全认证服务活动的专业机构至少应当满足这一基本资质要求。

[①] 《构建泰尔数据安全认证体系，助力企业数据安全能力提升》，载微信公众号"中国信通院 CAICT"，访问时间 2021 年 12 月 16 日。

而结合数据安全认证的具体工作情况来看，认证机构通常情况下将由开展具体认证工作的主管部门从符合资质的机构中指定。如，国家市场监管总局、中央网信办在《关于开展App安全认证工作的公告》中明确从事App安全认证的认证机构为中国网络安全审查技术与认证中心；就数据安全管理认证而言，相关部门虽未在公告中明确具体的认证机构，但中国网络安全审查技术与认证中心官网显示，"根据有关任务安排，中国网络安全审查技术与认证中心负责数据安全管理认证制度的具体建设和实施工作。"据此，从事数据安全管理认证的认证机构应该同为中国网络安全审查技术与认证中心。在具体的操作层面，则通常会有相应的技术机构为认证机构开展认证活动提供支撑，认证机构负责认证证书的发放事宜。

3. 认证对象

认证对象，是指认证机构针对何种事项开展认证活动。根据《中华人民共和国认证认可条例》，认证是指由认证机构证明产品、服务、管理体系符合相关技术规范、相关技术规范的强制性要求或者标准的合格评定活动。可见，认证的对象是产品、服务或管理体系。据此，数据安全认证作为认证的一种，其所认证的对象应当是数据安全相关的产品、服务或管理体系。App安全认证与数据安全管理认证就分别是针对数据安全产品和管理体系的认证。

4. 认证启动方式

数据安全认证并非强制性法律义务，需要"依申请"启动。《数据安全法》第十八条明确，国家对数据安全认证等专业服务持"促进与支持"态度。国家市场监督管理总局、国家互联网信息办公室在《关于开展App安全认证工作的公告》中明确"国家鼓励App运营者自愿通过App安全认证"。在《关于开展数据安全管理认证工作的公告》中指出，"鼓励网络运营者通过认证方式规范网络数据处理活动，加强网络数据安全保护。"同时，开展App安全认证、数据安全管理认证所主要依据的《信息安全技术 个人信息安全规范》与《信息安全技术 网络数据处理安全要求》也均非强制性标准。可见，数据安全认证旨在激励组织强化自身数据安全合规建设，提升数据安全保障水平，并非强制性法律义务。相应的，在启动程序上，需要依相关主体的申请启动。这一点，在《移动互联网应用程序（App）安全认证实施规则》及《数据安全管理认证实施规则》中均有明确。

第五章

数据安全保护义务

根据《数据安全法》第三条规定,"数据安全是指通过采取必要措施,确保数据处于有效保护和合法利用的状态,以及具备保障持续安全状态的能力。"此概念意味着数据安全不仅包括静态安全也包括动态利用安全,不是一时安全而是持续安全。这就要求数据安全保护应当覆盖数据收集、存储、使用、加工、传输、提供、公开等数据处理全生命周期。我国现行法在数据安全一般保护的普适性义务基础上,基于数据类型的不同又提出了额外的安全要求。本章结合《网络安全法》《数据安全法》和《个人信息保护法》及相关配套制度规定,在数据安全的通用保护要求之外,又系统整理分析了个人信息安全保护、重要数据安全保护、国家核心数据保护的法律要求和具体实践。

第一节 一般保护

《数据安全法》第四章专章规定数据安全保护义务,从管理制度、技术措施等多角度规定数据处理者的义务,以实现数据安全的保障目的。"传统"信息安全主导的数据处理过程中,数据聚集、分析等处理活动本身所产生的风险难以得到有效发现和识别,之前不认为属于数据安全风险的情形,在数据时代也会成为风险,甚至是危害国家安全、社会公共利益的重大风险。美国健身应用 Strava 意外暴露美国驻阿富汗基地位置事件①就充分体现个人信息的累积也可能产生重要数据的风险后果,迫使美国国防部在 2018 年 8 月发布命令禁止人员在指定为作战区域的地点使用政府和非政府提供的设备、应用和服务的地理定位特性和功能。应当注意的是,类似的案例不仅出现在国外,国内诸多应用也可能从其他方面暴露我们意想不到的数据风险。这些都需要从数据安全的高度,统合包括个人信息在内的各类数据处理活动,进行整体化的保障考量。

一、网络安全等级保护基础上的全流程数据安全管理

数据安全和网络安全是"一体两面"的关系,保障数据安全离不开其依托的网络设施、信息系统安全,保障网络安全包括保障其承载的数据的安全。网络安全等级保护制度是网络安全保障的基础性制度。《网络安全法》第二十一条规定,网络运营者应当按照网络安全等级保护制度的要求,履行安全保护义务,保障网络免受干扰、破坏或者未经授权的访问,防止网络数据泄露或者被窃取、篡改。数据是影响网络定级、关键信息基础设施认定的重要因素,包含个人信息在内的数据安全保护已成为网络安全等级保护 2.0 制度、关键信息基础设施安全保护制度的重要内容。

---

① 2018 年 1 月,澳大利亚籍的学生内森·鲁泽(Nathan Ruser)称,所使用的健身应用 Strava 可以识别美国驻阿富汗基地的训练路线,并讽刺"从图中一点也看不出美军的作息轨迹"。尽管谷歌地图等方式早已能公开军事基地的位置,但健身应用 Strava 的风险在于其提供的是所谓的"热图",能够高亮显示人员的运动轨迹。这些运动轨迹可能不仅是作息轨迹,也可能包括训练和巡逻路线。在上述"热图"发布后,据悉美国中央司令部发言人约翰·托马斯(John Thomas)上校也表示美国军方正在详细调查这张热图,并评估已经造成的负面影响。参见《美国健身 App 泄露军事基地信息 网友讽:一点也看不出》,https://www.sohu.com/a/219619938_115479,访问时间 2021 年 12 月 28 日。

网络安全等级保护已围绕《网络安全法》形成了法律、行政法规、部门规章和标准等相对完善的2.0体系。《网络安全法》颁布后，公安机关一方面牵头深入推进网络安全等级保护工作，提升安全防范能力，加大网络安全执法力度；另一方面，持续推进《网络安全等级保护条例》起草制定、等级保护标准修订、测评和技术体系提升、指导意见起草等后续配套工作。

2018年的《网络安全等级保护条例（征求意见稿）》诸多条款已经将等保制度延伸至保障数据安全和个人信息保护。例如第四条"工作原则"中明确"网络安全等级保护工作……重点保护涉及国家安全、国计民生、社会公共利益的网络的基础设施安全、运行安全和数据安全。"在网络定级方面也将"数据被篡改、泄露、丢失、损毁"可能造成的影响纳入考量范围，并在第三十一条专门规定了数据和信息安全保护。

如何将现行网络安全等级保护制度与数据安全保护义务衔接，发挥体系规范、实施机制成熟的等保制度在维护数据安全领域的重要作用，同样也是《数据安全法》起草过程中立法者重点关注的问题。

《数据安全法》制定最初并未对等保如何与数据安全保护义务衔接作出直接规定。全国人大常委会对《数据安全法》初次审议时，有部门提出，《网络安全法》已要求网络运营者按照网络安全等级保护制度采取相应措施，保障数据安全，建议草案有关制度与网络安全等级保护制度做好衔接。全国人大常委会宪法和法律委员会经研究，建议在有关条款中增加规定，开展数据处理活动应当"在网络安全等级保护制度的基础上"建立健全全流程安全管理制度，加强数据安全保护。二次审议时，针对"开展数据处理活动应当在网络安全等级保护制度的基础上，建立健全全流程安全管理制度"的规定，有常委委员提出，线下数据处理活动不适用网络安全等级保护制度，建议区分情况分别作出规定。全国人大常委会宪法和法律委员会经研究，建议采纳上述意见，对这一条作相应修改。最终通过的版本将等保与数据安全保护义务的衔接范围调整为"利用互联网等信息网络开展数据处理活动"。具体来说，利用互联网等信息网络开展的数据处理活动的，应在开展网络定级备案、等级测评、安全建设整改基础上落实全流程数据安全保护要求，如重要数据备案等要求可依托现行的网络定级备案和国际联网计算机信息系统使用单位的备案机制、平台，重要数据风险评估与网络安全等级测评衔接等。

2022年公安部正式发布《关于落实网络安全重点保护措施 深入实施网络安全等级保护制度的指导意见》，国家网络安全等级保护工作协调小组办公室研究提出了落实网络安全保护的总体要求、工作目标和34项重点措施，指导各单位各部门深入实施网络安全等级保护制度。指导意见明确了"加强数据全生命周期安全保护"的措施，具体包括以下内容：一是网络运营者按照国家有关要求，落实数据分类分级制度，落实全流程安全保护措施。二是在数据收集阶段，明确数据收集的目的、用途、方式、范围、来源、渠道等，并对数据来源进行鉴别和记录，仅收集通过授权的数据，收集全过程需要符合相关法律法规和监管要求。三是在数据存储阶段，重要数据存储在境内，第三级以上网络系统应对重要数据、个人信息及业务敏感数据等进行加密存储，建立数据存储备份机制，并定期开展备份恢复演练，第三级以上网络系统应落实异地实时数据备份措施。四是在数据使用和加工阶段，明确数据的使用规范，仅允许访问使用业务所需的最小范围内的业务数据，在处理过程中应进行去标识化或脱敏处理。五是在数据传输阶段，第三级以上网络系统对敏感数据进行加密传输，数据导入导出应进行严格审批和监测。六是对外提供和公开数据时，严格依照数据共享规范，对过程进行严格审批并存档，开展风险评估并对数据共享进行监测和审计，建立数据交换和共享审核流程和监管平台，对数据共享的所有操作和行为进行日志记录，并对高危行为进行风险识别和管控。七是在数据销毁阶段，建立数据销毁机制，明确数据清理方法，确保被销毁的数据不能被还原。

组织可参考指导意见与《信息安全技术 网络安全等级保护基本要求》（GB/T 22239—2019）等实际操作层面的标准规定，结合行业、领域的特定要求，制定数据安全保护更细粒度的控制措施。

二、尊重社会公序良俗与科学伦理

《数据安全法》第二十八条规定，开展数据处理活动以及研究开发数据新技术，应当有利于促进经济社会发展，增进人民福祉，符合社会公德和伦理。这里讲到的其实就是数据处理应当将社会公序良俗纳入考量，尤其是在数据技术研究、开发的早期阶段。在此方面已经有诸多例证，且随着算力增强和算法优化，这些"逃逸"在现行法律体系之外的现象仍将层出不穷。例如：在基于Deepfake（深度伪造）的AI技术提出不久的2019年，一款名为ZAO的App爆红网络，用户只需上传个人正脸照，便可以将自己的脸替换到影视剧经典片段之中，看起来毫无违和感。其使用的就是备受争议的"深度伪造"技术。所谓深度伪造是指有关软件通过AI"换脸"、语音模拟、视频生成等方式，对既有图像、声音、视频进行篡改、伪造，自动生成音视频产品。

深度伪造技术有一定的正向作用，可辅助科研、教学、艺术创作等。例如，在教育领域，逼真的虚拟教师可以让数字教学更具互动性和趣味性，合成的历史人物讲解视频可以让受众更有代入感。但深度伪造技术一旦泛滥应用，势必会对公众的人身、财产等合法权益造成侵害，甚至还会对公共安全、经济安全、国家安全造成威胁。[①]

事实上，2017年《互联网新闻信息服务新技术新应用安全评估管理规定》要求"具有新闻舆论属性或社会动员能力的应用"进行新技术新应用安全评估。2021年3月，针对未履行安全评估程序的语音社交软件和涉深度伪造技术的应用，国家互联网信息办公室、公安部指导北京、天津、上海、浙江、广东等地方网信部门、公安机关，依法约谈映客、小米等11家组织。2021年11月，商务部发布《中国禁止进口限制进口技术目录》（中华人民共和国商务部公告2021年第37号），对

---

① 《11家互联网企业因"危险技术"被约谈 深度伪造技术需要立法规制》，载法治网，http://www.legaldaily.com.cn/IT/content/2021-04/01/content_8469840.htm，访问时间2022年9月28日。

"伪造信息与被伪造信息相似度大于70%"的笔迹伪造技术、语音伪造技术、图片伪造技术、视频伪造技术、生物特征伪造技术以及其他深度伪造技术（编号：216501X）限制进口。

由于新技术、新应用的发展会"超前"于法律规定，因此在《数据安全法》中进行"兜底"性质的概括规定，要求数据处理者不仅应遵循既有的法律规定，还应当对普遍认可的公共秩序和传统价值心存敬畏，秉承以人为本、和谐发展的科技伦理观。[①] 本章列出数据安全领域在国际和国家层面的主要伦理原则类文件（见表5-1）。值得注意的是，尽管这些伦理原则在宏观方向上有类似的关切和共识，各个国家、地区对同一概念仍可能有不同认识。

表 5-1 国际和国家层面主要伦理原则类文件

文件名称	发布时间	发布机构	科技伦理原则
OECD人工智能原则	2019年	世界经济合作与发展组织	包容性增长，可持续发展，增加福祉；以人为本的价值观与公平公正；公开透明与可解释性；耐用、安全与无害；问责
欧盟人工智能伦理准则	2019年	欧盟委员会	人的自主和监管；技术稳健与安全；重视隐私与数据治理；透明度；多样性、非歧视与公平原则；维护社会与环境福祉；可追责性
关于加强科技伦理治理的意见	2022年	中共中央办公厅、国务院办公厅	增进人类福祉；尊重生命权利；坚持公平公正；合理控制风险；保持公开透明

---

① 2022年3月，中共中央办公厅、国务院办公厅印发《关于加强科技伦理治理的意见》，应对科技创新快速发展面临的科技伦理挑战。

三、安全漏洞风险治理

《数据安全法》第二十九条区分了数据处理活动的内部和外部风险，分别规定了处理者的安全义务。其中对于内部脆弱性，该条规定"开展数据处理活动应当加强风险监测，发现数据安全缺陷、漏洞等风险时，应当立即采取补救措施"。明确处理者应当履行的安全漏洞监测、管理和补救义务。数据处理者应将2021年7月工业和信息化部、国家互联网信息办公室、公安部联合发布的《网络产品安全漏洞管理规定》作为主要依据，并以目前安全漏洞的主要国家标准《信息安全技术 网络安全漏洞标识与描述规范》（GB/T 28458—2020）、《信息安全技术 网络安全漏洞分类分级指南》（GB/T 30279—2020）和《信息安全技术 网络安全漏洞管理规范》（GB/T 30276—2020）为指引，构建安全漏洞风险防范体系。此外，2021年9月，工业和信息化部发布《网络产品安全漏洞收集平台备案管理办法（征求意见稿）》，此办法正式通过后，如果组织设立了网络产品安全漏洞收集平台，应据此办法进行管理并履行备案等义务。

安全漏洞属于内部脆弱性，长期困扰网络与系统稳健运行，对数据资产构成重大威胁，而由于信息技术的自身特性，安全漏洞问题无法彻底消除，会构成重大威胁。在《数据安全法》的数据分类分级中，对安全漏洞信息的认知也在进一步发展，其本身、是否披露和如何修复等也可能构成重要数据。特别是对于关键信息基础设施等重要系统、重要数据而言，必须对安全漏洞给予高度重视。

数据处理者应按照《网络安全法》《数据安全法》《网络产品安全漏洞管理规定》等法律规范履行安全漏洞管理义务，严格遵从安全漏洞生命周期管理规律，加强风险监测，发现数据安全漏洞时立即采取补救措施。数据处理者可能同时具有两种情况，一是自身提供的数据产品、服务存在安全漏洞，二是采购或接受的数据产品、服务存在安全漏洞。数据处理者应区分具体情况进行处理。对于第一种情况，需要采取的管理和处置措施主要如下：

（1）发现或者获知所提供网络产品存在安全漏洞后，应当立即采取措施并组织对安全漏洞进行验证，评估安全漏洞的危害程度和影响范围；对属于其上游产品或者组件存在的安全漏洞，应当通知相关产品提供者——需要注意的是，向其他产品提供者通知，应在履行向工业和信息化部网络安全威胁和漏洞信息共享平台报送相关漏洞信息的义务后进行；

（2）应当在两日内向工业和信息化部网络安全威胁和漏洞信息共享平台报送相关漏洞信息。报送内容应当包括存在网络产品安全漏洞的产品名称、型号、版本以及漏洞的技术特点、危害和影响范围等；

（3）应当及时组织对网络产品安全漏洞进行修补，对于需要产品用户（含下游厂商）采取软件、固件升级等措施的，应当及时将网络产品安全漏洞风险及修补方式告知可能受影响的产品用户，并提供必要的技术支持；

（4）由于网络产品、数据产品的适用范围差异，以及安全漏洞可能升级为"重要数据"进而威胁公共安全、国家安全等情况，因此对安全漏洞的披露、修复如监管机构有其他建议或指导的，应按照相关建议或指示进行。

对于第二种情况，作为不提供数据产品、服务的数据处理者，除了安全漏洞信息获取、排查、补丁等常态化工作外（这些常态化工作的前提是：安全漏洞在其发生现实危害之前，已经由产品服务的提供者发现或提供修复，比如微软定期发布的累积安全补丁等），主要的安全漏洞管理义务还包括以下内容：

（1）在发现或者获知其网络、信息系统及其设备存在安全漏洞后，应当立即采取措施，及时对安全漏洞进行验证并完成修补；

（2）对超出自身处置和或补救能力的，应要求产品、服务的提供者提供必要的技术支持；

（3）在发生安全漏洞引发的危害网络安全、数据安全的事件时，立即启动应急预案，采取相应的补救措施，并按照规定向有关主管部门报告和履行《数据安全法》规定的其他义务（例如数据泄露的各类通知义务）；

（4）对于极端情形，如利用安全漏洞进行的新型勒索攻击，还应考虑与主管、监管机构的风险处置建议和指导。

四、数据安全事件处理

《数据安全法》体系下，数据安全事件处理是与网络安全事件处理同等重要的安全事件处理机制的组成部分。网络数据相关的安全事件，通常也会成为网络安全事件处理的应急预案、响应机制的重要组成部分。《数据安全法》对数据安全事件处理作出明文规定，目前数据处理者可以参照既有的网络安全事件处理制度进行合规。

对于涉及国家安全和社会公共利益的突发公共事件，目前我国构筑了三层以上的安全事件处理预案和响应制度。国家层面，2005年制定实施的《国家突发公共事件总体应急预案》，其下共计19项的专项应急预案。可以预见，对于突发重大的数据安全事件，未来也可能会制定专项或专门的应急预案，并在既有的19项专项应急预案中增加有关数据安全的应急内容。行业、领域层面，目前与关键信息基础设施相关的主要行业、领域大多已经建立有行业、领域级别的应急预案。数据处理者层面，主要体现在数据安全事件处理制度，《数据安全法》第二十九条从数据的外部威胁角度出发，规定了数据处理者的事件管理义务要求，"发生数据安全事件时，应当立即采取处置措施，按照规定及时告知用户并向有关主管部门报告"。这就要求数据处理者应建立从制定数据安全应急预案到预案演练，再到事件响应和处置的全过程事件管理机制，同时还涉及事件响应、处置过程中，以及结束后的相关告知和报告义务。

数据安全事件处理本身是网络安全等级保护制度的重要组成部分。实践中，对于未制定预案、未定期演练、未依法处置或者数据安全事件造成危害后果的，属于违反《数据安全法》《网络安全法》的行为，在

"净网"等专项行动和日常监督检查中都有相关处罚案例。例如，在"净网 2020"专项行动网络安全行政执法典型案例通报中，黑龙江省某通信集团有限公司海林分公司不履行网络安全保护义务，网络安全意识淡薄，网络安全管理制度落实不到位，未制定网络安全应急预案，未进行网络安全演练，未按照网络安全等级保护制度要求开展等级备案工作。2020 年 6 月，海林市公安局网安大队依据《网络安全法》第二十一条、第二十五条、第五十九条之规定对该公司给予警告的行政处罚，并责令限期改正。[①]

由于不启动数据安全应急响应通常也会导致或放大危害后果，而是否产生危害后果及危害后果的损害程度，也是主管部门依据《数据安全法》《网络安全法》等认定和追究数据处理者法律责任的重要评价依据。这从《数据安全法》第四十五条等规定也可以看出：开展数据处理活动的组织、个人不履行……数据安全保护义务的，由有关主管部门责令改正，给予警告，可以并处五万元以上五十万元以下罚款，对直接负责的主管人员和其他直接责任人员可以处一万元以上十万元以下罚款；拒不改正或者造成大量数据泄露等严重后果的，处五十万元以上二百万元以下罚款，并可以责令暂停相关业务、停业整顿、吊销相关业务许可证或者吊销营业执照……

在启动数据安全应急预案的响应机制时还需要注意的是，处置数据安全事件并非纯粹的内部事务，而是涉及与用户、客户、供应商、主管、监管机构等频繁互动的过程，"告知用户并向有关主管部门报告"通常也属于数据安全应急预案的应有之义。需要数据处理者的公共事务、法务等部门综合考虑和抉择包括以下几个方面的内容（但面向用户和主管机构的内容、侧重有所不同），并在事件升级等情况下，通过数据安全专门机构向管理层（视规模和制度，可能为经营层或者董事会等层级）报告并由其决策：（1）发生或者可能发生数据安全事件类型、原

---

① 《警示！网警"净网 2020"专项行动网络安全行政执法典型案例通报》，载澎湃网，https://thepaper.cn/newsDetail_forward_9214435。

因和可能造成的危害；（2）数据处理者基于应急预案或在主管、监管机构指导下已经或可能采取的补救措施；（3）用户可能采取的降低损害的措施以及与数据处理者建立联系和反馈机制的渠道；（4）对可能受到的损失、行政处罚的评估等。

五、数据获取的合法正当

《数据安全法》第三十二条要求"应当采取合法、正当的方式，不得窃取或者以其他非法方式获取数据"，确定合法性、正当性为数据获取的基本原则。除了一般的对"窃取"等非法行为排除在合法、正当性之外，合法、正当性原则要求包括以下几点：

（1）法律规定可以或禁止获取、访问的，应按照法律规定进行。《数据安全法》确立的数据分类分级制度就是对数据进行分类、分级访问控制的基本要求，不同安全类型、安全级别的数据，对应于不同的访问权限。不仅是数据处理者内部通过数据资产分级分类设置访问控制，更指向数据处理者将数据作为生产要素进行收集、交易等活动时，应事先考虑数据的安全类型与级别，这就要求数据处理者对《数据安全法》配套的重要数据识别相关标准必须有相应的了解和把握。

（2）对于《刑法》第二百八十五条规定的"国家事务、国防建设、尖端科学技术领域"计算机信息系统，不得侵入、获取其中的数据。

（3）对于《网络安全法》等法律规范认定为关键信息基础设施的系统、网络，不得实施非法攻击、侵入、干扰、破坏，不得危害关键信息基础设施安全。特别是结合网络安全漏洞的相关内容，未经国家网信部门、国务院公安部门批准或者保护工作部门、运营者授权，不得对关键信息基础设施漏洞探测、渗透性测试。

（4）对于《网络安全法》《个人信息保护法》等规定的个人信息，配套的法规规章及国家标准等已经构造了相对完整的个人信息获取规则，应考虑不得收集与其提供的服务无关的个人信息，不得违反法律、行政法规的规定和双方的约定收集、使用个人信息，并应当依照法律、行政法规的规定和与用户的约定，处理其保存的个人信息。

（5）除了这些法律明确规定的合法性要求外，《数据安全法》还对正当性提出要求。对例如"爬虫"等方式进行数据获取的行为，现有的相关案例中也对如何界定"正当性"给出参考。这里以"新浪诉脉脉"案和"魔蝎公司侵犯公民个人信息"案，简要分析违反数据获取正当性原则可能涉及的民事和刑事责任边界问题。

1. "新浪诉脉脉"案

2017年初，号称我国首例大数据不正当竞争纠纷案的"脉脉非法抓取使用新浪微博用户信息"案在北京知识产权法院终审宣判。法院驳回了脉脉方的上诉，维持原判。认定北京淘友天下技术有限公司和北京淘友天下科技发展有限公司（统称脉脉方）未经用户允许和微博平台授权，非法抓取、使用新浪微博用户信息，非法获取并使用脉脉注册用户手机通讯录联系人与微博用户的对应关系，构成不正当竞争。

该案中，脉脉方未取得用户许可，擅自抓取非脉脉用户的相关新浪微博信息，对于得到注册用户许可的抓取，脉脉方又未得到微博的许可。同时，脉脉方以技术的最大能力为范围进行抓取，这不仅破坏了基于《开发者协议》等建立的OPEN API合作模式，还容易引发"技术霸权"的恶性竞争，即只要技术上能够获取的信息就可以任意取得，从而破坏了网络竞争秩序。

因此，一审法院认为，根据合同相对性原则，脉脉方与用户之间的协议仅能约束其与脉脉用户，对非脉脉用户不发生法律效力，脉脉公司不能据此收集与脉脉用户有联系的非脉脉用户信息[1]，判决赔偿新浪微博经济损失200万元及合理费用20余万元等。

---

[1] 《微博诉脉脉抓取信息大数据引发不正当竞争第一案》，载人民网，http://media.people.com.cn/n1/2017/0206/c40606-29059452.html，访问时间2022年10月12日。

2. "魔蝎公司侵犯公民个人信息"案

如果说"新浪诉脉脉"案还仅是民商事领域对数据权益的纷争，"魔蝎公司侵犯公民个人信息"案则涉及单位和相关人员的刑事责任。

成立于 2016 年的魔蝎公司主要与各网络贷款公司、小型银行进行合作，为网络贷款公司、银行提供需要贷款的用户的个人信息及多维度信用数据，方式是魔蝎公司将其开发的前端插件嵌入上述网贷平台 App 中，在网贷平台用户使用网贷平台的 App 借款时，贷款用户需要在魔蝎公司提供的前端插件上，输入其通信运营商、社保、公积金、淘宝、京东、学信网、征信中心等网站的账号、密码，经过贷款用户授权后，魔蝎公司的爬虫程序代替贷款用户登录上述网站，进入其个人账户，利用各类爬虫技术，爬取（复制）上述企、事业单位网站上贷款用户本人账户内的通话记录、社保、公积金等各类数据，并按与用户的约定提供给网贷平台用于判断用户的资信情况。魔蝎公司从网贷平台获取每笔 0.1 元至 0.3 元不等的费用。

对于上述行为，法院认为魔蝎公司在和个人贷款用户签订的《数据采集服务协议》中明确告知贷款用户"不会保存用户账号密码，仅在用户每次单独授权的情况下采集信息"，但未经用户许可仍采用技术手段长期保存用户各类账号和密码在自己租用的阿里云服务器上。截至 2019 年 9 月案发时，对魔蝎公司租用的阿里云服务器进行勘验检查，发现以明文形式非法保存的个人贷款用户各类账号和密码条数多达 21241504 条。最终，判处被告单位杭州魔蝎数据科技有限公司犯侵犯公民个人信息罪，判处罚金人民币 3000 万元，并对法定代表人和主要责任人员判处相应的有期徒刑和罚金。①

由此可见，《数据安全法》规定的合法、正当性并非含混不清的原则规定或模糊边界，而是已经有众多案例给出了参照。随着《数据安全

---

① 《微博诉脉脉抓取信息大数据引发不正当竞争第一案》，载人民网，http://media.people.com.cn/n1/2017/0206/c40606-29059452.html，访问时间 2022 年 10 月 12 日。

法》《个人信息保护法》法律制度的构建和落地、数据交易模式和业态的日益丰富,以及元宇宙等新概念、新业态不断推陈出新,关于个人信息、重要数据获取的合法正当性问题,将会有更为持续和激烈的碰撞。

六、数据交易的安全保障

《数据安全法》第三十三条规定,"从事数据交易中介服务的机构提供服务,应当要求数据提供方说明数据来源,审核交易双方的身份,并留存审核、交易记录。"按照本条规定,数据交易中介服务机构的主要义务包括以下内容:(1)交易身份审核;(2)交易数据来源的形式审查;(3)对审核记录、交易记录进行符合法律规定期限、形式等要求的留存。下一步,对于数据交易中介的机构资质、从业人员资质也将提出相应的细化要求。

在《数据安全法》构建的数据交易监管架构中,实际上包括三方主体——数据交易的买方、卖方和中介服务机构。数据卖方的主要义务是保证所持有、控制的数据合法、正当;数据买方的主要义务是数据交易后,按照《数据安全法》等法律规定履行安全保护义务。

对于数据交易中介服务机构而言,尽管《数据安全法》未明确强制性资质要求和禁止行为,但结合《民法典》等法律规定,数据交易中介服务机构履行《数据安全法》下的具体义务应当包括以下内容:

(1)按照法律规定履行设立并向属地主管部门备案;

(2)对于特定数据中介服务,按照《数据安全法》第三十四条[①]规定取得相关许可;

(3)通过制定服务协议等方式推动数据交易合法、正当进行;

(4)向数据交易的买卖各方充分披露对数据交易中介的服务范围、形式;

---

① 《数据安全法》第三十四条 法律、行政法规规定提供数据处理相关服务应当取得行政许可的,服务提供者应当依法取得许可。

(5) 审核交易各方身份，将交易数据的类型与各方身份进行比对，明显不属于业务范围的数据，应拒绝提供中介服务；

(6) 对交易数据的数据来源进行形式审查，要求数据提供方说明数据来源，并进行必要的形式验证。对于明显属于非法获取的个人信息等数据，应拒绝提供中介服务，并向数据交易的买方披露相关风险；对可能属于行业、领域的重要数据、核心数据的，应加强审查，重点关注针对重要数据和核心数据提供的特殊性要求；

(7) 留存数据来源审查、交易过程的相关记录，并按照《网络安全法》《数据安全法》要求进行安全保护；

(8) 不得留存、分析、使用交易数据；

(9) 按照《民法典》等法律要求接受佣金；

(10) 不得扭曲数据交易的市场化定价和交易机制。

七、协助执法

《数据安全法》第三十五条和《网络安全法》第二十八条均规定了公安机关、国家安全机关调取数据的权力。《数据安全法》第三十五条规定"公安机关、国家安全机关因依法维护国家安全或者侦查犯罪的需要调取数据，应当按照国家有关规定，经过严格的批准手续，依法进行，有关组织、个人应当予以配合。"《网络安全法》第二十八条规定，"网络运营者应当为公安机关、国家安全机关依法维护国家安全和侦查犯罪的活动提供技术支持和协助。"

严格意义上，调取数据属于技术支持和协助的一种具体方式，是技术支持和协助在数据场景下的具体化。例如，在早年的"快播"案中，对存储于云端的海量数据进行提取、分析，离不开云服务商协助执法义务的履行。

《数据安全法》不仅明确数据处理者的数据调取协助义务，更强调协助请求应依法进行。依据《公安机关办理刑事案件电子数据取证规则》数据调取程序如下：

开具《调取证据通知书》——通知电子数据持有人或者有关组织执行——被调取组织、个人在通知书回执上盖章或者签名，并附完整性校验值等保护电子数据完整性方法的说明。

开展数据调取的方式可能包括扣押、现场调取、网上在线调取、远程勘验等方式。不同的调取方式会对组织产生不同的配合义务。涉及数据量大、无法或者不便提取的，或者提取时间长可能造成电子数据被篡改、灭失等情况的，公安机关可能会要求冻结电子数据。制作《协助冻结电子数据通知书》，注明冻结电子数据的网络应用账号等信息，送交电子数据持有人、网络服务提供者或者有关部门协助办理。组织接到冻结电子数据通知的，应当采取以下一种或者几种方法：（1）计算电子数据的完整性校验值；（2）锁定网络应用账号；（3）采取写保护措施；（4）其他防止增加、删除、修改电子数据的措施。数据调取可以委托第三方，但需要在侦查人员的主持下进行。[①]

同时，协助执法还意味着相关主体有保证电子数据完整性的义务，未经执法机构允许，不应擅自处理可能对执法、司法造成影响的数据。例如，2021年8月12日，林某驾驶蔚来ES8汽车启用领航辅助功能（NOP）后，在某高速路段发生交通事故死亡。16日有消息称，蔚来技术人员未经交警同意，私自接触涉案车辆进行操作。警方传唤该工作人员配合调查，若调查结果为车辆数据被人为篡改或毁灭，则可能涉嫌刑事犯罪，需要承担法律责任。此外，根据《人民检察院办理网络犯罪案件规定》，电子数据系篡改、伪造、无法确定真伪的，或者有其他无法保证电子数据客观、真实情形的，不得作为定案的根据。《公安机关办理刑事案件电子数据取证规则》第四十一条明确，被调取单位拒绝提供完整性校验值等保护电子数据完整性方法说明的，公安机关应当注明。

此外，对于容易产生争议的组织是否有协助解密义务的问题，仅《反恐怖主义法》第十八条作出规定，"电信业务经营者、互联网服务提供者应当为公安机关、国家安全机关依法进行防范、调查恐怖活动提供

[①] 见《公安机关办理刑事案件电子数据取证规则》第六条。

技术接口和解密等技术支持和协助。"该条将协助解密的义务主体限定在电信业务经营者和互联网服务提供者，且必须是为了防范、调查恐怖活动。虽然《网络安全法》《密码法》和《数据安全法》等法律法规并未明确规定，但一般理解为涉及国家安全和刑事侦查的案件，组织应履行解密在内的执法协助义务。

对于非国家安全或刑事侦查，《网络数据安全管理条例（征求意见稿）》第三十九条规定，"国家网信部门会同国务院有关部门核验向境外提供个人信息和重要数据的类型、范围时，数据处理者应当以明文、可读方式予以展示"，说明数据处理者对于其所控制的个人信息和重要数据，需承担明文"展示"义务。这里的明文、可读展示，应理解为需要进行解密，但无需提供加解密技术和实现过程，也无需提交解密后的内容，类似于针对源码审查的"可见不可用"。

《数据安全法》第三十六条规定了对执法、司法数据的提供，应"根据有关法律和中华人民共和国缔结或者参加的国际条约、协定，或者按照平等互惠原则处理"，只有"经中华人民共和国主管机关批准"，才可以向外国司法或者执法机构提供存储于中华人民共和国境内的数据。

早在 2015 年的"古驰假货诉讼案"中，中国银行就因中国缺少对境外司法数据调取的充分法律依据而遭受美国法院的"处罚"。2010 年 6 月，国际奢侈品牌古驰以制造并销售仿冒品为由在美国起诉，并称发现涉案人员将货款汇入中国银行国内分行账户。古驰向法院提出申请，要求中国银行提供被告在中国境内所开立账户的资金信息，以便证明被告从事侵权活动。2015 年 9 月末，纽约地方法院法官理查德·苏利文签发命令，要求中国银行提交中国制假团伙的银行账户等详细信息。中行纽约分行向法院提交了被告位于美国境内的银行记录，但未提供被告在中国境内的银行账户信息文件。中国银行纽约分行当时表示，中行支持并依法积极配合保护知识产权的执法要求，但中行纽约分行没有权限访问在中国的任何账户信息，而中国银行在北京的总部以及国内分支机构受中国法律约束，不被允许披露客户的账户信息给境外分支机构。

2015年11月24日,美国纽约州地方法院法官苏利文裁定,中国银行因未提供古驰等奢侈品牌要求的账户记录,属藐视法庭罪,并处每日5万美元罚款。

在此案中,中国银行并非被告方,但其面临着若遵守中国法律规定,就要被美国法律裁定为藐视法庭的困境,成为两国法律冲突的承受者。①

在此背景下,《数据安全法》一方面尊重和支持按照国际条约的规定,延续跨境取证的传统;另一方面,对任何单方改变跨境取证规则的长臂管辖行为,《数据安全法》也作出应对。例如,针对在某些个案中美国法院认为的,虽然中资银行声称无法提供位于境内的数据,但中国法律并无法律责任的规定,因此不作为抗辩理由接受的情况,《数据安全法》第四十八条作出回应。该条规定,"违反本法第三十六条规定,未经主管机关批准向外国司法或者执法机构提供数据的,由有关主管部门给予警告,可以并处十万元以上一百万元以下罚款,对直接负责的主管人员和其他直接责任人员可以处一万元以上十万元以下罚款;造成严重后果的,处一百万元以上五百万元以下罚款,并可以责令暂停相关业务、停业整顿、吊销相关业务许可证或者吊销营业执照,对直接负责的主管人员和其他直接责任人员处五万元以上五十万元以下罚款。"

八、数据出境

《数据安全法》和围绕数据安全保护的法律体系,将数据出境(亦可宽泛理解的跨境)作为相对独立的制度设计。目前主要是从数据体量和类型等差异入手,在《网络安全法》《数据安全法》和《个人信息保护法》下进行考虑,主要依据包括《数据出境安全评估办法》《网络安

---

① 《中行在美卷入 GUCCI 诉讼:美法院临时中止处罚裁决》,载人民网,http://politics.people.com.cn/n/2015/1210/c70731-27912014.html,访问时间2022年10月20日。

全标准实践指南—个人信息跨境处理活动安全认证规范》以及征求意见稿阶段的《个人信息出境标准合同规定》。数据处理者遵从数据出境的义务要求，主要体现为正确理解并选择应适用的出境规则，按照规定实施相应程序步骤等方面。

一、数据出境规则

从数据体量和类型综合考虑，数据出境分为重要数据出境和个人信息出境两种情形。数据处理者在安排整体出境前，应当对其是否属于重要数据处理者、是否属于关键信息基础设施运营者、是否属于处理100万人以上个人信息的数据处理者等情况进行摸底和掌握。

（1）对于重要数据，数据处理者向境外提供之前，应当通过所在地省级网信部门向国家网信部门申报数据出境安全评估。

（2）对于个人信息，① 关键信息基础设施运营者和处理100万人以上个人信息的数据处理者向境外提供个人信息；或者② 自上年1月1日起累计向境外提供10万人个人信息或者1万人敏感个人信息的数据处理者向境外提供个人信息，应当通过所在地省级网信部门向国家网信部门申报数据出境安全评估。

（3）未触发数据出境安全评估的，可考虑通过标准合同方式进行数据出境。根据《个人信息出境标准合同（征求意见稿）》第四条，个人信息处理者同时符合下列情形的，可以通过签订标准合同的方式向境外提供个人信息：① 非关键信息基础设施运营者；② 处理个人信息不满100万人的；③ 自上年1月1日起累计向境外提供未达到10万人个人信息的；④ 自上年1月1日起累计向境外提供未达到1万人敏感个人信息的。标准合同针对的是出境双方基于业务的合同关系的个案。

（4）未触发数据出境安全评估的，属于《网络安全标准实践指南—个人信息跨境处理活动安全认证规范》规定的"属于跨国公司或者同一经济、事业实体下属子公司或关联公司之间的个人信息跨境处理活动，或者主体在境外处理境内自然人个人信息的活动"情形的，可通过申请个人信息保护认证的方式进行数据出境。个人信息保护认证所评价境内外主体和出境情形相对稳定，认证会给予有效期。

二、数据出境程序

（1）关于数据出境安全评估的具体流程，本书第四章第八节"数据出境安全管理制度"做出详细阐述，此处不再赘述。

（2）关于申请个人信息保护认证的出境程序，一般为申请认证的主体向认证机构申请认证，认证机构将围绕认证范围内的控制措施进行评审，主要包括以下内容：① 确认认证主体的资质资格；② 评审跨境数据处理活动的合同、协议等法律类文件；③ 评审跨境数据处理活动的境内外双方的组织架构，特别是个人信息保护机构的设置、个人信息保护负责人的履职情况等；④ 评审跨境数据处理活动的境内外双方管理制度，特别是境内外双方的个人信息跨境处理规则和实施情况；⑤ 评审境内一方的个人信息保护影响评估（含报告）情况；⑥ 基于认证所依据的合法正当、公开透明、必要诚信、同等保护、信息质量等原则，评审个人信息主体权利、境内外双方义务责任设置和履行情况。

（3）对于《个人信息出境标准合同规定（征求意见稿）》进行的个人信息出境活动，个人信息处理者应履行的程序如下：① 事前开展个人信息保护影响评估；② 签署标准合同（一般约定为"双方正式签署后成立并立即生效"）；③ 生效之日起10个工作日内，向所在地省级网信部门备案。值得注意的是，标准合同生效后个人信息处理者即可开展个人信息出境活动，无需等待备案结果。

此外，不同的程序和规则之间并非不可逾越，在数据体量和类型发生变化，达到或退至不同数量基准时，则需要变更数据出境的适用规则，并重新按照相关规定履行出境程序。

第二节　个人信息保护

《网络安全法》确定了网络空间的个人信息处理规则,包括知情同意、最小必要等,以上规则在《个人信息保护法》和《民法典》中得到承继和进一步细化,并体现为个人在个人信息处理活动中的权利和个人信息处理者的义务。在《数据安全法》的层面,个人信息、非个人信息统合到了数据这一"对信息的记录"高度。

一、个人信息保护机构和负责人

在《数据安全法》的整体构架下,个人信息保护并非一个需要绝对独立的安全保护领域,因此在相应的风险管理机构设计上,可以整合在个人信息处理者的网络安全、数据安全管理架构中,而无须另起炉灶,分化安全职责。实际上,在既有的首席信息安全官(CIO)等角色中增加个人信息保护的职责,乃至数据安全整体保护的相关职责,已然是经行业实践证明的可行方式。

全球范围内,早年因个人信息保护问题导致个人信息处理者管理层震荡的经典案例,当属雅虎的"半个世界都泄密了!"的数据泄露事件。从公开披露的信息显示,不迟于 2014 年开始直到 2017 年,由于雅虎用户的数据,包括姓名、电子邮件、手机号码、出生日期、安全问题和答案泄露"殆尽"——据称全部 30 亿账户都已经泄露完毕,导致 CEO 梅耶尔放弃现金奖金和股票奖励,首席法律顾问罗纳德·贝尔辞职。更由于雅虎未及时向投资者公布该事件,2017 年美国证监会(SEC)对雅虎展开调查,导致雅虎股价和转手交易价格持续波动。《个人信息保护法》第六十六条第二款规定,"情节严重的违法行为,可对直接负责的主管人员和其他直接责任人员处十万元以上一百万元以下罚款,并可以决定禁止其在一定期限内担任相关企业的董事、监事、高级管理人员和个人信息保护负责人。"这一规定不仅增加了处罚金额，将《网络安全法》规定的上限十万元拉升到了一百万元，更是引入了限制从业这类行为罚，对人员未来职业发展作出限制。

值得注意的是，尽管专职的个人信息保护负责人不一定是个人信息处理者的法定代表人，但是在某些"极端"情况下，法定代表人也可能需要对损害个人信息的危害后果承担法律责任。例如在中央网信办对滴滴全球股份有限公司作出网络安全审查相关行政处罚的案件中，就对公司董事长兼CEO、总裁各处人民币100万元罚款。在侵犯公民个人信息罪的某些案件中，对单位犯罪的法定代表人也进行了追责。如2021年"杭州魔蝎数据科技有限公司等侵犯公民个人信息罪"一案中，被告人周某系魔蝎公司法定代表人、总经理，负责公司整体运营，被告人袁某系魔蝎公司技术总监、技术负责人，负责相关程序设计。检察院认为被告人周某明知公司存在保存用户账户密码的行为，未尽管理职责；被告人袁某负责编写具有保存用户账户密码功能的网关程序。最终法院认定，两人分别系对被告单位魔蝎公司侵犯公民个人信息行为直接负责的主管人员和其他直接责任人员，其行为均已构成侵犯公民个人信息罪，判决周某构成侵犯公民个人信息罪，判处有期徒刑三年，缓刑四年，并处罚金人民币50万元，袁某构成侵犯公民个人信息罪，判处有期徒刑三年，缓刑三年，并处罚金人民币30万元。

在现行的以《中华人民共和国公司法》（以下简称《公司法》）为主要依据的中国企业类型和制度设计中，个人信息保护机构和负责人的设计和实现有多种路径。对于一般中小企业而言，从合规的成本效益考虑，围绕《公司法》规定建立以副（总）经理为负责人，对企业个人信息保护整体负责；指定信息服务、网络管理或其他支持部门为具体个人信息保护机构，增加与业务、运维、法务等部门的职能联动，并对副（总）经理负责的模式是较为现实的选择。

对于较大规模企业，则可以在以董事会为核心的管理层中直接规定，或在（总）经理的职责范围中增加对个人信息保护的职责内容，并确立副董事长、（总）经理等以上层级为负责人。

至于《个人信息保护法》规定的平台企业，特别是上市公司等公众公司，则在机构设计上有必要进一步考虑以下内容：（1）在董事会下设专门委员会（即在传统的战略委员会、审计委员会、提名委员会以及薪酬与考核委员会）中，或另行单独设立专门委员会，以履行《个人信息保护法》第五十八条规定的成立主要由外部成员组成的独立机构的职责；（2）在独立董事等人员中将个人信息保护的相关经验作为遴选指标，并实现以独立董事或其他外部成员为主的中立、独立监督体系；（3）增加外部审计机构的职责，在个人信息处理者年度社会责任报告中增加专门的"个人信息保护社会责任报告"章节，并经外部审计机构审计。

二、个人信息分类管理制度

个人信息分类管理可以准确地区分业务必要信息和非必要信息，并通过进一步细化颗粒度进行结构化的数据处理，从个人信息收集阶段就避免非必要个人信息收集对个人信息处理者带来的法律风险。

《信息安全技术 个人信息安全规范》（GB/T 35273—2020，修订版仍在持续更新），将个人信息分类为个人基本资料、个人身份信息、个人生物识别信息等十三类（见表5-2）。

表5-2 《信息安全技术 个人信息安全规范》的个人信息分类

个人基本资料	个人姓名、出生日期、性别、民族、国籍、家庭关系、住址、个人电话号码、电子邮件地址等
个人身份信息	身份证、军官证、护照、驾驶证、工作证、出入证、社保卡、居住证等
个人生物识别信息	个人基因、指纹、声纹、掌纹、耳廓、虹膜、面部识别特征等
网络身份标识信息	个人信息主体账号、IP地址、个人数字证书等

续表

个人健康生理信息	个人因生病医治等产生的相关记录，如病症、住院志、医嘱单、检验报告、手术及麻醉记录、护理记录、用药记录、药物食物过敏信息、生育信息、以往病史、诊治情况、家族病史、现病史、传染病史等，以及与个人身体健康状况相关的信息，如体重、身高、肺活量等
个人教育工作信息	个人职业、职位、工作单位、学历、学位、教育经历、工作经历、培训记录、成绩单等
个人财产信息	银行账户、鉴别信息（口令）、存款信息（包括资金数量、支付收款记录等）、房产信息、信贷记录、征信信息、交易和消费记录、流水记录等，以及虚拟货币、虚拟交易、游戏类兑换码等虚拟财产信息
个人通信信息	通信记录和内容、短信、彩信、电子邮件，以及描述个人通信的数据（通常称为元数据）等
联系人信息	通讯录、好友列表、群列表、电子邮件地址列表等
个人上网记录	指通过日志储存的个人信息主体操作记录，包括网站浏览记录、软件使用记录、点击记录、收藏列表等
个人常用设备信息	指包括硬件序列号、设备MAC地址、软件列表、唯一设备识别码（如IMEI/AndroidID/IDFA/OpenUDID/GUID/SIM卡IMSI信息等）等在内的描述个人常用设备基本情况的信息
个人位置信息	包括行踪轨迹、精准定位信息、住宿信息、经纬度等
其他信息	婚史、宗教信仰、性取向、未公开的违法犯罪记录等

值得注意的是，在《信息安全技术 个人信息安全规范》之后实行的《个人信息保护法》对敏感个人信息进行明确定义："敏感个人信息是一旦泄露或者非法使用，容易导致自然人的人格尊严受到侵害或者人身、财产安全受到危害的个人信息，包括生物识别、宗教信仰、特定身份、医疗健康、金融账户、行踪轨迹等信息，以及不满十四周岁未成年人的个人信息"。因此在借助《信息安全技术 个人信息安全规范》进行个人信息分类时，还应结合敏感个人信息的定义进行进一步的分级设计。

在数据分类分级的推动下,个人信息分类管理在行业标准层面不断进展。例如,2020年2月13日,中国人民银行和全国金融标准化技术委员会发布《个人金融信息保护技术规范》,将个人金融信息划分为账户信息、鉴别信息、金融交易信息、借贷信息等,并在此分类基础上,规定了不同类型信息的分级保护要求,但在该规范中,并非所有的金融信息均属于敏感个人信息。其中,账户信息指账户及账户相关信息,包括但不限于支付账号、银行卡磁道数据(或芯片等效信息)、银行卡有效期、证券账户、保险账户、账户开立时间、开户机构、账户余额以及基于上述信息产生的支付标记信息等。鉴别信息指用于验证主体是否具有访问或使用权限的信息,包括但不限于银行卡密码、预付卡支付密码;个人金融信息主体登录密码、账户查询密码、交易密码;卡片验证码(CVN和CVN2)、动态口令、短信验证码、密码提示问题答案等。金融交易信息指个人金融信息主体在交易过程中产生的各类信息,包括但不限于交易金额、支付记录、透支记录、交易日志、交易凭证;证券委托、成交、持仓信息;保单信息、理赔信息等。借贷信息指个人金融信息主体在金融业机构发生借贷业务产生的信息,包括但不限于授信、信用卡和贷款的发放及还款、担保情况等。

分类管理同样意味着个人信息的类别、具体指向都会产生更新和变化。需要从分类入手,逐步细化对是否构成个人信息的认识,从而为个人信息处理者合规与司法适用提供依据和参考。在最高人民检察院2017年发布的侵犯公民个人信息犯罪典型案例的"郭某某侵犯公民个人信息案"中,对于在提供服务过程中获得的公司企业法定代表人及股民等的姓名、电话、住址及工作单位等可能"已公开信息"是否属于个人信息,当时就存在争议。界定是一般个人信息还是敏感个人信息,也同样会对法律责任乃至"定罪量刑"产生影响,例如对于某一个人信息的"特定身份"信息,是一般的个人信息还是敏感个人信息,在不同的场景中就会产生截然不同的理解和评价,这些问题并非能够在《信息安全技术 个人信息安全规范》等标准层面解决,必须有赖于司法个案的具体论证,并由此分别产生不同的法律后果认定。

三、个人信息安全技术措施

对个人信息采取安全技术措施保护，是个人信息处理者落实个人信息安全保护义务的基本要求。这一要求需要对存储的静态数据、传输中的动态数据以及随时处于变化状态的各种数据采取符合法律要求、行业实践和保护惯例的技术措施。在当前各种隐私计算技术风起云涌的背景下，对这些涉及个人信息的计算模式、方法进行准确的法律定性，是开展相关技术措施活动的重要前提，否则，认知偏差会导致对技术的负面法律评价，从而引入新的法律风险。

按照《个人信息保护法》的定义，去标识化是指个人信息经过处理，使其在不借助额外信息的情况下无法识别特定自然人的过程。匿名化是指个人信息经过处理无法识别特定自然人且不能复原的过程。由此可以看出，去标识化之后的信息，本质上仍然属于一种"个人信息"，只是这种"个人信息"对自然人的识别，有待于额外信息的引入和触发。换言之，去标识化只是增加了识别这些自然人身份和状态的困难。比如加密后的个人信息，呈现的可能是一种"乱码"的状态，但其中的个人信息在解密后，就清晰可见。因此，去标识化近似的对应于"脱敏"，即通过去标识化处理后，个人信息的敏感程度降低了，识别这些个人信息的难度增加了——仅此而已。

常见的去标识化技术包括并不限于以下列举：

（1）假名化（pseudonymisation）是用其他参考信息代替个人标识。例如，用随机产生的标签或号码替代个人的名字。

（2）聚合（aggregation）是将数值显示为总数，这样就不会显示可能识别个人的个别数值。例如，给定一个有八个人年龄的数据集（如33、35、34、37、42、45、37、40岁），显示一个组中总人数年龄和（即303岁），而不显示单独每个人的具体年龄。

（3）替换（replacement）是用计算出的平均值或从数值中得出的数字替换原数值或原数值的子集。例如，如果不需要准确的年龄，用

17岁的年龄值替换真实的年龄值(如15、18和20岁),以模糊区别。

(4)数据压缩(data suppression)是删除不需要的数值。例如,从个人属性的数据集中删除"民族 or 种族"。

(5)数据重新编码或归纳(data recoding or generalisation)是将数据分组为更广泛的数据类别。例如,将确切的教育水平分组(如幼儿园、小学三年级、中学二年级)分为更广泛的类别(学前教育、中学),或将数值隐藏在一个给定的范围内(如用"40~50"的范围代替年龄"43")。

(6)数据洗牌(data shuffling)是用相同类型的数值进行混合或替换,以便这些信息看起来相似,但与真实的信息无关。例如,客户数据库中的姓氏可以通过用另一个数据库中的姓氏代替来进行混淆。

(7)屏蔽(masking)是将一串数据中去除某些内容,但同时保留数据外观和部分内容。例如,将一整串NRIC号码表示为"S0××××45A",而不是原来的具体号码。

而匿名化后的信息法律定性为非个人信息。因为按照匿名化的定义,已经无法识别自然人,且不能复原。相应地,这就产生了是否存在真实可用的匿名化技术的疑问。

目前中国和欧美关于匿名化的技术标准并没有一致性意见,但从技术发展趋势看,匿名化不是绝对性概念,是基于相关安全加密算法、控制措施的发展而不断迭代,并在司法个案中独立判定的一种相对状态。近年来不断兴起的各类隐私计算的终极目标是在保障可用性的情况下,努力实现技术上的个人信息和隐私安全与法律上"匿名化"处理的一致性。

四、个人信息安全事件应急预案

个人信息安全事件应急预案属于网络安全应急预案或数据安全应急预案的组成部分。但如特定的个人信息安全事件"升级"为企业层面的严重安全事件,对企业商誉、持续存续,或对公共利益等企业外部因素产生重大影响,触发企业网络安全事件管理或应急预案的特定"阈值",

则应当作为紧急、重要的专门事情进行响应和处置。一般而言，个人信息安全事件本身不会对企业的业务连续性产生技术障碍，但因涉及外部自然人等可能导致执法、司法机构介入的风险，则会对企业的经营产生法律障碍。

个人信息安全事件应急预案可以单独作为企业一类应急预案，或可整合在网络安全事件应急预案中。具体可借鉴《国家网络安全事件应急预案》和本书第四章第四节"数据安全应急处置机制"。

在将个人信息安全事件应急预案作为整体网络安全事件应急预案和管理的组成部分考虑时，还需要特别关注《个人信息保护法》第五十七条的规定，"发生或者可能发生个人信息泄露、篡改、丢失的，个人信息处理者应当立即采取补救措施，并通知履行个人信息保护职责的部门和个人。通知应当包括下列事项：（一）发生或者可能发生个人信息泄露、篡改、丢失的信息种类、原因和可能造成的危害；（二）个人信息处理者采取的补救措施和个人可以采取的减轻危害的措施；（三）个人信息处理者的联系方式。个人信息处理者采取措施能够有效避免信息泄露、篡改、丢失造成危害的，个人信息处理者可以不通知个人；履行个人信息保护职责的部门认为可能造成危害的，有权要求个人信息处理者通知个人。"

由于这里的是否通知个人在实务中难以判断，因此制定个人信息安全事件应急预案时，应将事件的可能性、危害性尽可能分布到不同级别的安全事件级别中，综合对个人、企业和社会的风险因素进行判断，而不局限于个人信息主体的风险。

在《网络安全法》施行后的典型案例中，已经发生多起因未制定和实施应急预案而导致的处罚，检查应急预案的制定和实施情况已经成为执法机构监督企业履行网络安全保护义务的重要抓手。例如2019年1月，上海市通信管理局发现，某网络音频FM公司未按照《网络安全法》有关要求制定网络安全事件应急预案；同时，企业网络安全事件管理不到位，未制定事件报告和处置制度，未对安全事件制定通报流程，在发生安全事件后未按照规定向市通信管理局等主管部门报告有关情况。针对上述问题，通信管理局约谈企业主要负责人，要求其牢固树立网络安全责任意识，严格落实企业安全管理，完善应急预案和事件报告制度，切实履行网络运营者的安全保护义务。①

五、个人信息合规审计

网络安全合规审计是指网络安全审计机构对被审计方所属的计算机信息系统的安全性和可靠性进行检查、监督，通过获取审计证据并对其进行客观评价所开展的系统的、独立的、形成文件的活动。因其具有相对独立性、专业性和有效性，网络安全合规审计成为验证包括关键信息基础设施运营者在内的网络运营者合规遵从的重要方式。通过网络安全合规审计也是目前进行各类安全测试、标准认证的主流方法之一。

《个人信息保护法》引入合规审计条款，将合规审计作为验证个人信息处理者遵守个人信息处理规范与否的重要手段。其中第五十四条规定了个人信息的合规内审，要求"个人信息处理者应当定期对其处理个人信息遵守法律、行政法规的情况进行合规审计"。第六十四条规定了个人信息的合规外审，明确"履行个人信息保护职责的部门在履行职责中，发现个人信息处理活动存在较大风险或者发生个人信息安全事件的，可以按照规定的权限和程序对该个人信息处理者的法定代表人或者主要负责人进行约谈，或者要求个人信息处理者委托专业机构对其个人信息处理活动进行合规审计。个人信息处理者应当按照要求采取措施，进行整改，消除隐患。"

整体而言，相对于个人信息处理者的检测、评估、监测、响应等日常活动而言，审计需要有专门的部门、制度和人员进行，因而具有相对的独立性，例如在信息安全时代的系统管理、审计管理和安全管理"三分法"也明确写入网络安全等级保护相关标准。总体上对合规审计的启

---

① 《市通信管理局通报一批网络安全违规典型案例》，载腾讯网，https://new.qq.com/cmsn/20190524/20190524008099.html，访问时间 2022 年 10 月 20 日。

动不会过于随意，对日志、记录等要求也高于一般的网络安全运维活动。

对于一般个人信息处理者的内审合规而言，清晰和附条件的外审意味着合规成本和风险的降低，即个人信息处理者无需应对无条件的审计风险。个人信息处理者应从《个人信息保护法》的审计条款规定出发，将《信息安全技术 网络安全等级保护基本要求》（GB/T 22239—2019）（一般以第三级为例）第 8.1.3.5 条、第 8.1.4.3 条等规定的安全审计作为启动审计的条件，并结合行业、领域的具体要求，确认需要进行审计的内部要求，以符合第五十四条的规定。

一旦第六十四条规定的外审开始介入，则意味着个人信息处理者已经面临真实的法律风险。因此对于发现"存在较大风险或者发生个人信息安全事件"从而触发外部审计的合规，其本质上还是对网络安全风险应急和事件响应预案和处置的符合性判定。由于其启动与否的决定权在监管机构，因此个人信息处理者层面更多的可能是事先沟通、通报，事中履行审计义务和事后进行整改。当然，定期的内部审计有助于降低触发外审的风险。

最终，《个人信息保护法》要求从个人信息保护的角度，将传统、分散的网络安全合规审计，作为系统化的审计过程和完整的审计报告呈现。这就需要个人信息处理者将之前基于不同技术措施的主机审计、数据库审计、业务审计、运维审计，以及针对特定系统、网络的日志审计、代码审计、配置审计、算法审计，综合到基于数据、人员行为和安全事件的审计，还涉及具体的审计自动化工具使用和网络安全服务机构引入，并通过对审计记录和过程进行保护和管理，实现审计数据的可信验证和法律意义上的可证明性。

六、个人信息保护影响评估

《个人信息保护法》第五十五条规定了个人信息处理者应当启动个人信息保护影响评估的几种情形：（1）处理敏感个人信息；（2）利用个

人信息进行自动化决策；（3）委托处理个人信息、向其他个人信息处理者提供个人信息、公开个人信息；（4）向境外提供个人信息；（5）其他对个人权益有重大影响的个人信息处理活动。

对于上述启动影响评估的情形，《个人信息保护法》明确相关规定，例如个人信息处理者业务涉及对"生物识别、宗教信仰、特定身份、医疗健康、金融账户、行踪轨迹等信息，以及不满十四周岁未成年人的个人信息"的处理，则必然落入影响评估的范畴。此时进行影响评估应注意以下两点：一是强制性要求，如果不进行影响评估，则直接违反《个人信息保护法》规定，从而导致法律责任；二是若个人信息处理者进行了影响评估，是否就认定其符合《个人信息保护法》要求，从而不触发法律责任。显然，进行影响评估还仅是形式符合，评估的结论报告是否符合法律规定的实质性要求，评估过程和要求是否涵盖影响范围，评估采用的方法、选择的技术和管理路线是否符合行业（至少是一般性）实践和惯例，评估发现和问题的整改是否到位，都需要履行个人信息保护职责监管机构的最终评价。因此，个人信息保护影响评估是满足合规的必要性动作，但并不自动符合充分性要求。

目前，主要的个人信息保护影响评估可借鉴的指引文件是国家推荐性标准——《信息安全技术 个人信息安全影响评估指南》（GB/T 39335—2020）。该指南对影响评估的价值、用途、主体、要素以及具体的实施过程，给出系统性的工作建议，可以参考。

值得注意的是，个人信息保护影响评估是针对具体业务开展情况之前，对整体的业务是否和如何开展的研判环节的部分，而非全部。个人信息处理者应综合业务场景的具体需求，增加其他的影响评估，最终自主决策是否开展相关业务。对于很多业务而言，个人信息保护安全评估发现的问题需要在发展中解决，而在业务开展过程中，也会产生新的个人信息保护问题。在个人信息出境影响评估场景下，要考虑到《信息安全技术 个人信息安全影响评估指南》并非专为个人信息出境设计，可能存在缺少具体条款指引的问题，个人信息处理者应特别结合征求意见稿阶段的《个人信息出境标准合同规定》和附件标准合同的内容进行更细粒度的评估。

《个人信息保护法》对个人信息保护影响评估报告和处理情况记录规定应当至少保存三年，与民事诉讼时效的时间相同。这主要是考虑在发生个人信息安全事件等情况时，可以对个人信息处理者履行安全保护义务的情况进行溯源和求证，从个人信息处理者角度而言，也可以通过影响评估的举证，证明其履行安全保护义务的情况。

七、个人信息安全事件通知

《个人信息保护法》第五十七条规定，发生或者可能发生个人信息泄露、篡改、丢失的，个人信息处理者应当立即采取补救措施，并通知履行个人信息保护职责的部门和个人。也就是说，个人信息处理者制定和实施的个人信息安全事件应急预案中，应当同时考虑履行内部的补救活动和外部的通知义务。这些措施和义务的履行顺序，也会影响甚至决定对企业合规程度的评价。例如，在收到"通知的监管部门"要求停止进行"补救"，以避免更大程度的损害或对取证产生重大风险时，如个人信息处理者仍进行备份覆盖、数据转移等活动，则可能被监管机构评价为违法。因此，一般而言履行通知义务将优先于补救措施，除非补救措施是按照对事件定性和证据最小影响程度而采取，且为恢复核心、主要业务所必须，并无其他可行的替代性措施时，方可采取和实施。就履行通知义务而言，包括两个方面。

1. 通知履行个人信息保护职责的监管机构

《个人信息保护法》明确国家网信部门为履行个人信息保护职责的部门，负责统筹协调个人信息保护工作和相关监督管理工作。因此，在发生个人信息安全事件时，个人信息处理者应向属地的网信部门履行通知义务，通知内容包括：

（1）发生或者可能发生个人信息泄露、篡改、丢失的信息种类、原因和可能造成的危害；（2）个人信息处理者采取的补救措施。这里的补救措施仍应属于以恢复核心、主要业务为必要的措施,不应对后续可能发生的电子数据取证、威胁或攻击溯源产生影响。

常见的通知情形包括用户个人信息数据库丢失或盗窃、个人信息数据库未经备份导致唯一副本遭勒索攻击、数据意外删除或未授权删除、分布式拒绝服务(DDoS)攻击导致敏感个人信息无法访问等。

2. 通知可能影响权益的个人信息主体

个人信息处理者自行判定,若采取的措施不能够有效避免信息泄露、篡改、丢失造成危害的,应通知可能受到影响的个人信息主体。通知方式应包括两种:网站、应用程序 App 等公告、公示通知,或按照个人信息主体注册时的联系方式逐一通知。通知内容如下:(1)发生或者可能发生泄露、篡改、丢失的个人信息种类、原因和可能造成的危害,对于可能造成的危害应考虑财产和人格损害;(2)个人信息处理者采取的补救措施和个人可以采取的减轻危害的措施;(3)个人信息处理者的联系方式。

《个人信息保护法》规定,采取措施能够有效避免信息泄露、篡改、丢失造成危害的,个人信息处理者可以不通知个人。应根据实际情况分析哪些情形属于个人信息处理者采取了充分措施,能够有效避免个人信息安全事件对个人造成危害。例如,若对个人信息采取加密措施进行安全保护,发生泄露后,个人信息处理者判定泄露的个人信息按照现有技术水平难以在有限时间内解密,则可以认为措施有效。但是,若加密措施不够充分的,如个人信息处理者仅使用 MD5 哈希算法存储个人账号信息,外部人员可以通过彩虹表等碰撞方式获取个人信息的,则网信部门有权要求个人信息处理者通知受影响的个人。

3. 强制通知个人

除了上述明确规定的从技术措施角度进行判定外,2018 年工业和信息化部发布的《公共互联网网络安全突发事件应急预案》还在数量方面进行规定,以辅助判断是否属于网信部门的强制通知。按照该预案规定,一百万以上互联网用户信息泄露属于较大网络安全事件,十万以上互联网用户信息泄露属于一般网络安全事件。按照《汽车数据安全管理若干规定(试行)》规定,涉及个人信息主体超过 10 万人的个人信息构成重要数据,因此权衡而言,此时即使个人信息处理者已经采取了加密等技术措施,可以降低泄露风险与后果,但因涉及多数不特定公众的利益,网信部门也会要求个人信息处理者通知个人。

八、个人信息保护合规体系

《个人信息保护法》对个人信息处理者提出了从技术措施到管理制度的全体系义务制度,构成个人信息处理者的"个人信息保护合规制度体系"。从整体看,个人信息处理者义务的履行能力和效果取决于多个因素,包括管理层自上而下的关注与重视,人、财、物诸方面的资源支持和投入,企业从风险管理战略高度将合规投入视为对业务的持续投资,并将合规效果视为投资回报等。个人信息安全程度作为个人信息处理者网络安全评价的一种重要组成维度,是一个需要持续改进的过程。

因此,为确保个人信息处理者个人信息保护合规的持续遵从,应考虑采用多个可用的认证、评价体制,对个人信息处理进行尽可能周延的定期评审和事件评审。前者包括年度或其他频度的定期评审,后者如在发生个人信息安全事件后,对企业合规制度体系的整体或部分有效性重新进行评审。目前可用的认证和评价标准类文件主要如下:

(1)《信息安全技术 个人信息安全影响评估指南》(GB/T 39335—2020);

(2)《信息安全技术 个人信息安全规范》(GB/T 35273—2020);

(3)《个人金融信息保护技术规范》(JR/T 0171—2020);

(4)《电信和互联网服务 用户个人信息保护技术要求即时通信服务》(YD/T 3327—2018);

(5)《移动浏览器个人信息保护技术要求》(YD/T 3367—2018)。

此外,《信息安全技术 移动互联网应用程序（App）收集个人信息基本要求》《移动互联网应用程序（App）收集使用个人信息最小必要评估规范》聚焦 App 的个人信息收集、评估领域,体现出合规要求细化的趋势,《车联网信息服务 用户个人信息保护要求》《智能家用电器个人信息保护要求和测评方法》等按照不同领域、行业特点进行针对性描述,个人信息处理者也可在实施控制措施过程中予以参考。

九、大型互联网平台的特殊义务

《个人信息保护法》第五十八条专门规定了"提供重要互联网平台服务、用户数量巨大、业务类型复杂的个人信息处理者"的特殊义务,也被称之为"守门人"义务。平台类企业关联产品服务提供者和消费者两端,处理的用户个人信息数量巨大、类型复杂,更有可能因个人信息、非个人信息海量汇聚而对社会公共利益和国家安全产生潜在影响。

1. 对平台企业的界定

《个人信息保护法》并未直接对平台做"定量"的规定,因此平台企业如何判定自身是否属于该类平台,需要从以下方面进行考量:(1)从平台企业的行业地位考虑。任何细分的单一市场的"头部"企业,前提是其通过平台等机制具有建立联系"供销"两端的现实或潜在能力,将作为平台企业进行关注。(2)从个人信息的数量考虑。新版《网络安全审查办法》第七条规定,"掌握超过 100 万用户个人信息的网络平台运营者赴国外上市,必须向网络安全审查办公室申报网络安全审查"。从该办法维护国家安全的定位看,100 万用户个人信息可能触及对国家安全的审查和评价,因此企业如获取的个人信息（单用户）超过 100 万,应将自身定位为该类平台。(3)从平台企业所处行业考虑。和一般企业数字化转型不一样的是,涉及网络、信息技术和数据的互联网企业,通常能够快速地收集海量个人信息,实现对众多公民的个人权益影响。因此,对于此类行业的企业,应高度关注其定性为该类平台企业的可能。(4) 从立法本质考虑。对于平台企业，其角色往往是在产品服务提供者和消费者之间建立关联，例如移动终端的操作系统自不待言，目前主要的应用商店、"小程序"平台、App 平台，甚至各类存在交易、支付环节的电商、网游平台，虽然类型有所不同，但多具有承载关联的功能。平台义务规定的用意之一，就是通过监管职责的"前移"，将部分"审查""评判"交由平台进行，从而实现监管效率提升。

作为监管层面的探索，《网络数据安全管理条例（征求意见稿）》将互联网平台运营者定义为"为用户提供信息发布、社交、交易、支付、视听等互联网平台服务的数据处理者"；将"大型互联网平台运营者"定义为"用户超过五千万、处理大量个人信息和重要数据、具有强大社会动员能力和市场支配地位的互联网平台运营者"。2021 年 10 月 29 日，国家市场监督管理总局发布《互联网平台分类分级指南（征求意见稿）》和《互联网平台落实主体责任指南（征求意见稿）》（以下简称《分类分级指南》《责任指南》），首次提出我国平台企业的分级标准，并对大型平台要承担的主体责任提出具体要求。

《分类分级指南》主要结合我国平台发展现状，依据平台的连接对象和主要功能，将平台分为 6 大类，分别是网络销售类、生活服务类、社交娱乐类、信息资讯类、金融服务类和计算应用类。依据用户规模、业务种类、经济体量以及限制能力 4 个方面，将互联网平台分为超级平台、大型平台和中小平台 3 个级别。《责任指南》共三十五条，包含了数据安全、安全审计、反垄断、反不正当竞争、知识产权保护和网络安全等方面的责任。《责任指南》中的原则性规定散见于《电子商务法》《个人信息保护法》和《数据安全法》等不同法律法规之中。由于《责任指南》属于指南性质，因此对有些互联网平台的责任是点到辄止，具体内容并未出现，但从指引的角度而言基本涵盖了互联网平台的所有责任。

2. 平台义务的内容

按照《个人信息保护法》的要求，平台企业的"守门人"义务包括以下几个方面：

（1）按照国家规定建立健全个人信息保护合规制度体系，成立主要由外部成员组成的独立机构对个人信息保护情况进行监督。

平台企业建立更体系化的个人信息保护合规制度，包括从人员配置、资金支持、技术能力等方面，应具有较一般个人信息处理者更高的标准和要求。同时，通过外部机构，从第三方角度审视合规体系则可以给出平台企业更多的约束和警示。因此，《个人信息保护法》要求建立类似于或包括上市公司独立董事在内的外部监督机构，对企业的合规情况进行监督。未来的落地规范，将更多地从如何选择外部人员，如何维护其独立性等角度进行深度考量。

（2）遵循公开、公平、公正的原则，制定平台规则，明确平台内产品或者服务提供者处理个人信息的规范和保护个人信息的义务。

平台规则作为最重要的个人信息保护和安全规则，是所有平台企业的标准配置。企业的平台规则，同时对产品服务提供者和消费者等个人用户适用，这就对平台规则提出更高的要求，并特别强调平台在涉及多方权利义务的时候，能够对个人用户作为协议"弱势方"予以特别关照，在平台层面实现平衡价值，降低纠纷和诉争。

（3）对严重违反法律、行政法规处理个人信息的平台内的产品或者服务提供者，停止提供服务。

对于监管机构而言，平台企业最为重要的监管职责承接义务，就在于基于《个人信息保护法》和平台规则，可以对违反法律和行政法规的产品、服务提供者进行相应约束和限制。停止提供服务的方式可以包括限制或禁止接入、产品服务功能约束甚至产品服务下架等。

（4）定期发布个人信息保护社会责任报告，接受社会监督。

个人信息保护社会责任报告的创设，与上市公司的企业社会责任报告有类似的考虑。通过系统化梳理年度或定期的处理情况，为平台企业增加了一重约束和社会责任感。在具体的报告内容和形式上，需要强调以下内容：① 个人信息保护社会责任报告应通过平台公布、公告，对于上市公司而言，可以作为企业社会责任报告的组成部分；② 结构和内容上，需要从风险管理和内部控制的一般原则和规则出发进行撰写，并由法定代表人签署；③《个人信息保护法》未规定由第三方出具个人信息保护社会责任报告，因此该报告应由企业自身完成，不应通过第三方安全测试服务等网络安全服务机构出具。

《网络数据安全管理条例（征求意见稿）》进一步细化重要互联网平台的数据安全义务，提出部分首创性规定，涉及个人信息保护的内容主要体现在以下两点：① 日活用户超过一亿的大型互联网平台运营者平台规则、隐私政策制定或者对用户权益有重大影响的修订的，应当经国家网信部门认定的第三方机构评估，并报省级及以上网信部门和电信主管部门同意；② 大型互联网平台运营者应当通过委托第三方审计方式，每年对平台数据安全情况、平台规则和自身承诺的执行情况、个人信息保护情况、数据开发利用情况等进行年度审计，并披露审计结果。

第三节 重要数据保护

《数据安全法》规定重要数据处理者的重要数据识别、数据安全负责人与管理机构设置、风险评估等义务，重要数据处理者应予以重视。

一、重要数据识别

《数据安全法》规定的重要数据识别，是判定是否属于重要数据处理者，是否涉及重要数据处理的第一步。这一工作通过国家要求和标准，地区、部分组织制定目录，并最终传递到行业、领域的数据处理者。《网络数据安全管理条例（征求意见稿）》和《信息安全技术 重要数据识别规则（征求意见稿）》[①] 体现了重要数据识别的原则和持续进

[①] 《重要数据识别指南》已于2022年4月按照国标委要求，更名为《重要数据识别规则》，相关内容以最终发布版本为准。

展。数据处理者应借助相关行政法规和国家标准，开展重要数据的识别工作。

值得注意的是，2022年9月，《信息安全技术 网络数据分类分级要求》公开征求意见，给出了基于重要性的数据分级全"图谱"——根据数据在经济社会发展中的重要程度，以及一旦遭到泄露、篡改、破坏或者非法获取、非法利用，对国家安全、公共利益或者个人、组织合法权益造成的危害程度，将数据从高到低分为核心、重要、一般三个级别。说明监管机构认识到，必须在全景数据的基础上进行分级考虑，否则单独识别"重要数据"极其困难。

同时，《信息安全技术 网络数据分类分级要求（征求意见稿）》也澄清了《数据安全法》数据分级的一个基本问题：在《数据安全法》中，核心数据是属于重要数据中的"重中之重"数据，还是数据分级中的一个单独级别？《数据安全法》本身的表述可能产生不同的解读，征求意见稿对此做出明确回应，核心数据属于单独的一个数据级别。

1. 重要数据的类型特征

根据《信息安全技术 重要数据识别规则（征求意见稿）》的规定，重要数据被界定为"特定领域、特定群体、特定区域或达到一定精度和规模的数据，一旦被泄露或篡改、损毁，可能直接危害国家安全、经济运行、社会稳定、公共健康和安全"。重要数据具有独特于一般数据的相应特征，下述类型体现了重要数据识别需要关注的典型特征：直接（或以一定精度和规模）影响国家安全、国家统一、军事安全，反映民族特质、文化，反映重点目标、重要场所的位置，反映国家科技实力、影响国际竞争力，对关键信息基础设施可能构成威胁，可对关键设施设备、供应链构成破坏，反映自然、生产或生活环境，反映资源储备、开发或供需情况，反映核设施与活动，反映海外资源或实体安全，可能对国际经贸文化关系产生限制或破坏，反映太空、深海、极地等战略疆域的国家利益，反映生物资源、多样性、物种、疫病、生物技术，未公开的政务、执法、司法信息，反映全局或重要领域的经济金融活动，反映国民健康生理状况，及可能反映或与国家安全有关的其他活动（该活动有待随着对数据安全的认识发展和不断调整，因此重要数据目录也是动态调整和持续维护的状态，应特别强调数据的精度、规模可能导致的数据安全属性变化）。重要数据尽管不属于国家秘密，但仍有不同于一般数据的保密性、完整性和可用性要求，数据的重要性与否也并非基于数据类型，而是侧重于后果角度。

2. 重要数据的识别流程

根据 2021 年 9 月发布的《信息安全技术 重要数据识别指南（征求意见稿）》版本①，数据处理者应根据地区、本部门的具体规定，识别本组织内重要数据，包括梳理数据资产、判断安全影响、识别重要数据、审核重要数据、形成目录。具体步骤如下。

（1）梳理数据资产：对本组织内的数据资产进行盘点、梳理与分类，形成本组织数据资产清单。

（2）判断安全影响：明确资产清单中各类数据的用途、面临的主要安全威胁，判断数据安全性（保密性、完整性、可用性等）遭破坏后可能对国家安全、公共利益造成的影响。

（3）识别重要数据：根据所在地区、部门的具体规定，初步判定本组织数据资产中的重要数据。必要时，可使用自动化技术工具分析结构化数据、半结构化数据及非结构化数据，根据数据规模量级、关键字段、关联规律等识别其中包含的重要数据。

（4）审核重要数据：对初步识别出的重要数据进行审核。

（5）形成目录：填表描述经审核确定的本组织重要数据，以目录形式形成本组织重要数据最终识别结果。

初步的重要数据描述格式如表 5-3 所示。

---

① 在后续发布的《信息安全技术 重要数据识别指南（征求意见稿）》版本中已删除"重要数据识别流程"相关内容，此处仅供数据处理者进行参考。

表 5-3　初步的重要数据描述格式

数据基本情况						责任主体情况			数据处理情况			数据安全情况				备注
数据类型	数据级别	数据载体	数据来源	数据数量	详细描述	处理者	主要负责人	数据安全负责人	使用或共享的范围和方式	是否出境	是否跨主体流动	数据安全风险评估机构	评估时间	评估结论	整改措施	

3. 重要数据备案

《数据安全法》和配套制度规定了对识别的重要数据目录进行备案，重要数据的处理者应当在识别其重要数据后向相应网信部门备案，备案内容如下：

（1）数据处理者基本信息，数据安全管理机构信息、数据安全负责人姓名和联系方式等；

（2）处理数据的目的、规模、方式、范围、类型、存储期限、存储地点等，不包括数据内容本身；

（3）国家网信部门和主管、监管部门规定的其他备案内容。

二、数据安全负责人和管理机构

《数据安全法》第二十七条要求，重要数据的处理者应当明确数据安全负责人和管理机构，落实数据安全保护责任。对于重要数据的处理者而言，其可能已经分别按照《网络安全法》《个人信息保护法》等法律要求，指定了网络安全负责人、个人信息保护负责人，《数据安全法》

的规定意味着重要数据的处理者应当将这些角色在管理层面进行统合，也意味着需要在既有的负责人体系之上，设立一个统筹信息安全、网络安全、数据安全和个人信息安全的关键角色。对照《公司法》，该关键角色的定位应为管理层成员，有权基于决策直接向网信部门和主管、监管部门反映数据安全情况。

对重要数据的处理者，规定更高层级的数据安全负责人和管理机构，这显然是因其承载和处理的重要数据使然。如果说对于一般数据处理者，明确数据安全负责人是选配事项，对于重要数据的处理者，则为标配。这也体现出数据安全风险作为整体的风险管理内容，需要"自上而下"的意识和重视。

另一方面，确定数据安全负责人和管理机构，也进一步落实了《数据安全法》《个人信息保护法》《网络安全法》等规定的承担法律责任的"直接负责的主管人员和其他直接责任人员"。

从基本的角色和职责配置上，数据安全负责人领导的数据安全管理机构应当包括以下职责：

（1）研究并结合自身实际情况，提出数据分类分级等有关安全的重大决策建议，向总经理（或董事会）汇报；

（2）制定和实施数据安全保护计划和数据安全事件应急预案；

（3）开展数据安全风险监测，管理数据安全事件，处置数据安全风险；

（4）定期组织开展并考核数据安全宣传教育培训、风险评估、应急演练等活动；

（5）受理、处置数据安全投诉、举报的决策和反馈、回复；

（6）按照要求，直接向网信部门和主管、监管部门报告数据安全情况和履行各类备案义务，如算法备案、个人信息出境标准合同备案等；

（7）在数据相关业务设计、部署、上线等过程中发表和出具数据安全的专项意见，确保业务开展充分考虑了数据安全；

(8) 负责形成年度数据安全风险评估报告，并按照法律规定向相关机构提交。

三、数据安全风险评估

《数据安全法》第三十条要求重要数据的处理者应当按照规定对其数据处理活动定期开展风险评估，并向有关主管部门报送风险评估报告。《网络安全法》中对关键信息基础设施运营者提出年度安全检测评估和出具报告的要求，两者都属于风险管理的范畴，但《数据安全法》的风险评估与《网络安全法》的规定仍有所不同。

1. 风险评估实施过程

结合《数据安全法》对风险评估报告的要求，"风险评估报告应当包括处理的重要数据的种类、数量，开展数据处理活动的情况，面临的数据安全风险及其应对措施等"，数据安全的风险评估的具体实施过程如下：

（1）风险评估准备，包括确定目标、确定评估对象和评估资产（业务）范围、建立评估组织人员、确定评估依据和制定评估方案，并取得管理层的批准，此处的评估资产指向数据资产以及数据涉及的业务资产，评估对象应限于通过数据分类分级所确定的重要数据；

（2）通过资产分类分级，识别重要数据并进行资产识别和赋值（仍应参考《网络安全法》对网络数据资产的保密性、完整性和可用性赋值）；

（3）分析重要数据面临的威胁，进行外部威胁的识别与赋值；

（4）分析重要数据的脆弱性，进行内部性的漏洞识别与赋值；

（5）识别既有的安全措施和评价有效性，包括既有的为《网络安全法》合规所部署的措施应对数据安全方向的有效性；

（6）通过风险的定性（或定量）分析方法，分析安全事件发生的可能性和危害性，并计算得出风险（值）结论；

(7) 形成风险评估报告，并根据风险结论（结果）确定的风险等级制订风险处理计划，特别是风险应对措施和整改建议；

(8) 落实整改措施，验证其有效性；

(9) 残余风险评估和风险接受；

(10) 对风险评估过程进行全过程的记录，并形成文档。

2. 按照是否定期进行区分的数据安全风险评估

(1) 年度数据安全风险评估。

《数据安全法》规定了应形成的风险评估报告的体例。《网络数据安全管理条例（征求意见稿）》细化了风险评估报告的具体要求，并主要区分为两类数据安全风险评估。最为重要的一类是年度数据安全风险评估报告，包括以下内容：① 处理重要数据的情况；② 发现的数据安全风险及处置措施；③ 数据安全管理制度，数据备份、加密、访问控制等安全防护措施，以及管理制度实施情况和防护措施的有效性；④ 落实国家数据安全法律、行政法规和标准情况；⑤ 发生的数据安全事件及其处置情况；⑥ 共享、交易、委托处理、向境外提供重要数据的安全评估情况；⑦ 数据安全相关的投诉及处理情况；⑧ 国家网信部门和主管、监管部门明确的其他数据安全情况。数据处理者应当保留风险评估报告至少三年。

(2) 专项数据安全风险评估报告。

除了年度数据安全风险评估报告外，《网络数据安全管理条例（征求意见稿）》还进一步规定，数据处理者开展共享、交易、委托处理、向境外提供重要数据的安全评估，还应当重点评估以下内容并形成报告，且该专项风险评估报告也属于年度数据安全风险评估报告的重要组成部分，该特定情形进行的风险评估和形成的报告称之为专项风险评估报告：① 共享、交易、委托处理、向境外提供数据，以及数据接收方处理数据的目的、方式、范围等是否合法、正当、必要；② 共享、交易、委托处理、向境外提供数据被泄露、毁损、篡改、滥用的风险，以及对国家安全、经济发展、公共利益带来的风险；③ 数据接收方的诚信状况、守法情况、境外政府机构合作关系、是否被中国政府制裁等背景情况，承诺承担的责任以及履行责任的能力等是否能够有效保障数据安全；④ 与数据接收方订立的相关合同中关于数据安全的要求能否有效约束数据接收方履行数据安全保护义务；⑤ 在数据处理过程中的管理和技术措施等是否能够防范数据泄露、毁损等风险。评估认为可能危害国家安全、经济发展和公共利益，数据处理者不得共享、交易、委托处理、向境外提供数据。

从合规成本和效率考虑，尽管《数据安全法》规定的重要数据处理者，与《网络安全法》规定的关键信息基础设施运营者等适用风险评估的主体有较大不同，但《数据安全法》下的风险评估与《个人信息保护法》《网络安全法》规定的风险评估，甚至《中华人民共和国密码法》（以下简称《密码法》）规定的商用密码应用安全性评估等制度也有持续整合的必要。这些都有待于风险评估相关标准的指引给出方向，与之相关的《信息安全技术 信息安全风险评估实施指南》（GB/T 31509—2015）等标准也应结合《数据安全法》进行相应的调整升级。

在《数据安全法》正式发布前后，我国在健康医疗、基础电信、金融等行业也在持续制定和发布相关标准，其中包含对重要数据的安全保护规定。例如《信息安全技术 健康医疗数据安全指南》（GB/T 39725—2020）、《电信网和互联网数据安全通用要求》（YD/T 3802—2020）、《基础电信企业数据分类分级方法》（YD/T 3813—2020）、《金融数据安全 数据安全分级指南》（JR/T 0197—2020）等。有关数据安全风险评估的新进展，可参见《信息安全技术 信息安全风险评估方法》（GB/T 20984—2022）、《电信网和互联网数据安全评估规范》（YD/T 3956—2021）等。

四、典型行业重要数据保护

不同行业对数据生命周期安全保护有更为明确的要求，并应将重要数据的保护贯穿在整体的业务过程和数据流程中。此处以金融行业和汽车行业为例进行说明。

1. 金融行业

《金融数据安全 数据安全分级指南》对金融数据进行个人金融信息和重要数据进行甄别，将金融数据的重要性从低到高分为五级，并从一般业务数据、管理数据中遴选区别的基础上，从数据采集、传输、存储、使用、开发测试、公开、转让、外包、共享、删除、销毁等阶段规定不同的技术控制策略和规则。

（1）数据采集阶段：区分从外部机构和从个人金融信息主体采集数据，分别设定控制策略，包括通过合同协议等方式，明确双方在数据安全方面的责任及义务；应制定数据供应方约束机制，明确数据源、数据采集范围和频度，并事前开展数据安全影响评估；明确数据采集过程中个人金融信息和重要数据的知悉范围和分级安全管控措施、采用摘要、消息认证码、数字签名等密码技术确保采集过程数据的完整性；对数据采集过程进行日志记录，并采取技术措施确保信息来源的可追溯性等。

（2）数据传输阶段：采取措施加强数据传输过程中的网络和数据安全，对于不同分级的数据，还应采用专线或VPN等技术确保传输通道的安全；传递三级及以上数据时应对数据进行加密或脱敏，并由专人负责收发、登记、编号、传递、保管和销毁等；传递过程中可采用密封、双人押送、视频监控等。

（3）数据存储阶段：根据安全级别、重要性、量级、使用频率等因素，将数据分域分级存储；依据最小够用原则存储数据，不应以任何形式存储非业务必需的金融数据，存储时间应为业务必需的最短时间；定期对数据存储过程中可能产生的影响进行风险评估；脱敏后的数据应与用于还原数据的恢复文件隔离存储；二级及以上数据应采取技术措施保证存储数据的保密性，必要时可采取多因素认证、固定处理终端、固定处理程序或工具、双人双岗控制等安全策略；三级数据的存储应采取加密等技术措施保证数据存储的保密性；四级及以上数据应使用密码算法加密存储；在我国境内产生的五级数据应仅在我国境内存储等。

（4）数据使用阶段：综合考虑主体角色、信用等级、业务需要、时效性等因素，按最小化原则确定二级及以上数据的访问权限规则；三级及以上数据访问应建立访问权限申请和审核批准机制；对数据的访问权限和实际访问控制情况进行定期审计，至少每半年一次对访问权限规则和已授权清单进行复核，及时清理已失效的账号和授权；通过访问控制等措施限制频繁查询数据人员的数据访问频率，如柜员、客户经理、客服人员等确需批量查询的，应通过相应审批并留存相关记录。

（5）数据开发测试阶段：应采取技术措施，实现开发测试环境数据与生产环境数据的有效隔离；通过安全运维管理平台或数据提取专用终端获取数据，专用终端应事先经过审批授权后方可开通，开发测试等过程的数据应事先进行脱敏处理，防止数据处理过程中的数据泄露；使用外部的软件开发包、组件、源码等开展开发测试工作前应进行数据安全评估；对开发测试过程进行日志记录，并定期进行安全审计等。

（6）数据公开阶段：在数据公开披露前，应依据金融业机构有关制度要求，对拟披露数据审核与审批；采取技术措施对金融业机构公开披露数据的真实性与完整性进行安全防护；应准确记录和保存数据的公开披露情况等，同时明确三级及以上数据原则上不应公开披露。

（7）数据转让阶段：应局限于特定情形方可转让，包括国家法定要求、协议要求或并购重组等情形。

（8）外包处理阶段，落实委托处理活动中的第三方开展数据安全管理工作要求；对第三方机构开展事前尽职调查；应根据委托处理的数据内容、范围、目的等，对数据委托处理行为进行数据安全影响评估；对被委托方数据安全防护能力进行数据安全评估，并确保被委托方具备足够的数据安全防护能力，提供了足够的安全保护措施，并对委托处理的数据进行安全审计等。

（9）数据共享阶段：对于组织内部的共享，在数据共享前，应开展数据安全影响评估，对共享的数据内容、数据范围、时间周期、传输方式、用途、安全管控手段等要素进行评估；应对二级以及上的数据共享过程留存日志记录；三级及以上数据进行脱敏后共享、利用自动化工具如代码、脚本、接口、算法模型、软件开发工具包等进行数据共享时，应通过身份认证、数据加密、反爬虫机制、攻击防护和流量监控等手段，并根据共享前约定的数据使用期限，对数据进行安全处置，数据共享方应对处置结果进行确认；对于组织外部的共享，还应与数据接收方通过合同协议等方式，明确双方在数据安全方面的责任及义务，并约定共享数据的内容和用途、使用范围等；定期对数据接收方的数据安全保护能力进行评估，确保数据接收方具备足够的数据安全保护能力；向个人金融信息主体等告知共享数据的目的、数据接收方的类型，并事先征得相应授权等。

（10）数据删除阶段：应依据国家及行业主管部门有关规定及与个人金融信息主体约定的时限等，针对不同类型的数据设定其数据保存期，三级及以上数据应建立数据删除的有效性复核机制，定期检查能否通过业务前台与管理后台访问已被删除数据，在停止其提供的金融产品或服务时，应对其在提供该金融产品或服务过程中所收集的个人金融信息进行删除或匿名化处理、金融产品或服务的用户主动提出删除其数据的情形，如账户注销，应对其相应信息进行删除等。

（11）数据销毁阶段：应制定数据存储介质销毁操作规程，明确数据存储介质销毁场景、销毁技术措施，以及销毁过程的安全管理要求；存储数据的介质如不再使用，应采用不可恢复的方式如消磁、焚烧、粉碎等对介质进行销毁处理；存储介质如还需继续使用，不应只采用删除索引、删除文件系统的方式进行数据销毁，应通过多次覆写等方式安全地擦除数据，确保介质中的数据不可再被恢复或者以其他形式被利用；定期对数据销毁效果进行抽样认定，通过数据恢复工具或数据发现工具进行数据的尝试恢复及检查，验证数据删除结果；三级及以上数据存储介质不应移作他用，销毁时应采用物理销毁的方式对其进行处理；四级数据存储介质的销毁应参照国家及行业涉密载体管理有关规定，由具备相应资质的服务机构或数据销毁部门进行专门处理，并由金融业机构相应岗位人员对其进行全程监督等。

《数据安全法》鼓励技术措施与管理制度结合，以符合法律的强制性要求。其第十六条明确规定"国家支持数据开发利用和数据安全技术研究，鼓励数据开发利用和数据安全等领域的技术推广和商业创新，培育、发展数据开发利用和数据安全产品、产业体系"。目前逐渐趋于主流的计算工具如《多方安全计算金融应用技术规范》规定的多方安全计算技术，基于底层加密技术构建的各种联邦学习平台、硬件模块和标准化实践（如以银行为主力发起和推动的国际标准《联邦学习架构和应用规范》（IEEE P3652.1）、团体标准联邦学习金融行业应用指南》（T/ZFIDA 0004—2020）等），就是典型的数据安全技术与行业实践结合的标准化成果。金融行业率先测试和应用这些前沿领域的技术，也说明整体行业对数据安全的重视程度。

2. 汽车行业

《汽车数据安全管理若干规定（试行）》明确个人信息、敏感个人信息和重要数据的保护原则，第一次以部门规章的形式界定汽车领域的重要数据。作为重要的配套标准和《车联网网络安全和数据安全标准体系建设指南》建设目标，汽车行业正在建立以《车联网无线通信安全技术指南》《车联网信息服务 平台安全防护技术要求》《车联网信息服务用户个人信息保护要求》和《车联网信息服务 数据安全技术要求》为基本体系的指引，并通过发布《关于加强车联网网络安全和数据安全工作的通知》《关于进一步加强新能源汽车企业安全体系建设的指导意见》，强调企业要切实履行数据安全保护义务，建立健全全流程数据安全管理制度，采取相应的技术措施和其他必要措施，保障数据安全。

《汽车数据安全管理若干规定（试行）》中定义汽车行业的重要数据为"一旦遭到篡改、破坏、泄露或者非法获取、非法利用，可能危害国家安全、公共利益或者个人、组织合法权益的数据，包括：（1）军事管理区、国防科工单位以及县级以上党政机关等重要敏感区域的地理信息、人员流量、车辆流量等数据；（2）车辆流量、物流等反映经济运行情况的数据；（3）汽车充电网的运行数据；（4）包含人脸信息、车牌信息等的车外视频、图像数据；（5）涉及个人信息主体超过10万人的个人信息；（6）国家网信部门和国务院发展改革、工业和信息化、公安、交通运输等有关部门确定的其他可能危害国家安全、公共利益或者个人、组织合法权益的数据。"

2021年9月，工业和信息化部装备工业发展中心发布的《关于开展汽车数据安全、网络安全等自查工作的通知》为企业实现《汽车数据安全管理若干规定（试行）》下的"数据安全管理情况年度报告"提供了可用的模板指引。该通知所指引的"数据安全管理情况年度报告"进一步建立了包括汽车数据安全基本情况、在线升级（OTA）情况及驾驶辅助功能等在内的数据安全、网络安全检查情况和年度报告要求的体系结构。

2021年底开始，主要省级网信办、通信管理局已经会同省级发展改革委、工业和信息化厅、公安厅、交通运输厅等部门，开展了对汽车企业按照《年度汽车数据安全管理情况报告（模板）》提交报告的评审，说明汽车行业的数据安全已经进入实质性和常态化工作阶段。

第四节　国家核心数据保护

《信息安全技术 网络数据分类分级要求（征求意见稿）》规定，核心数据是指"对领域、群体、区域具有较高覆盖度或达到较高精度、较大规模、一定深度的重要数据"。在《数据安全法》的数据分级体系下，核心数据位于最顶层、最重要、最严格的保护地位。按照《网络数据安全管理条例（征求意见稿）》，各地区、各部门按照国家有关要求和标准，组织本地区、本部门以及相关行业、领域的数据处理者识别重要数据和核心数据，组织制定本地区、本部门以及相关行业、领域重要数据和核心数据目录，并报国家网信部门。

核心数据本质上是一类单独的重要数据，除了仍然适用数据分类分级的识别规则和相关指引、指南文件外，核心数据的处理者还应基于数据分级框架，采取更为严格的保护制度。对核心数据的保护制度主要包括以下内容：

（1）网络安全等级保护的"就高从严"要求。

处理重要数据的系统原则上应当满足三级以上网络安全等级保护要求，处理核心数据的系统应当满足四级以上网络安全等级保护要求。

（2）核心数据的加密保护。

由于核心数据不属于国家秘密，因此在现有法律体系下，不能适用《密码法》规定的核心秘密、普通秘密进行加密保护，应使用商用密码对核心数据进行保护。

（3）核心数据的出境监管。

核心数据原则上"不出境"，这也意味着境内收集和产生的核心数据，应严格履行数据"本地化"政策，即除非另有规定，核心数据适用本地产生、本地存储和本地处理的境内全生命周期处理过程，不涉及数据出境，也不存在先出境再"回传"本地存储等操作。

（4）对于核心数据的供应链安全等问题，适用2022年施行的《网络安全审查办法》关于网络安全审查和数据安全审查的规定。

第六章

数据安全法律责任体系

　　《民法典》《消费者权益保护法》《网络安全法》《数据安全法》《个人信息保护法》等法律规范构建了我国数据安全领域的民事责任和行政责任体系。《中华人民共和国刑法》(以下简称《刑法》)设置了侵犯公民个人信息罪、非法获取计算机信息系统数据罪等数据犯罪的刑事责任。基于此，我国已经形成相对完善的数据安全民事、行政及刑事责任体系。除了这三种类型的责任，数据安全责任主体还可能面临其他不利后果。此外，将数据犯罪纳入合规不起诉机制目前也正在实践探索中。

第一节　民　事　责　任

　　我国网络和数据安全领域的基础性立法《网络安全法》《数据安全法》都对民事责任做了衔接性规定。《网络安全法》第七十四条第一款及《数据安全法》第五十二条明确规定，"违反本法规定，给他人造成损害的，依法承担民事责任。"因此，违反《网络安全法》规定的个人信息保护义务及《数据安全法》规定的数据安全保护义务，造成损害的，都应当承担民事责任。兼具公法和私法性质的《个人信息保护法》第六十九条①规定民事责任追究的过错推定原则及损害赔偿的确定方式，第七十条②规定个人信息权益的公益诉讼。《消费者权益保护法》第五十条规定经营者侵害消费者个人信息依法得到保护权利的民事责任。

2021年1月1日，新中国第一部以法典命名的法律——《民法典》正式施行。《民法典》加大对公民隐私权和个人信息的保护力度，在第四编第六章"隐私权和个人信息保护"中规定了个人信息的概念、处理原则和条件、免责事由等内容。同时，第七编规定了侵权责任。

根据《网络安全法》《个人信息保护法》《数据安全法》《民法典》等法律规定，数据安全方面的民事责任至少涉及违约责任和侵权责任。《民法典》第一百七十九条规定了民事责任的承担方式，主要包括停止侵害、排除妨碍、返还财产、赔偿损失、支付违约金、消除影响、恢复名誉、赔礼道歉等，可以单独适用，也可以合并适用。

一、违约责任

数据处理者在收集、存储、使用、加工、传输、提供、公开等各处理阶段都可能涉及合同的签订，违反合同约定则可能引起违约责任。典型如委托处理数据的规定，《数据安全法》第四十条规定国家机关委托他人建设、维护电子政务系统，存储、加工政务数据的受托方义务。《个人信息保护法》第二十一条规定委托处理个人信息的义务、委托人

---

① 《个人信息保护法》第六十九条规定，"处理个人信息侵害个人信息权益造成损害，个人信息处理者不能证明自己没有过错的，应当承担损害赔偿等侵权责任。前款规定的损害赔偿责任按照个人因此受到的损失或者个人信息处理者因此获得的利益确定；个人因此受到的损失和个人信息处理者因此获得的利益难以确定的，根据实际情况确定赔偿数额。"

② 《个人信息保护法》第七十条规定，"个人信息处理者违反本法规定处理个人信息，侵害众多个人的权益的，人民检察院、法律规定的消费者组织和由国家网信部门确定的组织可以依法向人民法院提起诉讼。"

的监督义务、受托人的义务以及转委托的内容。如果一方违反合同约定,则可能承担违约责任。

违约责任引起的损害赔偿不仅包括物质损害赔偿,也包括精神损害赔偿。《民法典》第五百七十七条规定违约责任的物质损害赔偿,"当事人一方不履行合同义务或者履行合同义务不符合约定的,应当承担继续履行、采取补救措施或者赔偿损失等违约责任。"第九百九十六条规定违约责任的精神损害赔偿,"因当事人一方的违约行为,损害对方人格权并造成严重精神损害,受损害方选择请求其承担违约责任的,不影响受损害方请求精神损害赔偿。"

在具体场景中,例如数据的收集、存储、使用阶段,数据处理者都会与数据主体签订合同,电子格式合同是较为常见的方式。如果数据处理者违反格式合同的约定处理数据,则可能引起违约责任。《民法典》对格式合同的无效情形和对其理解发生争议的解释作出规定。若格式合同无效,则可能引发侵权责任。此外,数据交易、数据出境也是较容易引起违约责任的场景。

二、侵权责任

数据安全的侵权责任主要体现在侵害个人信息受保护权利可能产生的民事责任,以及实践中关注较多的数据爬虫引起的侵犯著作权等知识产权的责任。对于数据爬虫这一场景引起的民事责任,在下面的"《反不正当竞争法》责任"中详细阐述,此处仅对侵害个人信息受保护权利可能产生的民事责任进行分析。

1. 构 成 要 件

侵害个人信息受保护权利的民事责任构成要件包括违法行为、损害、因果关系、过错。

(1) 违法行为。

个人信息处理者在数据的收集、存储、使用、加工、传输、提供、公开等各生命周期中都可能存在侵害数据安全的行为。在我国现行民事法律体系下,涉及侵害个人信息受保护权利的违法行为至少包含以下内容:

① 窃取或者以其他非法方式获取个人信息;

② 未经个人同意处理个人信息;

③ 未尽处理告知义务;

④ 超过个人信息保存期限未予删除;

⑤ 违法委托他人处理个人信息;

⑥ 个人信息处理者、接收方、第三方改变处理目的、方式未尽告知义务;

⑦ 违反个人意愿利用个人信息进行自动化决策;

⑧ 不当处理个人敏感信息;

⑨ 任何组织或个人出售或者非法向他人提供个人信息;

⑩ 泄露或者篡改其收集、存储的个人信息;

⑪ 未按照要求采取技术措施和其他必要措施保护个人信息;

⑫ 个人信息泄露、篡改、丢失未及时采取补救措施;

⑬ 个人信息泄露、篡改、丢失未按照规定告知自然人并向有关主管部门报告;

⑭ 擅自公开他人个人信息。

(2) 损害。

侵害个人信息受保护权利遭到的损害包括财产损失、人身损害和精神损害。财产损失包括直接损失和间接损失。对于财产损失的赔偿责任,《个人信息保护法》第六十九条第二款规定,"前款规定的损害赔偿责任按照个人因此受到的损失或者个人信息处理者因此获得的利益确定;个人因此受到的损失和个人信息处理者因此获得的利益难以确定的,根据实际情况确定赔偿数额。"具体适用上,可参照《民法典》第一千一百八十二条规定,"侵害他人人身权益造成财产损失的,按照被侵权人因此受到的损失或者侵权人因此获得的利益赔偿;被侵权人因此受到的损失以及侵权人因此获得的利益难以确定,被侵权人和侵权人就赔偿数额协商不一致,向人民法院提起诉讼的,由人民法院根据实际情况确定赔偿数额。"

实践中,对于赔偿经济损失等,根据相应侵权责任规则会给予一定程度的支持;而对于精神损害,却往往由于客观上难以认定,而较难支持。①

(3) 因果关系。

侵害个人信息受保护权利构成民事责任的,违法行为与损害后果之间应该具有因果关系,即违法行为引起损害后果的发生。

(4) 过错。

依照《民法典》第一千一百六十五条和第一千一百六十六条规定,确定民事责任的归责原则包括过错责任原则、过错推定原则和无过错责任原则。② 一般侵权责任适用过错责任原则,对于侵害个人信息受保护权利的归责原则,《民法典》未进一步规定,学界也存在诸多争议。一般认为应当适用第一千一百六十五条第一款规定的过错责任原则。然而,《个人信息保护法》第六十九条第一款明确规定,对侵害个人信息权益造成损害的,适用过错推定原则。

早在 2017 年,我国司法就已经在侵害个人信息受保护权利(隐私侵权)的举证责任分配上做出过积极探索,且与《个人信息保护法》确立的侵害个人信息受保护权利的过错适用原则一致。"庞理鹏与北京趣拿信息技术有限公司等隐私权纠纷案"③ 的终审判决中,法院认为,"从收集证据的资金、技术等成本上看,作为普通人的庞理鹏根本不具备对东航、趣拿公司内部数据信息管理是否存在漏洞等情况进行举证证明的能力。因此,客观上,法律不能也不应要求庞理鹏证明必定是东航或趣拿公司泄露了其隐私信息。东航和趣拿公司均未证明涉案信息泄漏归因于他人,或黑客攻击,抑或是庞理鹏本人。法院在排除其他泄露隐

---

① 姚佳:论个人信息处理者的民事责任,载《清华法学》2021 年第 3 期。
② 杨立新:个人信息处理者侵害个人信息权益的民事责任,载《国家检察官学院学报》2021 年第 5 期。
③ 参见北京市第一中级人民法院(2017)京 01 民终 509 号民事判决书。

私信息可能性的前提下，结合本案证据认定上述两公司存在过错"。该案开创性地在隐私侵权问题上适用过错推定原则，对于缓解大数据时代隐私侵权举证难的问题极具示范性。

若发生数据安全违约责任和侵权责任竞合的情况，则适用《民法典》第一百八十六条规定，受损害方有权选择请求其承担违约责任或者侵权责任。

2. 责任承担形式

《个人信息保护法》第二十条第二款规定了个人信息处理者侵害个人信息的连带责任，"个人信息处理者共同处理个人信息，侵害个人信息权益造成损害的，应当依法承担连带责任。"连带责任是较为严格的责任方式，任何一方都可能承担超过自己责任份额的责任。《民法典》第一百七十八条第二款规定了连带责任人之间的责任份额分配，"连带责任人的责任份额根据各自责任大小确定；难以确定责任大小的，平均承担责任。实际承担责任超过自己责任份额的连带责任人，有权向其他连带责任人追偿。"

关于侵害个人信息受保护权利的连带责任案件，可参考"黄某与被告腾讯科技（深圳）有限公司广州分公司、腾讯科技（北京）有限公司隐私权、个人信息权益网络侵权责任纠纷案"[①]。该案中，法院根据《侵权责任法》（《民法典》发布后已废止）第八条规定，对于"原告要求腾讯深圳公司、腾讯北京公司、腾讯计算机公司承担连带赔偿责任"予以支持。该案件体现了处理个人信息场景下共同侵权主体之间的连带责任关系。个人信息处理活动中，数被告之间虽然有一定的关联关系，但作为法律意义上相互独立的主体，相关服务协议中含糊的主体表述，并不能得出个人信息主体对其他相关联的独立个人信息处理者处理其个人信息活动的知情同意，数个主体之间并不具备所谓"共享"个人信息

---

① 参见北京互联网法院（2019）京0491民初16142号民事判决书。

的合法性基础。①

三、竞争法责任

大数据时代，众多网站、App将其掌握的大量用户信息等数据视为核心竞争资源。近年来，企业之间由于数据爬取而引发的关于数据权利的争议层出不穷，如淘宝、微信屏蔽百度搜索，顺丰宣布关闭对菜鸟的数据接口，新浪与今日头条关于微博内容爬取的争议等，企业对此应保持高度警惕。

虽然当前数据权属问题并未在立法上予以定性，但在司法实践中，"数据"作为具有"竞争性的财产权益"，掌握数据企业合法权益的观点已经获得越来越多的认可。例如，在"深圳谷米科技与武汉元光科技不正当竞争案"②中，法院就认为被告元光公司利用网络爬虫技术大量获取并且无偿使用原告谷米公司"酷米客"软件的实时公交信息数据的行为，实为一种"不劳而获""食人而肥"的行为，具有非法占用他人无形财产权益，破坏他人市场竞争优势，并为自己谋取竞争优势的主观故意，违反了诚实信用原则，扰乱了竞争秩序，构成不正当竞争行为。在"百度与大众点评不正当竞争纠纷案"③中，法院也认为，百度公司并未对大众点评网中的点评信息做出贡献，却在百度地图和百度知道中大量使用这些点评信息，其行为具有明显的"搭便车""不劳而获"的特点。

因此，未经授权爬取有竞争关系的经营者数据极有可能面临《中华人民共和国反不正当竞争法》（以下简称《反不正当竞争法》）的规制。典型案例如2021年判决的"北京微梦创科网络技术有限公司（以下简

---

① 张新宝：《中华人民共和国个人信息保护法》释义，人民出版社2021年版，第172页。
② 参见广东省深圳市中级人民法院（2017）粤03民初822号民事判决书。
③ 参见上海市浦东新区人民法院（2015）浦民三（知）初字第528号民事判决书。

称微博)诉湖南蚁坊软件股份有限公司(以下简称蚁坊软件)不正当竞争案"①。本案中,微博称,蚁坊软件旗下鹰击系统对微博内容进行获取、存储和展示,并基于这些数据形成数据分析报告,损害微博合法权益。经数次沟通无果后,2018年微博以不正当竞争为由将蚁坊软件诉至北京市海淀区人民法院,2019年9月20日一审判决蚁坊软件构成不正当竞争,需赔偿微博经济损失500万元、合理开支28万元及承担一审诉讼费,并发布公开声明消除影响。蚁坊软件不服一审判决,向北京知识产权法院提起上诉。

两审法院均认为,蚁坊软件多项被诉行为均具有不正当性,破坏微博正常运行,违反《反不正当竞争法》第十二条第二款第(四)项规定,构成不正当竞争。蚁坊软件应立即停止构成不正当竞争的被诉行为,即不得继续通过非正常手段抓取、存储、展示并分析微博公开和非公开数据,并删除其此前非法抓取的数据。

判决书显示,蚁坊软件应在判决生效之日起三十日内,在蚁坊软件网站和网页版鹰击系统首页连续七天刊登声明,就不正当竞争案为微博消除影响,并于判决生效日起十日内赔偿微博经济损失500万元及合理开支28万元。②

数据获取行为的合法性边界需要综合考量爬取的数据类型、爬取方式及结果。根据爬取数据的不同,不仅仅可能涉及《不正当竞争法》相关责任,还可能涉及著作权保护、商业秘密保护、公民个人信息保护等民事问题。如果大规模爬取竞争对手的经营信息或技术信息,则可能违反《反不正当竞争法》第九条关于侵犯商业秘密的规定,从而涉嫌不正当竞争。如果爬取具有著作权属性的文字或者信息,则有可能违反《中华人民共和国著作权法》(以下简称《著作权法》)第十条的规定,涉嫌侵犯知识产权。

---

① 参见北京知识产权法院(2019)京73民终3789号民事判决书。
② 《蚁坊软件非法抓取并使用微博数据 被判不正当竞争赔偿500多万元》,载中国网,http://m.china.com.cn/wm/doc_1_14_1909128.html,访问时间2022年9月23日。

爬虫本身只是一种技术，在技术中立原则下，企业如何在合规体系内使用爬虫技术应该注意以下四点：（1）确保爬取数据的类型符合要求，严格遵守被爬网站的"robots协议"，避免爬取网站明确禁止的数据；（2）获得双重授权，通过"深圳谷米科技与武汉元光科技不正当竞争案"等一系列案件可以明确，法院基本确立了数据主体授权＋平台授权的双重授权原则；（3）使用合理的爬取方式，不得妨碍被爬网站的正常运行，关于此点，《网络数据安全管理条例（征求意见稿）》第十七条第一款已经提出要求，"数据处理者在采用自动化工具访问、收集数据时，应当评估对网络服务的性能、功能带来的影响，不得干扰网络服务的正常功能"；（4）爬取数据后对数据的使用应该合法合规，例如不能出售个人信息，不能超出爬取网站使用数据的目的等。

第二节 行政责任

从当下我国数据安全的法律体系和保护方式来看，最有效、最普遍的监管手段是行政监管，企业和个人承担行政责任的情况也较为普遍。行政责任可以分为行政处罚和行政处分，行政处罚是常见的行政责任，单位和个人均适用；行政处分只针对个人，根据《网络安全法》《数据安全法》《个人信息保护法》的规定，针对的是国家机关中直接负责的主管人员和其他直接责任人员，以及履行数据安全监管职责（个人信息保护职责）等有关部门的工作人员。

一、行政处罚

依据《网络安全法》《数据安全法》《个人信息保护法》《出口管制法》等法律，结合2021年新修订的《中华人民共和国行政处罚法》（以下简称《行政处罚法》）第九条规定，违反数据安全的行政处罚种类包括申诫罚、财产罚、资格罚、行为罚和自由罚。具体而言，涉及警告、罚款、没收违法所得、吊销许可证件、责令停产停业、责令关闭、限制从业、行政拘留。

值得注意的是，关于数据安全行政责任条款中常见的责令改正，根据 2021 年《行政处罚法》第二十八条规定，"行政机关实施行政处罚时，应当责令当事人改正或者限期改正违法行为。"责令改正不是行政处罚，是指行政主体责令违法行为人停止并纠正违法行为，使其恢复到合法状态。

1. 申诫罚

申诫罚又称声誉罚或精神罚，只使违法行为人在精神上受到惩戒，引起违法行为人警惕，使其及时停止违法行为并避免再次违法。2021 年《行政处罚法》规定的申诫罚有警告、通报批评，数据安全领域的申诫罚仅涉及警告。

警告是对实施轻微违法行为、不履行相关行政法律规范义务的相对人给予的谴责和告诫，是一种影响相对人名誉的预备罚和申诫罚，是最轻微、对违法相对人影响最小的行政处罚。违反数据安全行政法律规范，后果轻微的，一般会先被处以警告。例如"网络运营者、网络产品或者服务提供者不履行个人信息保护义务"[①] "非法向境外提供重要数据"[②] "开展数据处理活动的组织和个人不履行数据安全保护义务"[③]

---

① 《网络安全法》第二十二条第三款、第四十一条至第四十三条和第六十四条第一款。2020 年，公安部"关于印发修订后的《违反公安行政管理行为的名称及其适用意见》的通知"（公通字〔2020〕8 号）确定该违法行为名称。

② 《数据安全法》第三十一条和第四十六条。2021 年江苏省公安厅"关于印发《江苏省公安机关依据〈数据安全法〉〈关键信息基础设施安全保护条例〉实施行政处罚的违法行为名称及适用条款》的通知"（苏公厅〔2021〕517 号）确定该违法行为名称。

③ 《数据安全法》第二十七条、第二十九条、第三十条和第四十五条。2021 年江苏省公安厅"关于印发《江苏省公安机关依据〈数据安全法〉〈关键信息基础设施安全保护条例〉实施行政处罚的违法行为名称及适用条款》的通知"（苏公厅〔2021〕517 号）确定该违法行为名称。

"未经批准向外国司法或者执法机构提供境内数据"[①] "非法处理、买卖、提供、公开个人信息"[②] 等。警告可以单处，也可以与其他行政处罚种类并处。

《网络安全法》正式实施后，有关主管部门对"网络运营者、网络产品或者服务提供者不履行个人信息保护义务"的违法行为进行行政处罚的案件屡见不鲜，后果轻微仅给予行政警告的案件时有发生。例如，2021年9月24日，黑龙江省宁安市公安局网安大队对联通公司进行检查，发现宁安市联通公司对下属职工关君、李英淑、潘新宇等人监管力度不够，导致公司员工关君、李英淑、潘新宇三人利用职务便利通过贩卖客户手机卡验证码信息从中获利。宁安市公安局网安大队依据《网络安全法》第四十二条、六十四条规定，对违法机构中国联通公司宁安市分公司处以警告处罚。

2. 财产罚

财产罚是使违法行为人在财产上受到损害的行政处罚。2021年《行政处罚法》规定的财产罚包括罚款、没收违法所得、没收非法财物，数据安全领域涉及的财产罚主要指罚款和没收违法所得。

（1）罚款。

罚款是对违反行政法律规范，不履行法定义务的相对人进行经济上处罚，即强迫相对人缴纳一定金额款项以损害或剥夺其财产权的行政处罚。数据违法行为中，一般先给予警告或者轻微罚款，情节严重的才给予较大数额罚款。也有直接给予罚款的，例如构成《网络安全法》规定

[①] 《数据安全法》第三十六条和第四十八条第二款。2021年江苏省公安厅"关于印发《江苏省公安机关依据〈数据安全法〉〈关键信息基础设施安全保护条例〉实施行政处罚的违法行为名称及适用条款》的通知"（苏公厅〔2021〕517号）确定该违法行为名称。

[②] 《个人信息保护法》第十条和第六十六条。目前尚未有立法明确该违法行为名称。

的"非法获取、出售、向他人提供个人信息"①违法行为,行政处罚为第六十四条第二款规定的"违反本法第四十四条规定,窃取或者以其他非法方式获取、非法出售或者非法向他人提供个人信息,尚不构成犯罪的,由公安机关没收违法所得,并处违法所得一倍以上十倍以下罚款,没有违法所得的,处一百万元以下罚款。"再如构成数据安全法规定的"违反国家核心数据管理制度"②的违法行为,行政处罚为四十五条第二款规定的"违反国家核心数据管理制度,危害国家主权、安全和发展利益的,由有关主管部门处二百万元以上一千万元以下罚款。"

罚款可以针对个人,也可以针对组织以及组织中直接负责的主管人员和其他直接责任人员。构成数据违法行为需要承担罚款处罚的,其方式有两种。一种是仅设置最低额至最高额的罚款区间方式,例如"开展数据处理活动的组织和个人不履行数据安全保护义务"的,监管机构"可以并处五万元以上五十万元以下罚款,对直接负责的主管人员和其他直接责任人员可以处一万元以上十万元以下罚款;拒不改正或者造成大量数据泄露等严重后果的,处五十万元以上二百万元以下罚款。"

另一种是封顶附加营业额百分比方式,典型如《个人信息保护法》第六十六条规定的"并处五千万元以下或者上一年度营业额百分之五以下罚款"。此种罚款方式是借鉴欧盟 GDPR 的规定,在我国的适用有严格限制条件。首先,必须是违反《个人信息保护法》规定处理个人信息,或者处理个人信息未履行该法规定的个人信息保护义务,且情节严重;其次,作出罚款的主体必须是省级以上履行个人信息保护职责的部门。

数据安全涉及范围广泛,在众多立法中都有涉及。实践中,因数据安全问题已经受到罚款处罚的金额,也远不止是上述《网络安全法》数据安全法规定的最高限额。还可依据其他立法作出行政处罚,常见于银行业。例如,2020 年 10 月,人民银行吉林市中心支行依据《消费者权

---

① 《网络安全法》第四十四条和第六十四条第二款。2020 年"公安部关于印发修订后的《违反公安行政管理行为的名称及其适用意见》的通知"(公通字〔2020〕8 号)确定该违法行为名称。

② 《数据安全法》第四十五条第二款。目前尚未有立法明确该违法行为名称。

益保护法》《反洗钱法》有关规定，对农业银行吉林市江北支行处以警告，并罚没 1223 万元，时任农行吉林市江北支行行长、副行长、营业室业务主管及员工在内的相关责任人一并被罚，合计罚款 8.25 万元。该行主要存在两项违法行为类型："一是侵害消费者个人信息依法得到保护的权利，二是违反反洗钱管理规定并泄露客户信息。"①

再如，2021 年 1 月，银保监会开出 2021 年首张罚单，因"发生重要信息系统突发事件未报告，制卡数据违规明文留存，生产网络、分行无线互联网络保护不当，数据安全管理较粗放、存在数据泄露风险，网络信息系统存在较多漏洞，互联网门户网站泄露敏感信息"六项违法行为，给予中国农业银行股份有限公司 420 元的罚款处罚。②

（2）没收违法所得。

没收违法所得，是指行政主体把违法当事人的违法所得予以收缴的处罚手段。③ 违法所得是指实施违法行为所取得的款项，没收的违法所得必须全部上缴国库。行政机关拟作出"较大数额罚款和没收较大数额违法所得"的行政处罚决定，应当告知当事人有要求听证的权利，当事人要求听证的，行政机关应当组织听证。对于没收较大数额违法所得，目前国家层面的法律规范没有统一的数额规定。

对于较大数额罚款的金额，各监管部门的规定也不一致。根据《公安机关办理行政案件程序规定》，"较大数额罚款"是指对个人处以两千元以上罚款，对单位处以一万元以上罚款。对依据地方性法规或者地方政府规章作出的罚款处罚，适用听证的罚款数额按照地方规定执行。《海关行政处罚听证办法》规定，海关"对公民处 1 万元以上罚款、对法人或者其他组织处 10 万元以上罚款"的，应当告知当事人有要求举

---

① 2020 年给予农业银行吉林市中心支行 1223 万元罚款字号：吉市银罚字〔2020〕2 号。

② 2021 年银保监会给予中国农业银行股份有限公司 420 万罚款字号：银保监罚字〔2021〕1 号。

③ 胡建淼：《论行政处罚的手段及其法治逻辑》，载《法治现代化研究》2022 年第 2 期。

行听证的权利。随着数据出口管制制度的完善，不排除以后会有海关对违法出口数据的行为给予行政处罚。

数据安全领域，只要违法行为有可能获得款项的，都规定了没收违法所得，且一般会按照违法所得的倍数处以罚款。如"网络运营者、网络产品或者服务提供者不履行个人信息保护义务""数据交易中介服务机构未履行审核义务"① 以及违反《个人信息保护法》规定处理个人信息等违法行为。

2021年6月，黑龙江大庆市中国联通公司林源分公司工作人员高某、李某、石某等涉嫌通过"码云"平台上传他人手机号及验证码的违法行为，嫌疑人将工作之便非法获取的20多个实名注册手机号码及验证码上传至"码云"平台出售给下游黑产从业人员抢单注册网络账号，分别在"码云"平台提现均不足千元。2021年8月，黑龙江省大庆网警分局依据《网络安全法》第四十四条、第六十四条第二款之规定，给予没收违法所得并处5倍罚款的行政处罚。

3. 资格罚

2021年《行政处罚法》规定的资格罚包括暂扣许可证件、降低资质等级、吊销许可证件。数据安全领域，目前涉及的资格罚形式是吊销许可证件。吊销许可证件是使违法行为人失去从事某项活动或业务资格、许可的处罚，适用于行政许可领域内的违法行为。违法行为人如果希望再次获得资格或许可，必须再次申请。行政机关拟作出"吊销许可证件"的行政处罚决定，应当告知当事人有要求听证的权利，当事人要求听证的，行政机关应当组织听证。

吊销许可证件一般适用于情节严重的违法行为。数据安全领域，可能被处以此类行政处罚的行为主要有"网络运营者、网络产品或者服务提供者不履行个人信息保护义务""非法向境外提供重要数据""开展数

---

① 《数据安全法》第三十六条和第四十八条第二款。目前尚未有立法明确该违法行为名称。

据处理活动的组织和个人不履行数据安全保护义务""数据交易中介服务机构未履行审核义务""未经批准向外国司法或者执法机构提供境内数据",以及违反《个人信息保护法》规定处理个人信息,或者处理个人信息未履行该法规定的个人信息保护义务、情节严重的违法行为。需要注意的是,违反《个人信息保护法》情节严重的违法行为,由省级以上履行个人信息保护职责的部门通报有关主管部门吊销相关业务许可或者吊销营业执照。

也有不需要构成情节严重、可以直接被处以此类行政处罚的违法行为,典型如"违反国家核心数据管理制度",可以直接根据情况吊销相关业务许可证或者吊销营业执照,不要求情节严重情形。

吊销许可证件是一种比较严厉的行政处罚,实践中,数据违法的行政处罚案例监管部门鲜少给予此种行政处罚。

4. 行为罚

行为罚又称能力罚,是行政主体对违反行政法律规范的行政相对方所采取的限制或剥夺其特定行为能力或资格的一种处罚措施。行为罚包括限制开展生产经营活动、责令停产停业、责令关闭、限制从业。数据安全领域常见的行为罚包括责令停产停业、责令关闭、限制从业。行政机关拟作出这三种形式的行政处罚决定,应当告知当事人有要求听证的权利,当事人要求听证的,行政机关应当组织听证。

需要说明的是,关停某互联网服务提供者开办的特定网站平台等,不算严格意义上的"责令停产停业、责令关闭",但对该互联网服务提供者全面停止互联网服务业务,可认为"责令停产停业、责令关闭"。数据安全领域的行政处罚案例,较少出现行政机关给予责令停产停业、责令关闭的行政处罚,在公安机关发布的典型案例中,此类处罚常见于"非法利用信息网络"[①] 的违法行为。

[①] 《网络安全法》第四十六条和第六十七条。2020年"公安部关于印发修订后的《违反公安行政管理行为的名称及其适用意见》的通知"(公通字〔2020〕8号)确定该违法行为名称。

2021年《行政处罚法》的一大修改之处就是将"限制从业"引入处罚体系，归入行政处罚范畴。① 限制从业是对违法相对人通过限制其在一定时间、一定范围、一定地域内从事某种行业以示惩罚的处罚手段。《证券法》《保险法》《商业银行法》《公司法》《药品管理法》《安全生产法》《广告法》等很多法律，都有限制从业的行政处罚规定。

数据安全违法行为方面，《网络安全法》对"从事窃取网络数据"的违法行为规定了限制从业的处罚，"受到治安管理处罚的人员，五年内不得从事网络安全管理和网络运营关键岗位的工作；受到刑事处罚的人员，终身不得从事网络安全管理和网络运营关键岗位的工作"。《个人信息保护法》对违反本法情节严重的情形，明确"由省级以上履行个人信息保护职责的部门对直接负责的主管人员和其他直接责任人员处十万元以上一百万元以下罚款，并可以决定禁止其在一定期限内担任相关企业的董事、监事、高级管理人员和个人信息保护负责人。"

此外，在数据出口及数据出境违法行为方面，也有法律、行政法规规定了从业限制的行政处罚。例如，《出口管制法》对于违反出口管制规定的违法犯罪活动处罚力度极大，包括违反数据出口管制，除明确的行政和刑事责任以外，对于违反出口管制规定受到处罚（特指行政处罚）的数据出口经营者，国家出口管制管理部门可以在五年内不受理其提出的出口许可申请；对于直接负责的主管人员和其他直接责任人员，可以禁止其在五年内从事有关出口经营活动；对于违反出口管制规定受到刑事处罚的，则终身不得从事有关出口经营活动。《人类遗传资源管理条例》规定，对于"未通过安全审查，将可能影响我国公众健康、国家安全和社会公共利益的人类遗传资源信息向外国组织、个人及其设立或者实际控制的机构提供或者开放使用"的违法行为，情节严重的，禁止单位的法定代表人、主要负责人、直接负责的主管人员以及其他责任人员1至5年内从事采集、保藏、利用、对外提供我国人类遗传资源的

---

① 陈国栋：《〈行政处罚法〉中限制从业罚的解释与适用》，载《南大法学》2021年第8期。

活动；情节特别严重的，永久禁止其从事采集、保藏、利用、对外提供我国人类遗传资源的活动。

实践中已经发生的给予从业限制的行政处罚案例常见于银行业。例如，2021年9月2日，宁波银保监局作出《行政处罚决定书》（甬银保监罚决字〔2021〕64号），主要内容如下：时任中国建设银行余姚城建支行行长沈静冲，因属于侵犯公民个人信息案件的作案当事人，对侵犯公民个人信息案件负有直接责任。作为侵犯公民个人信息案件当事人，沈静冲上述行为已触犯《刑法》第二百五十三条的规定，违反《银行业金融机构从业人员职业操守指引》（银监发〔2011〕6号）第五条、第七条规定，属于严重违反审慎经营规则的行为。根据《银行业监督管理法》第四十八条第（三）项规定，宁波银保监局决定对沈静冲予以禁止从事银行业工作五年的行政处罚。

5. 自由罚

自由罚是指在一定期限内对违法行为人的人身自由进行剥夺和限制的行政处罚，我国主要采取行政拘留方式。数据安全领域，法律规范明文规定的能够被行政机关处罚行政拘留的违法行为较少。典型如《网络安全法》第二十七条规定的，"从事危害网络安全活动"中的"任何个人和组织从事窃取网络数据"，一般情节的，处五日以下拘留；情节严重的，处五日以上十五日以下拘留。《治安管理处罚法》第二十九条第三项规定的"非法改变计算机信息系统数据和应用程序"，一般情节的，处五日以下拘留；情节严重的，处五日以上十日以下拘留。

2020年，江苏省南京警方在侦办"李华越等人涉嫌非法获取计算机信息系统数据案"时发现，违法嫌疑人陈广金、符宗均等人利用"ZAO""虚拟视频助手"等手机软件合成动态人脸视频，通过人脸验证的方式，非法帮助他人解封微信，并获取相应报酬。2021年2月，江苏省南京警方依据《网络安全法》第二十七条、第六十三条，对陈广金、符宗均分别行政拘留十四日。该案是情节严重情形，被处以五日以上十五日以下拘留。

综上可以得出，我国数据安全领域的行政处罚具有几个特点：

第一，多种处罚方式灵活、综合适用，不仅包括传统的警告、罚款、没收违法所得、吊销许可证件、责令停产停业等，还将2021年《行政处罚法》新增加的限制从业纳入其中。

第二，按照违法情节的程度实施分级处罚。除了少数违法行为，例如"违反国家核心数据管理制度""数据交易中介服务机构未履行审核义务"，违法行为情节轻微的，一般先规定行政机关实施"责令改正、给予警告"，对于某些违法行为会考虑并处较低数额的罚款；拒不改正或者造成严重后果的，才会更进一步实施较高数额罚款、没收违法所得、吊销许可证件、责令停产停业、责令关闭等行政处罚。

第三，极少适用人身自由罚。数据违法行为极少适用该种行政处罚的原因在于，首先，限制人身自由的行政处罚只能由法律设定，法律位阶要求高；其次，限制人身自由的行政处罚权只能由公安机关和法律规定的其他机关行使，其他机关主要指安全机关、海警机关，不包括目前数据安全的主要监管机构网信部门和行业主监管部门。数据违法行为中，仅《网络安全法》的"从事危害网络安全活动"违法行为及《治安管理处罚法》的"非法改变计算机信息系统数据和应用程序"可能导致行政拘留。

第四，深化单位和个人的双罚制。数据安全领域的义务主体包括网络运营者、数据处理者、个人信息处理者，法律用语中，这三类主体既包括个人又包括组织，较为常见的是组织类主体。早在2000年的《全国人民代表大会常务委员会关于维护互联网安全的决定》中，就规定了双罚制，明确"对直接负责的主管人员和其他直接责任人员，依法给予行政处分或者纪律处分"。《网络安全法》《数据安全法》《个人信息保护法》深化了双罚制，对于数据违法行为，不仅对单位处以行政处罚，对直接负责的主管人员和其他直接责任人员也处以行政处罚。

由于数据安全涉及各行各业，对其违法行为进行规制主要是《网络安全法》《数据安全法》《个人信息保护法》，但不仅是这几部立法，其他立法中也不乏数据安全的规定，且实践中出现多个执法案例。例如，

2020年1月，中国银保监会安徽监管局公布关于安徽凤阳农村商业银行股份有限公司的行政处罚信息。因"凤阳农商行未能根据要求有效开展数据治理工作，数据治理存在严重缺陷，严重违反审慎经营规则的行为"，安徽银保监局根据《银行业监督管理法》第四十六条第（五）项规定，给予安徽凤阳农村商业银行股份有限公司罚款二十五万元的行政处罚。因此，各行业、各领域应该广泛了解有关法律规范，知悉其数据安全保护义务，降低因违法受到行政处罚的风险。

二、行政处分

行政处分主要针对违反法律规定的国家机关的直接负责主管人员和其他直接责任人员，以及监管机关中玩忽职守、滥用职权、徇私舞弊的工作人员。当国家机关作为网络运营者、数据处理者、个人信息处理者等主体时，也必须履行法律规定的数据保护、个人信息保护等义务，否则也需要承担法律的不利后果。但与一般义务主体的区别在于，国家机关及其工作人员均不适用行政处罚。对于国家机关本身而言，若不履行网络安全保护，《网络安全法》规定"由其上级机关或者有关机关责令改正"；若不履行个人信息保护义务，《个人信息保护法》规定"由其上级机关或者履行个人信息保护职责的部门责令改正"。

同时，国家机关不履行网络安全、数据安全保护义务，《网络安全法》第七十二条、《数据安全法》第四十九条、《个人信息保护法》第六十八条第一款均规定，"直接负责的主管人员和其他直接责任人员依法给予处分"。这里的处分依据《公职人员政务处分法》规定，包括警告、记过、记大过、降级、撤职、开除。政务处分的期间为：（1）警告，六个月；（2）记过，十二个月；（3）记大过，十八个月；（4）降级、撤职，二十四个月。

对于监管部门的工作人员而言，若在数据安全监管中玩忽职守、滥用职权、徇私舞弊，尚不构成犯罪的，也会依法给予处分。

第三节 刑事责任

互联网、大数据、人工智能和实体经济深度融合的背景下，数据的数量迅猛增长、海量聚集，数据的范围变得更加宽泛。比起依附于计算机信息系统犯罪的传统数据犯罪，近些年，数据犯罪的独立性愈加明显，呈现出明显的系统化和产业化、再生性强以及法益独立性等特点。数据犯罪是目前国际社会刑事立法体系的重要内容，直接规定数据相关犯罪是国际社会的普遍做法。[①]

我国《刑法》也对数据犯罪作出规定，刑事责任的承担主要体现在第二百五十三条之一"侵犯公民个人信息罪"、第二百八十五条"非法获取计算机信息系统数据"、第二百八十六条"破坏计算机信息系统罪"、第二百八十六条之一"拒不履行信息网络安全管理义务罪"。

一、侵犯公民个人信息罪

2015年11月，《中华人民共和国刑法修正案（九）》将"出售、非法提供公民个人信息罪"和"非法获取公民个人信息罪"整合为"侵犯公民个人信息罪"，扩大了犯罪主体和侵犯个人信息行为的范围。本

---

① 例如，德国的数据犯罪呈现出"以独立的数据视角搭建横向惩罚体系，以数据犯罪各阶段行为搭建纵向惩罚体系"特点，《德国刑法典》直接与数据安全相关的罪名包括刺探数据罪、截留数据罪、预备刺探或截留数据罪、计算机诈骗罪、数据篡改罪、破坏计算机罪。菲律宾《2012年网络犯罪预防法》将破坏计算机数据与系统机密性、完整性和可用性的行为定义为网络犯罪。巴基斯坦《2016年电子犯罪预防法》明确适用范围包括"在巴基斯坦境外从事的行为，如果该行为构成本法规定的罪行，并影响位于巴基斯坦境内的个人、财产、信息系统或数据"。该法的数据犯罪多达6个，包括未经授权访问信息系统或数据、未经授权复制或传输数据、干扰信息系统或数据、未经授权访问关键基础设施信息系统或数据、未经授权复制或传输关键基础设施数据、干扰关键基础设施信息系统或数据。

罪的对象不再限于国家机关或者金融、电信、交通、教育、医疗等单位在履行职责或者提供服务过程中获得的公民个人信息，包括一切公民个人信息。《刑法》第二百五十三条之一规定，"违反国家有关规定，向他人出售或者提供公民个人信息，情节严重的，处三年以下有期徒刑或者拘役，并处或者单处罚金；情节特别严重的，处三年以上七年以下有期徒刑，并处罚金。违反国家有关规定，将在履行职责或者提供服务过程中获得的公民个人信息，出售或者提供给他人的，依照前款的规定从重处罚。窃取或者以其他方法非法获取公民个人信息的，依照第一款的规定处罚。单位犯前三款罪的，对单位判处罚金，并对其直接负责的主管人员和其他直接责任人员，依照各该款的规定处罚。"

2017年3月，最高人民法院、最高人民检察院通过《关于办理侵犯公民个人信息刑事案件适用法律若干问题的解释》，对公民个人信息的范围，侵犯公民个人信息的定罪量刑标准，侵犯公民个人信息犯罪所涉及的宽严相济、犯罪竞合、单位犯罪、数量计算等问题作出进一步明确。该解释设置了四个维度的入罪标准：一是侵犯公民个人信息数量，二是违法获利金额，三是与其他犯罪的关系，四是社会危害性衡量。①

典型案例如"魔蝎数据科技有限公司侵犯公民个人信息罪"一案。法院判决②魔蝎数据科技有限公司以其他方法非法获取公民个人信息，情节特别严重，构成侵犯公民个人信息罪，判处罚金人民币3000万元，并对直接负责的主管人员周某判处有期徒刑三年，缓刑四年，并处罚金人民币50万元。其他直接责任人员袁某判处有期徒刑三年，缓刑三年，并处罚金人民币30万元。

这是自2019年新颜、聚信立、天翼征信等多家头部大数据风控公司接连被刑事立案调查，公司高管被采取刑事强制措施事件之后，相关案件迎来的首个判决。在国内针对数据爬虫监管收紧、法律红线尚不明朗的背景下，该案在一定程度上反映了监管机构针对数据爬虫业务的监

---

① 洪纤柳、何菲：《浅析侵犯公民个人信息罪》，载《上海商业》2021年第5期。

② 参见杭州市西湖区人民法院（2020）浙0106刑初437号刑事判决书。

管立场和态度，不排除对其他类案具有参考和示范作用。

关于案件定性，司法实践中数据爬虫可能触犯的罪名主要包括非法获取计算机信息系统数据罪、帮助信息网络犯罪活动罪、非法控制计算机信息系统罪以及侵犯公民个人信息罪。本案适用了侵犯公民个人信息罪，魔蝎公司的入罪行为既不是在数据收集环节未经京东、淘宝、社保、公积金等平台授权爬取个人信息，又不是在数据提供环节向下游暴力催收公司提供数据支撑服务，而是在未经用户授权的情况下非法保存个人数据。

本案对魔蝎公司未经京东、淘宝等被爬取方同意，利用爬虫技术获取服务器中用户数据的行为，并未做出否定性评价。非法获取计算机信息系统数据罪需要以"非法侵入"为前提条件，而本案中魔蝎公司使用用户真实账号、密码登录进入京东、淘宝、社保等系统的行为不属于"非法侵入"。

在数据爬虫纠纷多发的反不正当竞争领域，未获得平台授权往往被认定为"非法获取行为"。例如本章第一节"民事责任"部分提到深圳谷米科技与武汉元光科技反不正当竞争案等。在刑事领域，此前不少案例对于采用模拟登录方式爬取数据的，以"非法获取计算机信息系统数据罪"定罪。例如在"南京同享网络科技有限公司非法获取计算机信息系统数据罪"一案中，同享网络科技有限公司模拟掌门公司软件的正常用户获取掌门公司服务器储存的WIFI热点密码最终被法院判处非法获取计算机信息系统数据罪。结合本案情况，数据爬取是否合法，属于民事纠纷还是刑事案件，需要综合考量爬取的数据类型、爬取方式。涉及个人数据的，数据主体的授权在刑事评价体系中尤为重要。爬取方式方面，作为两种对被爬取方系统运行影响较小的爬取方式，通过真实账号、密码登录比模拟账号登录的涉刑风险更小。

本案认为未经数据主体同意，留存合法获取的个人信息，属于刑法意义上的"以其他方式非法获取"。我国侵犯公民个人信息罪的评价对象包括公民个人信息的获取、出售和提供三类行为。何为"以其他方式非法获取"，《最高人民法院、最高人民检察院关于办理侵犯公民个人信息刑事案件适用法律若干问题的解释》第四条明确，违反国家有关规定，通过购买、收受、交换等方式获取公民个人信息，或者在履行职责、提供服务过程中收集公民个人信息的，属于"以其他方法非法获取公民个人信息"。随着我国包括《网络安全法》在内的数据规范的逐步完善，《网络安全法》等法律法规中确立的数据收集原则、规则，例如合法、正当、必要等也被纳入侵犯公民个人信息罪的刑事评价体系。但本案入罪的并不是严格意义上的"非法获取行为"，而是合法获取后的数据保存行为。侵犯公民个人信息罪的评价行为一旦从数据收集延伸至保存阶段，意味着即使前期数据收集合法，但数据存储不再必要或到期未删除个人数据的，均存在触犯侵犯公民个人信息罪的风险。这是否符合侵犯公民个人信息罪的立法本意以及刑法的谦抑性还有待商榷。

关于案件的量刑。相对于非法获取的个人信息体量，本案的量刑以财产罚为主、人身罚为辅，适用缓刑代替实刑充分体现了监管者对新产业留有发展的考虑。但从法理及监管目标来看，对魔蝎公司这样的主观恶性不大且未造成现实危险后果的大数据公司以涉嫌对刑法扩张解释的方式动用刑罚之力是否合法合理还需要进一步考量。目前，对于数据爬虫的监管，全国尚未形成统一的监管共识。作为新型案件，不排除现阶段不同地区可能会出现松紧度不一致的情况，但本案作为2019年大数据风控公司接连被查风波后的首个判决，对企业合规具有一定的警示意义：

其一，高度重视授权协议。本案是数据授权协议不周全引发刑事责任的典型案例。从企业合规角度看，获取用户授权是避免刑事风险的重要途径。其二，在授权要点方面，当前我国正处于数据立法快速发展期，无论是非法获取计算信息系统数据罪还是侵犯公民个人信息罪均可通过罪状中的"国家规定""国家有关规定"指向其他法律法规，其中侵犯公民个人信息罪中的"国家有关规定"还下放至部门规章。因此，授权要点还需要结合国内数据立法的整体情况。其三，结合本案，需要授权的不仅是数据收集和提供、共享等阶段，数据的保存阶段也需授权。本书第六章亦有关于爬虫问答讨论，可进一步参考相关章节。

二、非法获取计算机信息系统数据罪

非法获取计算机信息系统数据罪是 2009 年《中华人民共和国刑法修正案（七）》新增罪名，属于"口袋罪"，司法实践中直接判处该罪的相对较少，根据获取数据的性质和获取后进行的犯罪活动，大多指向侵犯国家秘密罪，侵犯商业秘密罪，为境外窃取、刺探、收买、非法提供国家秘密、情报罪，侵犯著作权罪等。

《刑法》第二百八十五条第二款规定，"违反国家规定，侵入前款规定以外的计算机信息系统或者采用其他技术手段，获取该计算机信息系统中存储、处理或者传输的数据，或者对该计算机信息系统实施非法控制，情节严重的，处三年以下有期徒刑或者拘役，并处或者单处罚金；情节特别严重的，处三年以上七年以下有期徒刑，并处罚金。"同时，第二百八十五条第四款规定，"单位犯前三款罪的，对单位判处罚金，并对其直接负责的主管人员和其他直接责任人员，依照各该款的规定处罚。"

《最高人民法院 最高人民检察院关于办理危害计算机信息系统安全刑事案件应用法律若干问题的解释》（法释〔2011〕19号）对非法获取计算机信息系统数据罪的定罪量刑标准、与其他犯罪的关系做了进一步明确。第一条规定，非法获取计算机信息系统数据或者非法控制计算机信息系统，具有下列情形之一的，应当认定为《刑法》第二百八十五条第二款规定的"情节严重"：（一）获取支付结算、证券交易、期货交易等网络金融服务的身份认证信息十组以上的；（二）获取第（一）项以外的身份认证信息五百组以上的；（三）非法控制计算机信息系统二十台以上的；（四）违法所得五千元以上或者造成经济损失一万元以上的；（五）其他情节严重的情形。实施前款规定行为，具有下列情形之一的，应当认定为《刑法》第二百八十五条第二款规定的"情节特别严重"：（一）数量或者数额达到前款第（一）项至第（四）项规定标准五倍以上的；（二）其他情节特别严重的情形。

典型如"张奥、陈鹏犯非法获取计算机信息系统数据罪"案①。2019年10月，被告人张奥受上海璞石医疗科技有限公司指派，在本市复旦大学附属妇产科医院从事"医疗排队叫号系统"软件维护工作。2018年12月，被告人陈鹏受上海万达信息股份有限公司指派，在上述医院从事门诊预约系统及门诊医生"HIS系统"软件维护工作。2019年10月、11月，被告人张奥搭识彼时在辉凌医药（咨询）有限公司从事医药代表工作的黄某（另案处理）。为获取非法利益，被告人张奥遂与被告人陈鹏商量，由陈鹏利用工作便利，于同年11月至2020年7月间，数次擅自侵入上述医院计算机信息系统数据库，非法下载医院统方数据并交于张奥，再由张奥转卖给黄某，二人从中非法获利人民币20400元后分赃化用。经盘石软件（上海）有限公司计算机司法鉴定所鉴定：被告人陈鹏、张奥非法获取的计算机信息系统数据有51个Excel文件。内容包含药品ID、药品名称、规格、单位、生产厂家、医生排序、医生工号、医生姓名、数量、金额、占比等。记录总数为3198条。

法院判决，张奥、陈鹏违反国家关于计算机信息和医药信息的管理规定，非法获取医疗单位计算机信息系统中存储的数据，情节严重，以非法获取计算机信息系统数据罪分别判处被告人张奥有期徒刑一年六个月，并处罚金人民币一万五千元；判处被告人陈鹏有期徒刑一年，并处罚金人民币一万元；禁止被告人陈鹏在刑罚执行完毕后三年内从事计算机信息系统维护管理相关工作。

三、破坏计算机信息系统罪

破坏计算机信息系统罪是1997年《刑法》修改时新增加的罪名，其中有关数据安全的犯罪体现在第二百八十六条第二款，"违反国家规定，对计算机信息系统中存储、处理或者传输的数据和应用程序进行删

---

① 上海市黄浦区人民法院（2021）沪0101刑初108号刑事判决。张奥、陈鹏不服，提出上诉。上海市第二中级人民法院刑事裁定书（2021）沪02刑终469号裁定驳回上诉，维持原判。

除、修改、增加的操作，后果严重的，依照前款的规定处罚。"前款规定的处罚即"后果严重的，处五年以下有期徒刑或者拘役；后果特别严重的，处五年以上有期徒刑。"本条第四款规定，"单位犯前三款罪的，对单位判处罚金，并对其直接负责的主管人员和其他直接责任人员，依照第一款的规定处罚。"

《最高人民法院、最高人民检察院关于办理危害计算机信息系统安全刑事案件应用法律若干问题的解释（法释〔2011〕19号）》对该罪的定罪量刑标准做了进一步明确。第四条规定，破坏计算机信息系统功能、数据或者应用程序，具有下列情形之一的，应当认定为《刑法》第二百八十六条第一款和第二款规定的"后果严重"：（二）对二十台以上计算机信息系统中存储、处理或者传输的数据进行删除、修改、增加操作的；（三）违法所得五千元以上或者造成经济损失一万元以上的；（五）造成其他严重后果的。实施前款规定行为，具有下列情形之一的，应当认定为破坏计算机信息系统"后果特别严重"：（一）数量或者数额达到前款第（一）项至第（三）项规定标准五倍以上的；（三）破坏国家机关或者金融、电信、交通、教育、医疗、能源等领域提供公共服务的计算机信息系统的功能、数据或者应用程序，致使生产、生活受到严重影响或者造成恶劣社会影响的；（四）造成其他特别严重后果的。

2018年12月25日，最高人民法院审判委员会发布指导案例102号：付宣豪、黄子超破坏计算机信息系统案。该案也是我国第一起"流量劫持"被判刑的案件，对实践中出现的多样化数据犯罪行为作出有效应对，可为个人、组织的合法行为底线提供警戒。

2013年年底至2014年10月，被告人付宣豪、黄子超等人租赁多台服务器，使用恶意代码修改互联网用户路由器的DNS设置，进而使用户登录"2345.com"等导航网站时跳转至其设置的"5w.com"导航网站，被告人付宣豪、黄子超等人再将获取的互联网用户流量出售给杭州久尚科技有限公司（系"5w.com"导航网站所有者），违法所得合计人民币754762.34元。法院判决，被告人付宣豪、黄子超实施的"DNS

劫持"行为系违反国家规定,对计算机信息系统中存储的数据进行修改,后果特别严重,依照《刑法》第二百八十六条、第二十五条第一款的规定,均已构成破坏计算机信息系统罪,分别应处五年以上有期徒刑。①

按照《刑法》第二百八十六条第一款规定,对于"违反国家规定,侵入国家事务、国防建设、尖端科学技术领域的计算机信息系统"的行为,构成"非法侵入计算机信息系统罪"。对于侵入这些信息系统获取数据的,可能指向侵犯国家秘密或商业秘密等其他类型的犯罪。然而,对于侵入这些系统删除、修改数据的行为,有些司法实践案例仍按照"非法侵入计算机信息系统罪"而不是"破坏计算机信息系统罪"。典型案例如"杨淼非法侵入计算机信息系统罪"一案②。

构成该罪,后果特别严重的,处五年以上有期徒刑。典型案例如"韩冰破坏计算机信息系统罪"一案③。2018年6月4日14时许,被告人韩冰在位于北京市海淀区上地三街福道大厦三层的链家网(北京)科技有限公司,利用其担任链家公司数据库管理员并掌握公司财务系统root权限的便利,登录公司财务系统服务器删除了财务数据及相关应用程序,致使公司财务系统无法登录。链家公司为恢复数据及重新构建财务系统共计花费人民币18万元。

北京市海淀区人民法院认为,韩冰违反国家规定,对计算机信息系统中存储的数据和应用程序进行删除,造成计算机信息系统不能正常运行,后果特别严重,其行为已构成破坏计算机信息系统罪,依法应予惩处。依照《刑法》第二百八十六条第一款、第二款之规定,判决被告人韩冰犯破坏计算机信息系统罪,判处有期徒刑七年。

删库跑路,以前可能还只是业内的一个都市传说,但近年来,却越

---

① 见上海市浦东新区人民法院(2015)浦刑初字第1460号刑事判决书。
② (2018)川0811刑初18号。
③ 一审刑事判决书为(2019)京0108刑初398号。二审刑事裁定书为(2020)京01刑终490号。

来越频繁地出现在我们生活中。① 为降低数据被删除、窃取等风险，企业应加强对员工的管理，在员工离职前，及时收回相关数据管理权限，避免发生类似事件给企业造成无法挽回的损失。

四、拒不履行信息网络安全管理义务罪

拒不履行信息网络安全管理义务罪是《中华人民共和国刑法修正案（九）》新增的三个信息网络犯罪之一。《刑法》第二百八十六条之一规定，"网络服务提供者不履行法律、行政法规规定的信息网络安全管理义务，经监管部门责令采取改正措施而拒不改正，有下列情形之一的，处三年以下有期徒刑、拘役或者管制，并处或者单处罚金：（一）致使违法信息大量传播的；（二）致使用户信息泄露，造成严重后果的；（三）致使刑事案件证据灭失，情节严重的；（四）有其他严重情节的。单位犯前款罪的，对单位判处罚金，并对其直接负责的主管人员和其他直接责任人员，依照前款的规定处罚。有前两款行为，同时构成其他犯罪的，依照处罚较重的规定定罪处罚。"该罪中的数据安全类犯罪主要体现在第二项、第三项及第四项。

2016年12月，最高人民法院、最高人民检察院、公安部发布《关于办理电信网络诈骗等刑事案件适用法律若干问题的意见》（法发〔2016〕32号），互联网服务提供者不履行法律、行政法规规定的信息网络安全管理义务，经监管部门责令改正而拒不改正，致使"诈骗信息大量传播"或"用户信息泄露造成严重后果"的，以拒不履行信息网络安全管理义务罪追究刑事责任。

2019年6月，最高人民法院、最高人民检察院发布《关于办理非法利用信息网络、帮助信息网络犯罪活动等刑事案件适用法律若干问题

---

① 《国内又一起"删库跑路"事件：程序员怒删公司9TB数据，判刑7年！》，载网易网，https://www.163.com/dy/article/FVUINT1F0531A3HQ.html，访问时间2022年10月20日。

的解释》（法释〔2019〕15号），对拒不履行信息网络安全管理义务罪规定的"网络服务提供者""监管部门责令采取改正措施"进行界定，对该罪造成致使用户信息泄露、致使刑事案件证据灭失等各项具体情形做了清晰明确的定罪量刑标准。进一步明确了网络服务提供者应履行的法律责任与义务。

拒不履行信息网络安全管理义务罪的犯罪主体为特殊主体，即网络服务提供者。根据"法释〔2019〕15号"第1条规定，网络服务提供者包括提供"① 网络接入、域名注册解析等信息网络接入、计算、存储、传输服务；② 信息发布、搜索引擎、即时通信、网络支付、网络预约、网络购物、网络游戏、网络直播、网站建设、安全防护、广告推广、应用商店等信息网络应用服务；③ 利用信息网络提供的电子政务、通信、能源、交通、水利、金融、教育、医疗等公共服务"的单位和个人。

以上四种类型的犯罪是业界探讨较多的数据安全类犯罪，但并不代表数据犯罪仅有这四种。实践中，因为窃取数据等行为可能涉及的罪名包含侵犯商业秘密罪、非法获取国家秘密罪、侵犯著作权罪等。针对以上四种罪名进行分析可知，数据犯罪的刑事责任类型包括管制、拘役、有期徒刑、罚金，不适用无期徒刑和死刑。从目前已经公开的司法案例来看，大多是个人犯罪，判处单位犯罪的较少。例如，未履行数据安全、个人信息保护义务被判处拒不履行信息网络安全管理义务罪的，在公开资料中基本没有。然而，随着《数据安全法》《个人信息保护法》等数据安全相关法律规范的实施，《刑法》罪名覆盖不了数据犯罪，例如开展数据处理活动的组织和个人不履行数据安全保护义务[①]等行为造成严重后果，构成犯罪的，有可能会考虑用拒不履行网络安全管理义务罪进行兜底。网络服务提供者应该尽快按照法律规定履行数据安全保护义务，做好各项合规工作，避免导致承担刑事责任。

---

① 《数据安全法》第二十七条、第二十九条、第三十条和第四十五条第一款。

未来，数据犯罪体系必然不断完善。对于立法机关而言，建议从行刑衔接的角度出发，结合现有罪名和实践发展综合考量。对《刑法》未涵盖到的数据犯罪，应充分考虑《刑法》本身的谦抑性原则，梳理《数据安全法》《个人信息保护法》等法律规范中规定的违法后果可能导致的犯罪行为，结合犯罪行为侵害的客体，尽量适用目前刑事立法体系中已经规定的罪名。对于行政立法已经规定、危害后果严重且《刑法》没有罪名的情况，可进一步考虑通过《刑法》修正案或司法解释的形式去调整现有罪名或增补新罪名。

第四节 责任清单与合规激励

除了本书列举的民事责任、行政责任和刑事责任以外，数据安全责任主体还可能面临其他不利后果。例如《网络安全法》《数据安全法》规定的约谈，《网络安全法》《个人信息保护法》规定的信用惩戒等。其中，约谈作为一种新兴的柔性灵活的行政执法方式，是网络安全行政管理主体对行政管理相对人进行的约谈，是一种行政指导行为，[1] 具有警示告诫和督促履行义务的作用。行政性信用惩戒具有增加失信成本、弥补信息不对称、提高行政管理效益、加强公私合作治理的制度价值，其既不属于行政处罚，又不属于行政强制，而是一种独立的行政措施。[2]《出口管制法》对于违反数据出口管制规定的情况，国家出口管制管理部门将依法将其纳入信用记录，随着我国社会信用体系的不断完善，这无疑将对相关企业和个人产生更为深远的影响。

面对纷繁复杂的法律责任及对应的合规风险，合规经营已经成为企业发展的重大课题。在数据安全合规领域引入责任清单、合规不起诉、尽职免责制度，已经逐渐成为各地检察院司法、行政机关执法推

---

[1] 杨合庆：《中华人民共和国网络安全法释义》，中国民主法制出版社2017年4月版第122页。

[2] 付小彦：《行政性信用惩戒制度构建》，载《行政与法》2020年第6期。

动社会治理创新和数字经济健康发展的重要手段。责任清单、合规不起诉、尽职免责三者的有效结合，可以激发企业内部结构治理和数据安全法律规定的"链接"效能，将"行政处罚""刑事打击"和"合规指导""合规激励"并重，督促企业建立完善的合规机制，激活企业自生合规能力。

一、责任清单

企业合规责任的自我识别与内部治理是大势所趋，相关企业应当尽快完成本企业的合规风险识别与责任清单建设。合规风险识别是企业合规管理的基础，由于数据安全法律体系仍然在快速发展和迭代，企业应当尽快形成动态的合规责任清单管理机制，为企业合规风险识别及内部合规管理提供参考依据。

近年来，我国先后发布了《中央企业合规管理指引（试行）》《企业境外经营合规管理指引》，提出相关企业应建立全面有效的合规问责制度，明晰合规责任范围。对此，国有企业已纷纷开展合规责任清单的建设，华电集团、东风汽车集团等相继印发了企业尽职合规免责事项（试行）清单或实施办法。2022年2月28日，国资委召开中央企业强化合规管理专题推进会，其中专门强调，"要抓紧制定一组合规管理清单，推动合规要求深度融入企业经营管理"。中央企业先行先试的合规责任清单某种程度上既是行政机关责任清单的延续，以激励相关干部改革创新、干事创业的积极性、主动性和创造性，宽容干部在履职行权中特别是改革创新中的失误错误，同时，又为更大范围市场主体实施责任清单提供借鉴。

当前已有地方政府给出合规责任清单，供企业参照落实。2021年底，苏州市就发布首批"企业行政合规指导清单"，清单共计2974条，其中包括了数据安全责任清单事项。该清单从帮助企业预防行政处罚的角度出发，强化企业合规意识。该清单下的合规义务，实际上就是企业应当履行的合规责任清单。建议企业参考这样的思路，完整并动态识别企业面临的数据安全义务，形成符合自身业务特点的数据安全责任清单。

二、合规不起诉

数据安全法律体系为数据处理者、个人信息处理者等义务主体设置了多项数据安全保护义务，对于企业而言，意味着较大合规成本的增加。若没有与之匹配的激励机制，不仅会降低企业主动进行数据合规的积极性，不利于实现法律本来设置的安全目的，也给数据安全法律落地实施带来困难。近些年我国一直在探索的合规不起诉[①]即是通过刑事责任认定机制的创新，激励企业主动合规较为成功的典型制度。

目前，适用我国合规不起诉制度的案件主要涉及经济犯罪、职务犯罪。但实践中，早在2017年已经发生过类似合规不起诉的"侵犯公民个人信息罪"司法案例。2017年"郑某、杨某、杨某某、李某某、杜某某、孙某、王某某、丁某某、杨某甲犯侵犯公民个人信息罪"（即雀巢公司员工侵犯公民个人信息）一案[②]，曾经在分单位责任与个人责任方面作出探索。

该案中，虽然是雀巢公司向区域员工下发获取信息指标，售卖奶粉的销售利润大部分也归雀巢公司所有，但雀巢公司通过基于尽职合规情况有效地进行了抗辩，规避掉了刑事犯罪的风险，非常具有代表性。如果该案件发生在数据安全日益重要的当下，参考"魔蝎数据科技有限公司侵犯公民个人信息罪"案，或许判决结果会有所不同，但这不影响该案可以作为数据合规不起诉制度建立的借鉴。

[①] 合规不起诉，是指由检察机关对于符合一定条件的单位犯罪案件，在其承诺或者实施有效合规管理体系的前提下，对其作出合规不起诉决定的制度。2020年，最高人民检察院开始由理论研究所牵头启动对我国企业刑事合规制度探索。目前，浙江、辽宁、江苏、广东等地上百家检察院纷纷开启试点，出台各种细则。

[②] 兰州市城关区人民法院（2016）甘0102刑初605号刑事判决书；甘肃省兰州市中级人民法院（2017）甘01刑终89号刑事裁定书。

2022年的"上海Z公司、陈某某等人非法获取计算机信息系统数据案"是企业数据合规不起诉的首个案件。该案系在最高检指导下办理的数据合规典型案例，2022年4月，上海市普陀区检察院组织公开审查听证，经参与听证各方评议认为涉案单位数据合规整改到位，一致同意对涉案单位及人员作出不起诉决定，最高人民检察院邀请四位全国人大代表参与旁听。2022年5月，上海市普陀区检察院依法对犯罪嫌疑单位Z公司、犯罪嫌疑人陈某某等14人作出不起诉决定。2022年8月10日，最高检发布第三批涉案企业合规典型案例，将该案作为合规不起诉典型案例印发，供各地检察院办案时参考借鉴。根据最高检发布的第三批涉案企业合规典型案例，该案基本案情如下：

上海Z公司成立于2016年1月，系一家为本地商户提供数字化转型服务的互联网大数据公司。Z公司现有员工1000余人，年纳税总额1000余万元，已帮助2万余家商户完成数字化转型，拥有计算机软件著作权10余件，2020年被评定为高新技术企业。被不起诉人陈某某、汤某某、王某某等人分别系该公司首席技术官、核心技术人员。

2019年至2020年，在未经上海E信息科技有限公司（以下简称"E公司"，系国内特大型美食外卖平台企业）授权许可的情况下，Z公司为了以提供超范围数据服务吸引更多的客户，由公司首席技术官陈某某指使汤某某等多名公司技术人员，通过"外爬""内爬"等爬虫程序（按照一定的规则，在网上自动抓取数据的程序），非法获取E公司运营的外卖平台（以下简称"E平台"）数据。其中，汤某某技术团队实施"外爬"，以非法技术手段，或利用E平台网页漏洞，突破、绕开E公司设置的IP限制、验证码验证等网络安全措施，通过爬虫程序大量获取E公司存储的店铺信息等数据。王某某技术团队实施"内爬"，利用掌握的登录E平台商户端的账号、密码及自行设计的浏览器插件，违反E平台商户端协议，通过爬虫程序大量获取E公司存储的订单信息等数据。上述行为造成E公司存储的具有巨大商业价值的海量商户信息被非法获取，同时造成E公司流量成本增加，直接经济损失人民币4万余元。

案发后，Z公司、陈某某等人均认罪认罚，Z公司积极赔偿被害单位经济损失并取得谅解。2020年8月14日，上海市公安局普陀分局以陈某某等人涉嫌非法获取计算机信息系统数据罪提请上海市普陀区检察院审查逮捕。8月21日，普陀区检察院经审查认为，陈某某等人不具有法律规定的社会危险性，依法决定不批准逮捕。2021年6月25日，上海市公安局普陀分局以陈某某等人涉嫌非法获取计算机信息系统数据罪移送普陀区检察院审查起诉。2022年5月，普陀区检察院依法对犯罪嫌疑单位Z公司、犯罪嫌疑人陈某某等14人作出不起诉决定。

该案中，上海Z公司在未经授权许可的情况下，为运营需要，由公司首席技术官陈某某指使多名技术人员，通过数据爬虫技术，非法获某外卖平台数据，造成某外卖平台直接经济损失4万余元。检察院经实地走访查看经营现状、会同监管部门研商运营情况后，从数据合规管理、数据风险识别、评估与处理、数据合规运行与保障等方面提出整改建议，指导公司作出合规承诺。最终，通过对涉案企业开展专业第三方监督评估，经询问谈话、走访调查、审查资料、召开培训会等形式，全程监督数据合规整改工作。考察期限届满，第三方组织评定合规整改合格。

一般来说，合规不起诉主要适用于犯罪嫌疑人可能被判处三年以下有期徒刑的案件。侵犯公民个人信息罪和非法获取计算机信息系统数据罪情节严重的，最高刑罚都是被判处三年以下有期徒刑，构成拒不履行信息网络安全管理义务罪的最高刑罚也是被判处三年以下有期徒刑。这些数据犯罪均符合合规不起诉制度的启动条件。

随着数据安全行政法律的实施和刑事体系的不断完善，以及数据的资产价值不断攀升，数据窃取、数据滥用、不履行数据安全保障义务等行为导致的单位犯罪也会随之增加。数据法律的完善、监督检查工作的深入、执法工作的常态化等都将为企业的数据合规提出新要求，合规成本也会大幅增加。在严厉的监管环境下，加上公安机关的净网、护网等专项执法行动，企业将面临越来越重的数据犯罪风险。实践中已经出现企业合规不起诉的数据犯罪案件，且成为典型案件发布，能够提高企业自觉合规的积极性，促进实现企业的安全、可持续发展。

三、尽职免责

尽职免责，在我国起初是为激励行政机关工作人员主动作为，与权责清单相配套的制度。如江西省市场监管局 2020 年 8 月发布的《尽职照单免责 失职照单问责》工作手册，激励市场监管干部勇挑新时代新担当新作为"千钧担"，推动市场监管干部当好放管服改革"攻坚者"，化解市场监管干部履职压力"破难题"。近年来，一些地方政府也在尝试针对市场主体推进类似的尽职减责、免责机制。例如各地市场监管部门推行的涉企轻微违法行为不予行政处罚清单、涉企一般违法行为从轻减轻行政处罚清单。

在欧盟及新加坡等地，在数据安全合规领域普遍推行问责制的机制，核心是要求企业主动根据法律实现自我责任的识别，从而主动证明尽职，进而实现免责。其背景主要也是源于两方面。其一，数据安全风险具有多元化特征，不同的企业规模、不同的业务形态、不同的数据类型、不同的数据处理方式会引发不同的数据安全风险，因此，企业需要结合自身特征进行差异化的数据风险管理。其二，信息技术发展具有不确定性，监管机构与企业在数据安全风险管理、消费者信任维系方面存在信息不对称，以"规则"为主的监管方式强调监管机构的全知预判，并不符合客观监管环境。由此，欧盟、新加坡等国家和地区在数据合规相关执法过程中，开始逐步转变传统以规制为主的企业合规模式，转向以原则为主的企业问责模式——企业根据自身情况，在法律确定的"原则"和"最低保护水平"基础上结合实际情况采取具体的内部数据保护管理治理措施。这样，一方面企业主动积极合规将大大降低风险事件发生概率，另一方面企业合规水平的提升，也能显著降低监管成本和难度。

目前在数据安全责任领域引入尽职免责有一定的法理基础。根据《行政处罚法》第三十三条规定,"违法行为轻微并及时改正,没有造成危害后果的,不予行政处罚。初次违法且危害后果轻微并及时改正的,可以不予行政处罚。当事人有证据足以证明没有主观过错的,不予行政处罚"。在数据安全责任领域,如果数据安全责任主体的相关违法行为轻微并及时改正,没有造成危害后果的,或是初次违法且危害后果轻微并及时改正的,或是当事人有证据足以证明没有主管过错的,可以不予行政处罚。

综上,建立数据安全领域的尽职免责、合规不起诉制度具有合理性和必要性,有利于企业在依法收集、使用数据并合规经营的基础上,依法构建符合产业特点、适应数字经济发展的内部治理机制,保障并激励企业更主动地挖掘数据价值,也可以助推企业从被动应对执法转变为主动积极合规的状态,更好地担当社会责任,形成数据安全风险的社会共治。

第七章

数据安全合规五十问

本书写作过程中，实务工作者提出是否可以对常见问题进行回应，本章将这些常见问题区分为法律适用和合规操作两类进行解答，方便实务工作者围绕要点学习和研讨并实现快速检索。本章解答力求准确，但部分解答在学术与实务界仍存在探讨空间。

第一节 法律适用问题

一、法律适用问题 1

问：《网络安全法》《个人信息保护法》《数据安全法》和《刑法》之间的关系是什么？

答：《网络安全法》《个人信息保护法》与《数据安全法》是我国数据安全法律体系的重要组成部分，共同构筑了我国数据安全整体框架和制度，形成数据安全保障的整体合力。

基于定位的不同，三部立法在规范内容方面各有侧重。《网络安全法》是我国网络安全领域首部综合性立法，在数据安全之外还关注运行安全，确立了包括网络安全等级保护制度、关键信息基础设施安全保护制度在内的一系列运行安全制度，强调网络空间总体安全。《数据安全法》是我国数据安全领域的基础性、专门性法律。其基础性体现在确立了我国数据安全领域包括数据安全审查、数据出口管制、数据安全应急处置等在内的一系列基本制度及数据处理规则原则。其专门性体现在区别于《网络安全法》等综合性立法，《数据安全法》专注于数据安全制度和规则的构建，在《网络安全法》之外存在诸多创设性、细化性的规定。与《数据安全法》《网络安全法》在关注个体权益保障的同时，更加关注国计民生、国家安全等宏观安全和公共利益不同，《个人信息保护法》则是一部权益保护法，主要是维护人民群众在网络空间的合法权益，确立了以个人"知情同意"为核心的数据处理规则，以及包括决定权、查阅复制权、可携带权、更正权、删除权等在内的一系列权利。

同时，三者又互相联系。个人信息作为数据类型的一种，除受《个人信息保护法》规范外，同样需要遵守《网络安全法》《数据安全法》的规定。区别于《网络安全法》《数据安全法》《个人信息保护法》主要通过行政监管的方式强化安全保护，《刑法》和两高司法解释是通过刑事手段保护个人信息权益。《网络安全法》《数据安全法》《个人信息保护法》中诸多规定与《刑法》已实现对接，违反其中规定、构成犯罪的将追究刑事责任。

二、法律适用问题 2

问：《网络安全法》《数据安全法》《个人信息保护法》已经正式实施。行政执法实践中，如出现法律责任竞合的情形应如何处理？例如《网络安全法》第三十七条和《个人信息保护法》第四十条均对关键信息基础设施运营者在中国境内收集和产生的个人信息存储和出境问题及违法责任做出明确规定，但二者设置的法律责任并不相同，应如何适用？

答：针对关键信息基础设施运营者在中华人民共和国境内收集和产生的个人信息存储和出境的具体问题。《个人信息保护法》与《网络安全法》相比，有以下变化：① 增加了法律责任类型，二者都规定了一些典型的处罚措施，例如责令改正、警告、没收违法所得、罚款、责令暂停相关业务、停业整顿、吊销相关业务许可证或者吊销营业执照。对于《网络安全法》中的"关闭网站"，《个人信息保护法》没有规定，但是其中的"终止提供服务"可以基本涵盖，甚至较"关闭网站"更为宽泛，具体含义不完全相同。在此基础上，《个人信息保护法》规定了其他的法律责任类型，例如有关人员的从业限制等；② 处罚的力度总体上加大，特别是关于罚款，无论是对个人，还是对法人，罚款数额都明显提高了，这是对《网络安全法》规定的法律责任的强化；③ 在执法部门的层级方面，《个人信息保护法》明确规定个人信息处理者的违法行为情节严重时，由省级以上履行个人信息保护职责的部门行使行政执法权力。

《中华人民共和国立法法》（以下简称《立法法》）第九十二条明确规定，"同一机关制定的法律、行政法规、地方性法规、自治条例和单行条例、规章，特别规定与一般规定不一致的，适用特别规定；新的规定与旧的规定不一致的，适用新的规定。"这就是我们通常所说的"特别法优于一般法、新法优于旧法"。因此一般情况下，应当适用《个人信息保护法》的规定。

三、法律适用问题 3

问：《数据安全法》第二十七条和《个人信息保护法》第五十一条均规定了相关主体的安全保护措施，若数据处理活动者发生未履行数据安全保护义务情况导致数据泄露，其中同时包括一般数据和个人信息，此种场景下应如何适用？

答：针对同一批次的数据泄露，既包括一般数据，又包括个人信息的法律适用问题。总体来看，《个人信息保护法》规定的法律责任更严格,但对处罚主体要求的级别也更高。《数据安全法》规定的处罚主体没有限制级别,更便利执法。《数据安全法》《个人信息保护法》关于法律责任的规定,给执法机关更多的执法空间,需根据实际情况对所损害的法益权重进行评价,对是否存在"吸收""排斥"关系等进行论证和适用。

另外,普通法和特别法是相对而言的。专门性的法律不一定就是特别法。《网络安全法》是网络安全领域的基础性法律,《个人信息保护法》是个人信息保护领域的基础性法律,《数据安全法》是数据安全领域的基础性法律。他们之间主要是发展阶段不同、侧重点不同。需要结合我国网络安全和信息安全立法的发展历程来理解法律之间的关系,很难笼统或者绝对地说哪个是一般法、哪个是特别法,总体而言,按照"新法优于旧法"的原则来适用比较科学。

四、法律适用问题 4

问:如何在网络安全等级保护基础上落实《数据安全法》第二十七条规定的数据安全保护义务?数据分类分级保护制度如何与等保制度进行衔接?

答:《数据安全法》第二十七条奠定了等保制度在数据安全领域的基础保障作用,对等保工作提出新要求。第二十七条规定的全流程数据安全管理制度覆盖数据收集、存储、使用、加工、传输、提供、公开等数据处理各个环节,包含数据分类分级、数据安全风险监测和应急处置、重要数据风险评估等诸多内容。这要求等保进一步落实《数据安全法》要求,推进其在数据安全领域的基础保障功能,为数据全生命周期安全提供基础支撑,包括不限于通过下位行政法规、行业规范、国家标准、行业标准等细化网络安全等级保护数据安全要求、做好数据分类分级保护与等保制度衔接等。

数据分类分级保护与等保制度衔接是一个值得研究的十分重要的问题,建议可按照数据对国家安全、公共利益或者个人、组织合法权益的影响和重要程度,将数据分为一般数据、重要数据、核心数据三类,数据的分级方法可按照等级保护制度分级方法分为五级,不同级别的数据采取不同的保护措施。原则上,重要数据和关键信息基础设施数据应落实等级保护制度 3 级以上的要求。在衔接方面,没有必要严格按照第 1 级系统对应第 1 级数据、第 2 级系统对应第 2 级数据这种严格的一一对应方式进行分级,重要的是根据重要数据本身的重要性和遭到篡改、破坏、泄露或者非法获取、利用后的危害程度,能够与等级保护的系统分级形成科学对应。

五、法律适用问题 5

问:《网络安全法》是否会与修订中的《治安管理处罚法》产生冲突或者竞合适用的问题?

答:关于《网络安全法》第二十七条和《治安管理处罚法》第二十九条的适用问题。因《治安管理处罚法》第十八条规定,"单位违反治安管理的,对其直接负责的主管人员和其他直接责任人员依照本法的规定处罚。其他法律、行政法规对同一行为规定给予单位处罚的,依照其规定处罚。"基于该条,具有"非法侵入计算机信息系统"违法行为的,对单位处罚应当适用《网络安全法》,对其直接负责的主管人员和其他直接责任人员处罚适用《治安管理处罚法》。

《治安管理处罚法(修订公开征求意见稿)》已于 2017 年向社会公开,新的版本已增加考虑对单位处罚的适用规定。该修订征求意见稿正式通过后,应能妥善处理《网络安全法》和《治安管理处罚法》之间的竞合关系。

从目前的《网络安全法》第二十七条和《治安管理处罚法》第二十九条规定来看,前者侧重行为,后者更加侧重后果。如果案件造成了非常明确的危害后果,优先考虑适用《治安管理处罚法》第二十九条。公安机关执法实践中,出现危害后果需要其他部门来界定的情况时,出于公安机关办案便利性、及时禁止违法行为以及降低危害后果的目的考虑，一般适用《网络安全法》第二十七条。如果违法行为产生的两个法条竞合程度太高，择一重处罚。

六、法律适用问题6

问：《行政处罚法》规定的"一事不再罚"原则是否只能适用于罚款这一类行政处罚？对于同一违法行为，在法律规定范围内，公安机关进行了警告、罚款等行政处罚，电信主管部门等能否再进行通报批评等行政处罚？

答：根据现有法律规定，行政处罚对于"一事不再罚"的要求仅在于罚款。《网络安全法》《个人信息保护法》《数据安全法》规定主管及监管部门，实质上都是在各自职权范围内行使相关的监管和执法权限。实践中，必然会出现行政相对人因为一个事由被某一个主管机构进行处罚之后，其他的主管机构是否还可以因为相同的事由再进行相应处罚的问题。例如针对某一企业的信息泄露事件，公安机关已经进行了相应罚款，电信主管部门等能否针对相同事情再进行吊销执照或者通报批评的行政处罚。单纯依照《行政处罚法》的现有规定来看是可以的。但从基本的行政法原理分析，可能产生很多具有争议性的问题，这点也是未来网络安全、数据安全与个人信息保护行政执法过程中需要思考的问题。目前网络安全执法活动中的多部门联合，在一定程度上也是在缓解可能重复处罚带来的问题。

七、法律适用问题7

问：《网络安全法》第七十二条、《数据安全法》第四十九条、《个人信息保护法》第六十八条对国家机关违反本法时，均规定"直接负责的主管人员和其他直接责任人员依法给予处分"。这里的国家机关范围包括哪些？这些条款是不是意味着国家机关违法不能对单位和个人处以行政处罚如罚款，实际执法中应该如何更好地适用法律规定？

答：国家机关的概念源于《中华人民共和国宪法》（以下简称《宪法》），范围为中央国家机关和地方国家机关，具体包括国家权力机关（全国和地方代表大会及其常委会）、国家行政机关（国务院及地方人民政府）、司法机关（最高人民法院、最高人民检察院）、军事机关和国家主席、政协、监察机关以及法规授权管理公共事务的组织（如中国证监会）等。

国家机关违反规定的，不适用罚款、吊销营业执照等行政处罚种类，只能由其上级机关或者有关机关责令改正。这与国家机关的性质相关，国家机关的运营资金主要来源于财政，如果罚款相当于国家财政支出，对于相关责任人员也无法起到相应的威慑作用。对于一部分财政来源于国家，一部分财政来源于其他渠道的国家机关，则可以进行行政处罚。对直接负责的主管人员和其他直接责任人员依法给予处分，可参照《公职人员政务处分法》等规定。

八、法律适用问题 8

问：关于《数据安全法》《个人信息保护法》《关键信息基础设施安全保护条例》与《刑法》的衔接上，目前《刑法》规定的计算机犯罪无法完全涵盖关键信息基础设施犯罪、网络数据犯罪，例如关键信息基础设施的安全审查问题，数据交易、数据出口、数据审查等过程中涉及违法犯罪问题，《刑法》应作如何回应？

答：目前《刑法》规定的计算机犯罪针对的客体是非法侵入破坏计算机系统、非法获取计算机信息系统数据、非法控制计算机信息系统、拒不履行信息网络安全管理义务罪等，基本与计算机本身系统以及数据安全相关。《数据安全法》《个人信息保护法》《关键信息基础设施安全保护条例》规定的关键信息基础设施的安全审查问题，数据交易、数据出口、数据审查等过程中涉及违法犯罪问题，根据侵害的客体不同，可能涉及计算机犯罪、渎职罪、危害国家安全罪、侵犯公民个人信息罪、侵犯财产罪等，除了适用计算机犯罪之外，也可适用《刑法》其他罪名进行规制,例如侵犯商业秘密罪、侵犯知识产权犯罪等。也就是说,尽量适用目前刑事立法体系中现有规定,存在《刑法》规制完全空白且危害后果严重的情况下,可进一步考虑通过《刑法》修正案或司法解释的形式去调整现有法律责任或增补新罪名。

九、法律适用问题9

问:《个人信息保护法》建立的最高五千万元或年营业额百分之五的高额罚款机制、停业整顿或吊销营业执照的行为罚机制,对于个人信息的非法处理行为已具备相当的威慑性和处罚性。在此背景下,刑事手段中的"侵犯公民个人信息罪"的司法适用是否应当有所调整?例如,大数据和数字经济背景下,侵犯公民个人信息罪司法解释将"非法获取、出售或者提供:行踪轨迹信息、通信内容、征信信息、财产信息五十条以上,住宿信息、通信记录、健康生理信息、交易信息等其他可能影响人身、财产安全的公民个人信息五百条以上的,其他公民个人信息五千条以上"作为定罪量刑的条件,这样的数量规定是不是应该进行调整?

答:从数字经济发展和应用场景的角度观察,目前司法解释的入罪标准确实比较低,特别是涉及某些特定数据,比如行踪轨迹、账户类信息,只需要五十条就认定为刑法第二百五十三条之一规定的"情节严重"。当下发生的非法获取个人信息事件,动辄就是上亿条,从现有实践及发展角度来看司法解释的规定确实不适应。

侵犯公民个人信息罪司法解释的发布有其特定的历史背景,随着关键信息基础设施、数据安全与个人信息保护立法的实施,司法解释也应做相应调整,但也会有严格的规划和程序过程,期待"两高一部"的协调推动。

十、法律适用问题 10

问：《刑法》第三十七条规定了职业禁止，《网络安全法》第六十三条第三款对从事危害网络安全的行为也规定了相应的从业限制。在司法实践案例中，例如（2021）沪 02 刑终 469 号"张奥、陈鹏犯非法获取计算机信息系统数据罪"案件，法院判处"被告人在刑罚执行完毕后三年内不得从事计算机信息系统维护管理相关工作"。而按照《网络安全法》第六十三条第三款规定，因窃取数据收到刑事处罚的人，终身不得从事网络安全管理和网络运营关键岗位。那么，因利用职业便利实施网络安全相关犯罪，或者实施违背职业要求的网络安全特定义务的犯罪被判处刑罚的，职业禁止/从业限制期限是适用《刑法》规定的三到五年，还是《网络安全法》规定的终身，这里行政处罚和刑事制裁应该如何进行有效衔接？

答：因为"张奥、陈鹏犯非法获取计算机信息系统数据罪"案件中判处"被告人三年内不得从事计算机信息系统维护管理相关工作"，这里被告人的岗位不是关键岗位，与《网络安全法》第六十三条第三款规定的"网络安全管理和运营关键岗位"并不矛盾，该案的法律适用应该是正确的。虽然该案的计算机维护属于第三方外包服务，不属于关键岗位，但是很多问题往往出现第三方的外包服务上。因此，作为派遣公司对于派出人员也应当具有严格的管理责任。

行政执法过程中，主要涉及《网络安全法》中规定的"关键岗位"如何解释。鉴于网络安全业务场景的多元化，进行"关键岗位"的目录制或者清单制有相当困难，但企业的决策部门和执法部门、监管部门进行协作，仍可能在关键岗位的认定方法上达成一致。当然，对于"关键岗位"的认定还要适用个案审查原则，而且不排除执法机构行使相关的裁量权。

十一、法律适用问题 11

问：《关键信息基础设施安全保护条例》是否针对外贸及境外上市而规定相关内容？

答：2021 年 8 月 24 日，国家互联网信息办公室副主任盛荣华表示，坚持对外开放政策是我们国家的一项基本国策，《关键信息基础设施安全保护条例》并不是针对外贸以及境外上市而出台的，《关键信息基础设施安全保护条例》是为了保障关键信息基础设施安全，维护网络安全。长期以来，我们积极支持网信企业依法依规融资发展。无论是哪种类型的企业，无论在哪里上市，两条都是必须符合的：一是必须符合国家的法律法规；二是必须确保国家的网络安全、关键信息基础设施的安全、个人信息保护的安全等。符合这两条就不受影响，不符合这两条就一定会受影响。

十二、法律适用问题 12

问：目前我国正在完善《网络安全法》《数据安全法》《个人信息保护法》为核心的相关法律体系，密集出台了很多配套制度规定，对于这些处于征求意见稿状态的制度规定，企业需要进行相应的合规要求梳理和遵从吗？

答：处于征求意见稿状态的相关制度规定，由于会有相应的社会意见反馈，因此存在一定程度的调整空间，具有不确定性。企业可以就其整体条文进行适当解读分析，以了解和研判监管机构的合规要求思路，比对和评价企业现有控制措施与征求意见稿的差距，可以进行前期相关的调研、分析等工作。是否立即进行相应的合规投入，则需要根据企业需求和整体形势综合判断，避免重复或过度增加合规成本。

十三、法律适用问题 13

问：网信等监管部门发布《互联网弹窗信息推送服务管理规定》《互联网信息服务深度合成管理规定（征求意见稿）》等非常细化的监管规定，未来这些分门别类的细化规定是否会成为合规要求的常态？

答：这些具体的部门规章、规范性文件，实际上是对《网络安全法》《个人信息保护法》数据安全法等基本法律的配套和细化，本身属于不同法律层级的组成部分，属于监管机构的日常规范工作。另一方面，由于这些具体的规则可能存在重复或者不够具体的情况，导致企业在适用时应接不暇，监管机构应运用立法技术减少或尽量避免此类情况。从企业角度，如果其控制措施能够涵盖主要合规点，则新规可以作为查漏补缺或者验证控制措施全面性的参考。

十四、法律适用问题 14

问：作为《网络安全法》《数据安全法》《个人信息保护法》三法下位配套的重要行政法规，《网络数据安全管理条例（征求意见稿）》2021 年 11 月 14 日向社会正式发布，应重点关注哪些问题？

答：《网络数据安全管理条例（征求意见稿）》是一部非常重要的配套制度，但其定位和未来的走势仍存在某些不确定性。建议从以下方面观察条例设定的框架内容，判断监管机构当前阶段关注的主要问题：① 各相关部门的职责是如何进行划分的？这是理解网络安全、数据安全体系化监管的重要前提。② 对重要数据和个人信息关系的理解，如其中规定的"国家对个人信息和重要数据进行重点保护""数据处理者处理一百万人以上的个人信息应当遵守对重要数据处理者的规定"。③ 对重要数据等特殊数据类型，数据资源汇聚等特殊处理行为，数据出境、共享、交易、提供、委托处理等特殊处理环节的强监管思路；重要数据备案制度，重要数据共享、交易、委托处理审批制度；对汇聚掌握大量关系国家安全、经济发展、公共利益的数据资源的互联网平台运营者实施合并、重组、分立，影响或者可能影响国家安全的行为，纳入网络安全审查范畴的构想等。④ 重要数据年度数据安全评估报告义务，该制度应如何与等保测评、关键信息基础设施安全风险评估和商用密码应用安全性评估相衔接？⑤ 互联网平台运营者的义务，相比《个人信息保护法》和其他立法而言增设的义务规定等。

十五、法律适用问题 15

问：《数据安全法》规定的数据分级和重要数据识别制度的关系是什么？

答：数据分级制度是《数据安全法》的基础制度，延续了信息安全风险管理的一贯思路，意义在于对不同级别的数据采用不同的保护措施。《数据安全法》下数据可分为一般数据、重要数据和核心数据三级，重要数据进行重点保护。通过目录管理的方式识别重要数据是重要数据重点保护的开始。

十六、法律适用问题 16

问：国家安全审查、网络安全审查与数据安全审查是什么关系？是相互独立的审查吗？

答：国家安全审查、网络安全审查和数据安全审查是层层包含、层层递进的关系。根据《国家安全法》第五十九条，《网络安全法》第三十五条和 2021 年新修订发布的《网络安全审查办法》，网络安全审查属于国家安全审查的一种，数据安全审查中，特别是涉及网络数据，又属于网络安全审查的一种。但也有专家认为二者之间有区别，将网络安全审查与数据安全审查完全独立并列。

十七、法律适用问题 17

问：演出场馆强制使用人脸验证通道并保存人脸图象，如消费者投诉或提起诉讼，是否可适用《个人信息保护法》第二十六条解决？

答：可以，并应考虑具体个案情形。演出场馆属于《个人信息保护法》第二十条的"公共场所"。《大型群众性活动安全管理条例》第八条对大型群众性活动的场所管理者的安全保障义务作出了明确规定，其中就包括保障监控设备和消防设施、器材配置齐全、完好有效。根据该条例，大型群众性活动是指法人或者其他组织面向社会公众举办的每场次预计参加人数达到 1000 人以上的下列活动：（1）体育比赛活动；（2）演唱会、音乐会等文艺演出活动；（3）展览、展销等活动；（4）游园、灯会、庙会、花会、焰火晚会等活动；（5）人才招聘会、现场开奖的彩票销售等活动。因此，在演出场馆强制使用人脸验证通道并保存人脸图象是演出场馆管理者履行公共安全保护义务，满足《个人信息保护法》所规定的"为维护公共安全所必需"的要求。

十八、法律适用问题 18

问：公安机关承担的与《数据安全法》相关的监管责任具体有哪些？

答：公安机关是《数据安全法》明确确定的数据安全监管机构。《数据安全法》第六条明确规定，公安机关、国家安全机关等依照本法和有关法律、行政法规的规定，在各自职责范围内承担数据安全监管职责。

《数据安全法》要求全流程的数据安全管理制度应当在网络安全等级保护制度的基础上开展，并对全流程的数据安全管理制度作出了细化规定，确立了国家核心数据管理制度，明确了配合公安机关开展数据调取义务、向外国司法或者执法机构提供数据规则等一系列数据安全制度。

这既是对公安机关作为保障社会公共安全与国家安全的主力军历来高度重视社会关注的数据安全保障工作的肯定,又是对新时代背景下公安数据安全保障工作的新要求。

十九、法律适用问题 19

问:公安机关将如何依法保障国家数据安全?

答:2021 年 9 月 17 日,公安部网络安全保卫局举行新闻发布会表示,数据安全事关国家安全、公共安全和广大人民群众的切身利益。目前,《数据安全法》已正式实施。公安机关将充分发挥职能作用,采取切实有效的措施,全力保障国家数据安全。

其主要保障职责和内容大致包括以下内容:① 在有关部门的统筹协调下,建立完善数据安全工作机制、政策和基础制度,为贯彻落实数据安全法提供各项保障。② 深入推进关键信息基础设施安全保护和网络安全等级保护工作,制定出台数据安全保护技术标准,督促、指导数据处理者采取相应的技术措施和必要的其他措施,保障数据安全。③ 加强数据安全监督管理,组织开展数据安全监督检查、检测评估等工作,督促数据处理者依法履行安全保护责任和义务,整改网络安全、数据安全风险、隐患、漏洞和突出问题,提高安全保护能力。④ 依托国家网络与信息安全信息通报机制,加强数据安全监测、通报、预警和应急处置工作,防范数据安全事件和威胁风险。⑤ 加强数据安全相关事件的调查处置和案件侦办,严厉打击危害数据安全的各类违法犯罪活动。

第二节 合规操作问题

一、合规操作问题 20

问：相关部门将如何做好关键信息基础设施中的重要数据出境监管？对于运营者来说，需要履行怎样的责任和义务？

答：《网络安全法》第三十七条规定，关键信息基础设施的运营者在中华人民共和国境内运营中收集和产生的个人信息和重要数据应当在境内存储。因业务需要确需向境外提供的，应当按照国家网信部门会同国务院有关部门制定的办法进行安全评估；法律、行政法规另有规定的，依照其规定。

《数据安全法》《个人信息保护法》对关键信息基础设施涉及的个人信息和重要数据出境制度作出了延续性规定。其中，《数据安全法》第三十一条规定，"关键信息基础设施的运营者在中华人民共和国境内运营中收集和产生的重要数据的出境安全管理，适用《中华人民共和国网络安全法》的规定"；《个人信息保护法》第四十条规定，"关键信息基础设施运营者和处理个人信息达到国家网信部门规定数量的个人信息处理者，应当将在中华人民共和国境内收集和产生的个人信息存储在境内。确需向境外提供的，应当通过国家网信部门组织的安全评估；法律、行政法规和国家网信部门规定可以不进行安全评估的，从其规定"。

二、合规操作问题 21

问：很多提供指数、比价的公司，实际上用爬取数据进行数据分析，是否可能涉及刑事责任？罪与非罪的边界在哪里？

答：对该行为的法律评价分析应划分为两个阶段：一是数据爬取行

为本身是否合法；二是数据利用行为是否合法。数据爬取行为是否涉刑需综合考量爬取的数据类型、爬取方式、爬取结果。数据类型方面，是否属于法律所保护的数据，例如个人信息、著作权数据、商业秘密、国家秘密等。一般情形下，是否获得权利人的合法授权直接影响着针对上述数据爬取行为的法律定性。爬取方式方面，是否侵入了服务器，是否非法获取了数据。爬取结果方面，是否破坏了对方网站、服务器等正常运营都是影响罪与非罪判定的重要因素。

这里值得关注的是对于个人信息、商业秘密、著作权数据、国家秘密之外的一般数据爬取以及后续利用的合法性问题。从我国目前的立法来看，数据的法律性质、归属并未明确。《民法典》第一百二十七条也仅做出原则性规定，承认数据的权益。司法实践虽然对此有所创新，但相对谨慎地将其认定为"具有竞争性的财产权益"。而"竞争性的财产权益"并不等同于财产所有权。这一点在"淘宝与美景反不正当竞争案"的法院判决中也可以看出。基于此，对于一般数据的爬取，一般不构成对民事财产权的侵犯，而更多的是面临竞争法上的风险。相应的，在刑事领域，一般也不构成财产类犯罪，更多的是面临侵犯计算机信息系统安全及数据安全类犯罪的刑事责任风险。

具体到利用爬虫数据提供指数、比价服务的应用场景，需要考虑的是，爬取的数据上是否存在他人的合法权益，如存在是否获得授权、是否有竞争关系或合同义务等。

对于这个问题，目前国家和地方层面也在持续研判和经验化，例如《数据安全法》的配套制度《网络数据安全管理条例（征求意见稿）》、地方立法《贵州省大数据安全保障条例》等也都在关注爬虫问题。

三、合规操作问题 22

问：破解 App 访问控制，爬取数据，哪里是罪与非罪的边界？目前很多 App 采用的加密算法很弱，包括用国际开源弱密码算法进行加密。当前业内面临一个症结是，要爬取 App，就要对 App 进行逆向但现在一些司法机关理解逆向破解了，就涉犯罪。这个将行业性普遍 App 逆向行为定为涉刑是否适当？是否有进一步细化的边界界定？

答：从目前的司法案例来看，在罪与非罪的界限上并未对反爬虫的技术措施水平做出明显区分。只要涉及侵入服务器获取数据，情节严重的基本被认定为非法获取计算机信息系统数据罪。在"上海晟品网络科技有限公司、侯明强等非法获取计算机信息系统数据罪"案中，被告人在数据抓取的过程中使用伪造设备 ID 绕过服务器的身份校验，使用伪造 UA 及 IP 绕过服务器的访问频率限制。在"邵凌霜、陈昴、刘江红、刘坤朋、张翔犯非法获取计算机信息系统数据罪"案中，被告人武汉元光科技有限公司及相关人员通过攻破深圳谷米公司 App 的加密系统，爬取到谷米公司服务器里的大量公交车行驶实时数据，均被认定为非法获取计算机信息系统数据罪。

此外，从美国 HiQ 与领英的案件也可以看出，对何为"侵入"，在计算机信息系统、网站、App 的不同发展阶段，应当有不同的尺度规范。显然法律和法院对此的认定是相对滞后和机械的，现阶段如果存在"保护措施"、访问控制策略等，则对此的"破解"将会认定为"侵入"。因此，在目前阶段可以说这个和是否商密认证的密码还是开源的弱密码无关，但编著者仍然建议在未来个案中引入对计算机信息系统本身的安全义务评价。

四、合规操作问题 23

问：很多大数据风控公司、互金 App 直接要求用户提供淘宝、支付宝账号密码，爬取用户的淘宝、支付宝订单数据、信用分等行为是否涉刑？边界在哪里？

答：用户的淘宝数据、支付宝订单数据、信用分等数据属于个人数据。对此类数据的爬取，涉及的罪名首先是侵犯公民个人信息罪。其中，是否获得用户的授权是判定罪与非罪的重要因素。

目前鉴于我国立法对于数据的法律属性尚未定性，平台对其收集的

"个人数据"享有何种权益立法上并未明确,司法上也仅将其定性为"具有竞争性的财产权益"而非财产所有权,仅能在竞争法上予以规范。因此,大数据风控公司、互金 App 爬取用户的淘宝或支付宝订单、信用分等数据,即使未取得淘宝平台的授权,也难以仅凭此在刑事上追究对方责任。目前已知案例主要关注大数据风控公司、互金 App 违反了与用户的数据(收集、处理)协议,超出留存方式、期限和用途范围使用用户数据。

如果从淘宝平台的网络系统安全来看,该数据爬取行为可能涉及非法获取计算机信息系统数据罪、破坏计算机信息系统罪。判定是否构成上述罪行的标准主要在于对方是否避开或者突破计算机信息系统安全保护措施,未经授权或者超越授权获取计算机信息系统数据,是否对系统的正常运行造成了严重影响。

五、合规操作问题 24

问:企业在网上抓取文字、图片、视频等,是否会涉及知识产权保护问题,合法边界在哪里?

答:从《中华人民共和国著作权法》(以下简称《著作权法》)角度来看,根据《著作权法》规定,如果网上抓取公开的法律、法规,国家机关的决议、决定、命令和其他具有立法、行政、司法性质的文件及其官方正式译文,本身属于知识产权许可的豁免。其他文字、图片、视频等则存在构成《著作权法》保护的可能性。数据抓取行为本质上是对信息的复制,有可能构成对著作权人的复制权的侵犯。抓取后再公开传播抓取到的信息,则可能进一步侵犯著作权人在互联网上传播信息的信息传播权。

从反不正当竞争角度来看,如果抓取的是网站构成业务竞争力的文字、图片、视频,并在自身产品或者服务中提供这些内容,则存在构成不正当竞争的风险。

从商业秘密保护角度来看,一般来说,互联网上的公开信息很难构成商业秘密,但如果抓取中突破网站运营方设置的反爬虫保护措施,保存甚至公开普通用户无法访问的网站内容(具备商业秘密所要求的保密性和秘密性),则可能构成商业秘密的侵犯。

六、合规操作问题 25

问:SDK 与植入该 SDK 的 App 开发者之间是何种法律关系?SDK 与植入该 SDK 的 App 开发者的最终用户之间是何种法律关系?各自责任如何分配?

答:从 App 个人信息安全的角度来看,原则上 App 提供者是 App 个人信息控制者及保护用户个人信息安全的首要责任人,SDK 提供者按照 App 使用 SDK 的不同方式承担相应的个人信息安全责任。具体如下:

(1)当 App 嵌入开源 SDK,或 App 提供方与 SDK 提供方是同一方时,由 App 提供方承担保护个人信息安全责任;

(2)当 App 提供者委托 SDK 提供者处理个人信息,或 SDK 提供者按照 App 提供者的指导或要求,代表 App 提供者处理个人信息的,App 提供者承担个人信息安全责任、SDK 提供者需配合 App 提供者履行相关责任;

(3)如果 App 提供者和 SDK 提供者均是以单独身份向 App 用户提供服务,且均自行决定处理数据的目的与方式时,SDK 提供者承担个人信息控制者责任,App 提供者承担个人信息控制者和接入第三方管理的责任。

(4)如果 App 提供者和 SDK 提供者共同决定数据的处理目的与方式时,App 提供者和 SDK 提供者是个人信息共同控制者,需通过合同等形式约定各自承担的责任。如存在侵害个人信息权益,应承担连带责任。

七、合规操作问题 26

问：理论上 SDK 可以在与 App 开发者的协议中明确要求开发者在 App 的用户隐私政策中明示使用的第三方 SDK 清单,以及第三方 SDK 采集的数据类型、目的及用途,但实践中多数 App 没有落实此要求,由此可能会产生哪些责任?各自责任边界在哪?

答：目前能看到越来越多的 App 已经明确披露和第三方 SDK 情况的实例。第三方在提供 SDK 时,应明示并将要求 App 开发者在隐私政策中披露 SDK、数据收集和用途等作为下载或使用的先决条件。进一步而言,设计标准条款(包括责任豁免)以便于 App 开发者直接引入隐私政策或最终用户协议。

特别值得注意的是,2021 年工业和信息化部等三部门起草发布的《移动互联网应用程序个人信息保护管理暂行规定(征求意见稿)》将 SDK(开发者)纳入了 App 第三方服务提供者的范畴,明确规定:①(App 开发者)使用第三方服务的,应当制定管理规则,明示 App 第三方服务提供者的名称、功能、个人信息处理规则等内容;应与第三方服务提供者签订个人信息处理协议,明确双方相关权利义务,并对第三方服务提供者的个人信息处理活动和信息安全风险进行管理监督;App 开发运营者未尽到监督义务的,应当依法与第三方服务提供者承担连带责任;② SDK 等 App 第三方服务提供者应对以明确、易懂、合理的方式向 App 开发运营者公开其个人信息处理目的、处理方式、处理类型、保存期限等内容,其个人信息处理活动应当与公开的个人信息处理规则保持一致;未经用户同意或者在无合理业务场景下,不得自行进行唤醒、调用、更新等行为;未经用户同意,不得将收集到的用户个人信息共享转让等。

八、合规操作问题 27

问：为了实现 SDK 功能，需要采集 App 用户的数据以及申请调用权限，如何判断 SDK 数据以及权限采集的合法性、正当性、必要性？如存在过度采集的问题，可能涉及哪些法律责任？如要减轻或免除 SDK 开发者的责任，有什么建议？

答：本质上 SDK 也属于软件开发的范畴，最终是一个营利性和共享性权衡的问题。由于用户数据保护属于法定义务，SDK 开发者的责任减少，很大程度上意味着向 App 开发者转移，或意味着用户放弃权利。

SDK 开发者责任可以归纳为以下方面：① 未经用户同意的数据收集、使用等，承担与 App 开发者同样的民事责任或《网络安全法》《个人信息保护法》下的行政责任；② App 开发者可能通过条款免责或转嫁给 SDK 第三方，从而使得 SDK 承担合同下的违约责任；③ 如果脱敏不彻底，转让或销售产生可识别的个人信息的，特别是达到司法解释规定的数量时，可能涉及《刑法》第二百五十三条之一侵犯公民个人信息罪的相关责任；④ 如果 SDK 恶意获取用户数据、非法控制用户终端等，也可能涉及《刑法》第二百八十五条第二款非法获取计算机信息系统数据罪或非法控制计算机信息系统罪。

建议：一是 SDK 应在开发环节开展隐私和个人信息保护评估，以减少数据的自行存储和利用；二是在提供中形成和公开使用协议（用户说明等文档），包括功能披露和使用免责，要求 App 开发者在隐私政策中引用和披露等。整体上由于商业化过程中复杂的场景叠加，例如由于 IMEI 等设备信息有可能直接认定为个人信息，应针对性地评估同一 SDK 在不同商业模式，甚至不同操作系统、应用系统下的基本合法性问题。

九、合规操作问题 28

问:《数据安全法》《个人信息保护法》《互联网信息服务算法推荐管理规定》等一系列法律和规范性文件出台,可能会对大数据的利用及差异化营销带来哪些影响?

答:《数据安全法》《个人信息保护法》全面确立了数据安全保障、数据利用及个人信息保护的基本原则及规则,并针对差异化营销所依赖的自动化决策技术做出了明确规范,将对平台数据及算法权力滥用形成有力规制。

首先,《数据安全法》《个人信息保护法》确立了数据利用及差异化营销的法律红线。《数据安全法》第八条及第二十八条明确要求开展数据处理活动及研究开发数据新技术,不仅要遵守法律法规,还需要遵守社会公德、商业道德、诚实守信,承担社会责任,应当有利于经济社会发展,增进人民福祉。《个人信息保护法》第五条规定处理个人信息应当遵循合法、正当、必要和诚信原则,不得通过误导、欺诈、胁迫等方式处理个人信息。具体到利用数据及算法进行差异化营销场景,企业应当通过不断优化的算法和不断提升的算力向消费者提供更为高效、丰富、精准的优质服务,而不是利用信息优势,违背商业道德、诚信原则进行"大数据杀熟"。

其次,《个人信息保护法》确立了数据利用及差异化营销的具体规则。《个人信息保护法》第二十四条对"大数据杀熟""精准营销"等问题作出直接回应。针对精准营销,该条规定应当提供不针对个人的选项或是便捷的拒绝方式。针对"大数据杀熟",该条要求利用个人信息进行自动化决策应当保证决策的透明度和结果的公平公正,不得对个人在交易价格等交易条件上实行不合理的差别待遇。针对实践中算法黑箱等问题,该条明确要求自动化决策对个人权益有重大影响的,个人有权要求处理者予以说明,并有权拒绝。同时该法还规定,利用个人信息进行自动化决策的,应当进行个人信息保护影响评估。

此外，数据尤其是个人信息是数据利用及差异化营销的基础支撑。《个人信息保护法》确立的一系列个人信息保护规则，例如敏感个人信息的单独同意，用户同意的撤回权、个人信息的删除权等规定也将对数据利用及差异化营销模式带来较大影响。

十、合规操作问题 29

问：个人信息跨境提供的规则下，对我国境内的外国企业和企业的涉外业务与合规会产生什么影响？

答：我国境内的外国企业首先应当设立专门机构或者指定代表，负责处理个人信息保护相关事务，并将有关机构的名称或者代表的姓名、联系方式等报送履行个人信息保护职责的部门，这是其开展一切个人信息处理活动的前提条件。

就个人信息跨境传输业务的合规而言，首先，上述企业应当判断自身性质，并选择符合自身情况的数据跨境传输路径。如果上述企业是一般的个人信息处理者，则其除了可以通过安全评估出境外，还可以选择通过个人信息保护认证，订立合同，法律、行政法规或是国家网信部门规定的其他条件出境。但如果上述企业业务涉及关键信息基础设施，应通过国家网信部门组织的数据出境安全评估，除非法律、行政法规等另有规定。此外，上述企业还应当关注自身所处行业领域的特殊要求。如上述企业为汽车相关行业，还应考虑《汽车数据安全管理若干规定（试行）》相关要求。

其次，上述企业跨境传输个人信息，应当告知个人关于个人信息跨境传输的相关情况，并取得个人的单独同意。

再次，上述企业应当按照《个人信息保护法》第五十六条的规定就个人信息的跨境传输开展个人信息保护影响评估，并妥善保存评估报告以及处理情况记录至少三年。

最后，企业应当采取必要措施（例如合同、审计评估、技术监测等），保障境外接收方处理个人信息的活动达到《个人信息保护法》规定的个人信息保护标准。

另外，对于外国司法或者执法机构要求上述企业提供存储于中国境内个人信息的，企业不得擅自提供，应当报请主管机关批准。

十一、合规操作问题 30

问：如果境内企业的境外关联机构已经开展了针对欧盟 GDPR 或者国际标准的合规认证活动，境内企业是否可以基本照搬这些合规认证的要求实现对我国法律的合规要求？

答：有些国际标准如 ISO27001 信息安全系列下的个人信息认证已经在国内开展了相应的咨询、认证活动，其认证机构和认证结果也为各国包括中国所认可，包括银行金融机构、互联网企业均有多年贯标实践。即使如此，我国《网络安全法》《数据安全法》《个人信息保护法》等仍有大量不同于 GDPR 的规定和要求；认证范围的规定也明确某一关联机构的认证不当然适用于所有其他关联机构。因此可以借鉴但不能完全照搬 GDPR 或者国际标准的合规要求。

十二、合规操作问题 31

问：各类隐私计算技术是否能够符合《个人信息保护法》规定的去标识化和匿名化要求？

答：各类隐私计算技术的脱敏程度存在差异，且在不同的场景中适用程度也不同。但无论如何，在我国法律体系下，隐私计算技术属于"去标识化"技术，而非"匿名"技术。企业应理解，从立法和司法角度去标识化和匿名化具有实质性区别。前者是可以通过《信息安全技术 个人信息去标识化指南》等实现的"安全技术措施"；后者不是绝对性的概念，而是从技术上基于加密和相关安全算法的不断发展、迭代的一种相对状态。目前的隐私计算技术确实难以达到法律上的匿名化，在某种程度上是一种基于个案的司法评价，即在发生争议或纠纷时，根据个案情况综合判定某一行为是否可以达到"无法识别特定自然人且不能复原"的目的。

十三、合规操作问题 32

问：使用加密技术属于个人信息处理活动吗？

答：从技术和业务实践看，使用加密技术属于个人信息处理活动之一。但加密属于《个人信息保护法》规定的为避免个人信息泄露、篡改、丢失的技术措施，因此从法律实践看，使用加密技术是为特定目的进行的专门活动。由于加密也属于个人信息处理，因此也需要遵循个人信息处理的相关义务要求，例如应使用安全的加密技术、以及在《网络数据安全管理条例（征求意见稿）》第三十九条中所描述的在出境环节中的明文、可读展示要求。

需要注意的是，尽管法律明确规定了加密的技术保护措施，但没有强制要求在全部业务、数据层面均部署加密，特别是也不指明必须采用某一特定的加密技术，因此企业应结合具体的成本效益分析，确定加密部署的方式和范围。

十四、合规操作问题 33

问：《个人信息保护法》规定了个人信息收集的必要性原则，对于发生概率较低的风险情形，能够以必要性为由收集个人信息吗？

答：该法规定的必要性是为"实现处理目的所必要"而非实现业务过程所必要，因此可以为潜在风险进行必要性的合理论证和个人信息收集。例如对制造业企业从事叉车或化工企业从事危化作业的特殊工种，可能基于救急必要而收集个人的额外身体体征数据，尽管高危风险并不必然发生。

十五、合规操作问题 34

问：近年来病毒软件恶意勒索企业赎金的案例不断增多，是否需要出台相应政策强制或鼓励企业做好网络安全工作？

答：企业要落实安全保障义务，积极防治网络勒索攻击，需从多方面开展网络安全工作。首先，构筑安全底层屏障。正确使用信息系统、网络和密码技术，遵循网络访问和应用规则，约束攻防对抗活动，抵制网络攻击。其次，提升勒索攻击风险发现能力。通过漏洞滚动排查、定期渗透测试等手段常态化验视系统、网络的脆弱处与威胁。再者是要对自身网络进行细分，通过专业第三方测试系统的安全性，以确保在遭受网络攻击时保持业务连续性。

此外，企业需强化数据安全保障能力。部署与设施数据重要性相匹配的技术措施和管理策略，维护离线、加密的数据备份并定期测试备份。最后，在发生勒索攻击事件后，企业应及时向公安机关等有关主管部门报告，并立即开展应急处置，保护现场和证据。

十六、合规操作问题 35

问：按照依法制定的劳动规章制度和依法签订的集体合同实施人力资源管理所必需的，可以无需取得个人同意而处理员工个人信息，这里的"实施人力资源管理必需"包括哪些情况？

答：典型如为员工开立银行账户和邮箱账户产生的个人信息，要求员工进行必要的体检、提供联系方式和签署劳动文件收集的个人信息，为员工办理社会保险和商业保险要求员工提供的社会关系信息，对于特定工种或外勤人员通过即时通信工具获取的位置信息，以及作为考勤和加班费计算依据等情况，属于为人力资源管理所必需。当然具体的处理必要性还应符合最小化等原则，并涉及向第三方传递时的额外保护要求。

十七、合规操作问题 36

问：按照国家网信部门制定的标准合同与境外接收方订立合同的，可为业务需要向境外提供个人信息。这里的标准合同是否可以修改？

答：不可以修改。标准合同不同于模板合同、范式合同，综合国内外类似合同实践，如对标准合同进行修改，则不再适用"按照国家网信部门制定的标准合同与境外接收方订立合同"的出境允许条件。

十八、合规操作问题 37

问：网络安全应急预案、个人信息安全事件应急预案、数据安全应急预案等，需要分别单独制定实施吗？

答：从风险管理的整体性以及企业与行业最佳实践看，这些应急预案存在交叉和协调的可能，企业也多有建立部分应急预案的基础，在此之上充实、完善可以符合要求，因此不必分别制定。但如果行业或监管机构要求单独制定的，例如考虑到企业某些特殊安排、突出问题，此时应按其规定。

十九、合规操作问题 38

问：个人信息保护影响评估和报告应如何准备？

答：《个人信息保护法》要求在 5 种情形下需要进行评估，《信息安全技术 个人信息安全影响评估指南》（GB/T 39335—2020）提供了相关指南，可以作为企业评估和形成报告的参考。值得注意的是，《个人信息保护法》规定的评估实际上是一个常态化的评估，因此在面对专门监管要求等情况下仅按照指南形成的评估报告可能还不足够，例如申报网络安全审查。

另外,《信息安全技术 个人信息安全影响评估指南》颁布在《个人信息保护法》之前,其名称及内容未来可能按照《个人信息保护法》进行更新。

二十、合规操作问题39

问:企业接收和响应个人提出的删除个人信息的方式,是否应该便捷?

答:《个人信息保护法》第五十条要求"个人信息处理者应当建立便捷的个人行使权利的申请受理和处理机制。拒绝个人行使权利的请求的,应当说明理由。"目前一些App的个人信息删除方式比较隐蔽,制造了个人行使删除权的障碍,删除途径应至少与查阅、复制、更正等权利方式处于类似便捷的水平。如果查阅等权利可以通过网络直接行使,不应要求必须电话或问答之后再提供删除的链接或操作选项,删除过程不应设置误导选项。目前一些App只能通过电话等复杂方式删除的情况不符合《个人信息保护法》的要求。

二十一、合规操作问题40

问:我国现行立法对网络实名制提出哪些要求?

答:网络实名管理作为网络安全治理的一项基础性制度,在2012年《全国人大常委会关于加强网络信息保护的决定》、《中华人民共和国反恐怖主义法》(以下简称《反恐怖主义法》)、《网络安全法》、《个人信息保护法》、《中华人民共和国反电信网络诈骗法》(以下简称《反电信网络诈骗法》)等法律法规和规范性文件中均有所规定。同时,为加强网络犯罪源头治理,制定中的《网络犯罪防治法》也将网络实名管理列为重要内容。

相较于《网络安全法》第二十四条第一款中"为用户办理网络接入、域名注册服务""为用户提供信息发布、即时通讯等服务",《反电信网络诈骗法》第二十一条更全面、具体，系统性整合了《互联网直播服务管理规定》《互联网广告管理暂行办法》《关于防止未成年人沉迷网络游戏的通知》《网络交易监督管理办法》等相关规定中的实名制要求，可与《网络信息内容生态治理规定》中账号规范管理实施细则及《互联网用户公众账号信息服务管理规定》中复合验证要求衔接。此外，《互联网信息服务管理办法（修订草案征求意见稿）》第二十条设定网络实名信息保存期，要求在提供服务期间"同步保存"，在停止服务后也要保存"至少两年以上"。

二十二、合规操作问题 41

问：人脸属于个人生物识别、敏感个人信息以及《民法典》规定的私密信息吗？

答：人脸属于个人生物识别信息和敏感个人信息，但不属于私密信息。严格地讲，私密信息属于个人隐私，显然人脸是个人信息非常重要的组成部分，如果认定为隐私将严重影响人的社会性活动，本质上也是一个伦理评价问题。

二十三、合规操作问题 42

问：对企业而言，如何识别和适用重要数据保护的相关规定？

答：识别重要数据和形成目录，应在分类分级基础上完成，这并非单一企业就能够自行完成的事项。事实上按照合规"惯例"，企业仅需要就行业、领域的重要数据目录进行针对性比照，就可得出企业重要数据。目前一些行业、领域的主管部门已经在指导和形成行业重要数据识别的规范，例如《汽车数据安全管理若干规定（试行）》规定了汽车行业的重要数据。

二十四、合规操作问题 43

问：《网络安全审查办法》规定关键信息基础设施运营者、网络平台运营者是可能涉及审查的两类主体，是否拟上市"网络运营者"都需涉及审查？

答：不同法律法规和规范性文件对各类运营者的定义容易产生混淆，特别是对"平台"，目前尚无权威精确的定义。

对上市主体而言，是否涉及审查，建议至少从两个层面考虑：1.从行为角度判断是否涉及数据处理活动；2.从申报的可能性分析——申报网络安全审查可能有以下三种情况：一是无需审查；二是启动审查后，经研判不影响国家安全的，可继续赴国外上市；三是审查后经研判影响国家安全的，不允许赴国外上市。因此在无法确认是否属于两类主体时，基于谨慎合规的考虑建议申报。

二十五、合规操作问题 44

问：《个人信息保护法》规定，如果不再必要处理个人信息，应主动删除，但删除实际上对企业而言增加了很多成本，哪些情形可以作为删除的例外？

答：可以考虑如下情形：1.进行匿名化处理，不再属于个人信息，例如非结构化数据中，对涉及个人信息的部分进行擦除，这也是针对敏感、甚至秘密信息的标准做法。2.结合数据存留期限，如果企业处理完成，但法律法规规定的保存期限不满，例如《网络安全法》规定网络日志留存期限不少于 6 个月，企业员工离职后为劳动争议目的在仲裁和诉讼时效内留存个人信息等，可以不删除。3.现有技术难以删除，比如区块链场景中的"上链"后，如涉及个人信息就难以删除，或者说删除投入的成本与效果不成比例（也就是所谓的比例原则），此时也可以不删除。

需要注意的是，即使不删除，也只能对所涉个人信息存储和保护，不能再做其他处理。这说明，如果需进行匿名化处理，也需要在删除决策前完成，而不能在不做删除后，再进行匿名化处理。

二十六、合规操作问题 45

问：2021 年商务部《中国禁止进口限制进口技术目录》规定，对安全强度高于 256 位加密算法的加密技术进口进行限制，类似的数据进出口目录企业如何因应？

答：就该目录调整而言，存在以下合规要求。由于监管范围不局限于软硬件，而是包括了相关技术，因此导致某些情况下可能存在的密钥位数未高于 256 位，但实质比对后监管机构会认为其安全强度高于 256 位，从而"等同"适用限制进口。也会存在另外一种情况，即尽管密钥位数高于 256 位，但安全强度不高于 256 位，从而不限制进口。例如按照 NIST 的可比较的说法，1024 位的 RSA 安全强度（BS）可能仅相当于 80 位 2TDEA。512 位的 ECC 安全强度尽管相当于（仍未高于）256 位的 AES，但其安全强度已经相当于 15360 位的 RSA。

对于这些数据监管要求，企业不一定机械地从一般数据和重要数据的二分法进行判定，而实际上给出了企业数据风险管理的多重维度。

二十七、合规操作问题 46

问：数据的主权责问题已经是数据安全体系落地的焦点，在目前现有的法规条例下，数据的保有者、使用者要尤其注意哪些问题？

答：当前，我国《网络安全法》《数据安全法》《个人信息保护法》已对不同场景下不同数据处理主体的义务及法律责任作出了明确。例如《网络安全法》对"关基运营者"个人信息与重要数据出境及"网络运营者"个人信息保护义务的规定。《数据安全法》对"数据处理者"数据分类分级、全流程数据安全保护、重要数据安全保护等义务的规定。

《个人信息保护法》对"个人信息处理者""个人信息共同处理者""个人信息委托处理者""个人信息受托处理者""个人信息对外提供者"等主体的个人信息保护相关规定。

三法框架下,不同数据处理主体应承担的义务及对应的法律责任有所不同。以个保法为例,在个人信息处理活动中能够自主决定处理目的、处理方式的,是"个人信息处理者"。两个以上个人信息处理者共同决定处理目的、方式的,属于"个人信息共同处理者"。根据个保法规定,"个人信息共同处理者"任一方需对其他方侵害个人信息权益承担连带责任。在委托处理场景下,个人信息处理"委托方"应与"受托方"约定个人信息合法、合规处理的各项要求,并对受托方处理行为进行监督。"受托方"违反个人信息保护要求损害个人信息权益的,"委托方"可能会因此承担相应的法律责任。值得注意的是,"个人信息处理受托方"也是个保法明确规定的个人信息保护义务主体。违反相关规定的,同样可能面临最高五千万元或上年度营业额5％的罚款。

由此可见,厘清自身归属于法律法规中的哪一类主体,并基于此做好自身的义务履行及与相关方的权利、义务分配尤为重要。题目提到的"数据保有者""数据使用者"只是从事实的数据处理行为角度对主体进行角色定位,还需要结合具体场景,包括具体数据处理行为、对数据处理行为的控制力等明确行为及主体在法律上的定性。如"数据保有者"属于"个人信息处理受托者",则除应按委托方合同要求履行相关义务外,还要严格遵守法律、行政法规要求采取必要措施保障个人信息安全,并为委托方保护个人信息提供协助以避免相关民事及行政责任。如"数据保有者"属于"个人信息共同处理者"的,需注意监督、监督其他方个人信息处理合法合规情况,避免因对方违法违规行为承担连带责任。

二十八、合规操作问题47

问:让数据安全地流通、交易,才能激活、释放数据的价值。如何在保障数据安全的同时,最大化提升数据应用价值?

答:在我国的网络和数据安全法律法规中,已经对促进数据合法利用作出了充分考量,为产业创新预留了空间。在法律贯彻执行的过程中,应探索数字经济背景下的弹性和柔性监管模式,避免对数据流通的过度、严苛监管,为新技术、新应用、新业态创造宽严适度的发展环境,坚持数据安全与经济发展并重。

要实现在保障数据安全的同时,积极促进数据合法开发和利用,需解决数据流通的确权问题,包括建立数据产权制度,健全数据要素权益保护制度,探索数据资产化有效路径,建立数据要素市场的激励机制,激活、提升数据要素价值。

此外,对企业而言,要充分利用商用密码等技术措施保障数据全生命周期安全,把安全保护贯穿数据处理各阶段,防范和化解法律风险和安全风险。这是一种成本低、效果好、促利用的保护方式。

二十九、合规操作问题48

问:《互联网信息服务算法推荐管理规定》《商用密码管理条例(修订草案征求意见稿)》《网络数据安全管理条例(征求意见稿)》等提出的备案属于什么性质?

答:备案不是像数据出境安全评估等要求的"实质审查",一般规定行文风格是"监管部门收到备案人提交的备案材料后,材料齐全的,应当在三十个工作日内予以备案"的形式,因此只要符合形式要求,一般均会给予备案。通常除非有明确时间限制,或备案情形发生重大变化,不会要求反复备案。

备案要求本身具有强制性,只要属于备案要求范围的主体,就应当履行备案程序。比如,①重要数据的处理者应当在识别其重要数据后的十五个工作日内向设区的市级网信部门备案;②非涉密的关键信息基础设施、网络安全等级保护第三级以上网络、国家政务信息系统等网络与信息系统,其运营者应当使用商用密码进行保护,通过商用密码应用安全性评估方可投入运行,运行后每年至少进行一次评估,评估情况报送所在地设区的市级密码管理部门备案;③ 具有舆论属性或者社会动员能力的算法推荐服务提供者应当在提供服务之日起十个工作日内通过互联网信息服务算法备案系统填报服务提供者的名称、服务形式、应用领域、算法类型、算法自评估报告、拟公示内容等信息,履行备案手续。

三十、合规操作问题 49

问:《网络安全法》《数据安全法》《个人信息保护法》等规定了很多评估条款,这些评估如何分类和进行针对性的因应?

答:一般而言,这些评估根据实施主体的不同,可以做如下分类。① 处理者基于业务需求发起的业务评估,如"数据处理者在采用自动化工具访问、收集数据时,应当评估对网络服务的性能、功能带来的影响,不得干扰网络服务的正常功能""数据处理者利用生物特征进行个人身份认证的,应当对必要性、安全性进行风险评估""互联网平台运营者利用人工智能、虚拟现实、深度合成等新技术开展数据处理活动的,应当按照国家有关规定进行安全评估";② 处理者针对数据安全事件的调查评估,这也是网络安全、数据安全应急预案的要求,属于事后风险处置机制的一部分;③ 依托于行业进行的评估,如"主管部门应当定期组织开展本行业、本领域的数据安全风险评估",一般会包括多个企业联合开展;④ 针对特定主体的评估,如"日活用户超过一亿的大型互联网平台运营者平台规则、隐私政策制定或者对用户权益有重大影响的修订的,应当经国家网信部门认定的第三方机构评估""国家机关和关键信息基础设施运营者采购的云计算服务,应当通过国家网信部门会同国务院有关部门组织的安全评估";⑤ 关键信息基础设施运营者、重要数据处理者等实施并报送的年度安全评估,如《网络安全法》第三十八条规定的年度风险检测评估,以及"处理重要数据或者赴境外上市的数据处理者,应当自行或者委托数据安全服务机构每年开展一次数据安全评估";⑥ 从监管主体角度，还包括网信部门实施的不同数据类型的出境安全评估等。

三十一、合规操作问题50

问：广东在全国率先试点首席数据官制度，对推动企业、政府机构的网络安全、数据安全工作有何意义？

答：总体来看，这是广东省为推动数据要素市场化配置改革作出的战略性安排。从法律角度看，该制度最重要的是强势呼应了数据安全法中数据安全负责人的概念。不仅明确回答了一个职责角色"应该做"的问题，还告诉社会和公众广东已经在思考和实践"做什么"以及"怎么做"的问题。

传统信息安全以及《网络安全法》《关键信息基础设施安全保护条例》等多要求机构负责人从企业层面进行考虑，从权责配置上服务于业务方向，作用发挥有限。然而，本次广东的先行先试是从公共事务层面进行设计，特色鲜明地提出"一票否决权"，可以从数据安全角度考虑行使决策，其影响力也明显提高。

具体来看，此举也对首席数据官的行业认知、技术理解和法律适用等方面提出了很高要求。首席数据官不仅是一般企业意义上的面向业务、对内负责的角色，也是政府意义上面向公共服务的高级人员配置。这一中观层面的制度设计会为企业等微观层面的数据安全管理机构、负责人的人员设置，以及更宏观层面的数据安全监管机构工作的落地提供更富实践意义的参考。

第八章

数据安全行政执法指引

为推动网络与数据安全行政执法工作，本章特编制建议版的《数据安全行政执法指引》，聚焦数据安全，整理《网络安全法》《数据安全法》《个人信息保护法》《关键信息基础设施安全保护条例》中涉及的网络与数据安全相关规定，对数据安全违法行为的行为名称来源、法律依据、违法主体、处罚措施、概念界定等方面进行解释，同时对部分违法行为的法条竞合进行说明，以期为包括公安机关在内的数据安全监管机关办理网络与数据安全行政案件提供参考。

该建议版部分违法行为名称来源于公安部发布的《违反公安行政管理行为的名称及其适用意见》（2020修订），例如网络运营者不履行网络安全保护义务等。鉴于《数据安全法》《关键信息基础设施安全保护条例》在国家层面尚未发布统一的违法行为名称及适用条款，但地方已开始探索，如江苏省公安厅2021年发布《江苏省公安机关依据〈数据安全法〉〈关键信息基础设施安全保护条例〉实施行政处罚的违法行为名称及适用条款》。因此，本章部分违法行为名称参考了地方现有规定，如开展数据处理活动的组织和个人不履行数据安全保护义务等。此外，《个人信息保护法》以及《网络安全法》涉及的数据出境等违法行为名称暂无正式发布的法律文件予以明确，本章参考《违反公安行政管理行为的名称及其适用意见》(2020 修订)对违法行为名称的描述方式，结合法条自身含义进行描述。

第一节　《网络安全法》执法案由

一、网络运营者不履行网络安全保护义务

1. 行为名称来源

《违反公安行政管理行为的名称及其适用意见》(2020 修订)第510 条。

2. 法律依据

《网络安全法》第二十一条、第二十五条和第五十九条第一款。

3. 违法行为

违反以下规定的：

(1) 网络运营者应当按照网络安全等级保护制度的要求，履行下列安全保护义务，保障网络免受干扰、破坏或者未经授权的访问，防止网络数据泄露或者被窃取、篡改：① 制定内部安全管理制度和操作规程，确定网络安全负责人，落实网络安全保护责任；② 采取防范计算机病毒和网络攻击、网络侵入等危害网络安全行为的技术措施；③ 采取监测、记录网络运行状态、网络安全事件的技术措施，并按照规定留存相关的网络日志不少于六个月；④ 采取数据分类、重要数据备份和加密等措施；⑤ 法律、行政法规规定的其他义务。

(2) 网络运营者应当制定网络安全事件应急预案，及时处置系统漏洞、计算机病毒、网络攻击、网络侵入等安全风险；在发生危害网络安

全的事件时，立即启动应急预案，采取相应的补救措施，并按照规定向有关主管部门报告。

4. 处罚措施

责令改正，给予警告；拒不改正或者导致危害网络安全等后果的，处一万元以上十万元以下罚款，对直接负责的主管人员处五千元以上五万元以下罚款。

5. 理解与适用

（1）本行为的主体是特殊主体，即网络运营者，指网络的所有者、管理者和网络服务提供者。

（2）"法律、行政法规规定的其他义务"是兜底性规定。法律、行政法规包括《计算机信息系统安全保护条例》《计算机信息网络国际联网安全保护管理办法》《关键信息基础设施安全保护条例》以及制定中的《网络安全等级保护条例》等，其他义务至少包括定级备案、等级测评、建设整改等网络安全等级保护制度内容。

（3）关于网络安全事件的报告时间和报告机构，根据《计算机信息系统安全保护条例》第14条规定，报告时间为事件发生后24小时以内，报告机构为当地县级以上人民政府公安机关。

（4）"直接负责的主管人员"指违法行为的决策人、事后对违法行为予以认可和支持的领导人员、由于疏忽管理或放任而对单位违法行为负有不可推卸责任的领导人员。

（5）本行为与《计算机信息系统安全保护条例》第20条第1项的"违反计算机信息系统安全等级保护制度"行为产生竞合，按照"上位法优于下位法"原则，适用《网络安全法》予以处罚。

（6）本行为可与《刑法》第二百八十六条之一"拒不履行信息网络安全管理义务罪"相衔接。"罪与非罪"的界限可参考最高人民法院、最高人民检察院《关于办理非法利用信息网络、帮助信息网络犯罪活动等刑事案件适用法律若干问题的解释》进行判定。

二、关键信息基础设施运营者不履行网络安全保护义务

1. 行为名称来源

《违反公安行政管理行为的名称及其适用意见》（2020修订）第511条。

2. 法律依据

《网络安全法》第三十三条、第三十四条、第三十六条、第三十八条和第五十九条第二款。

3. 违法行为

违反以下规定：

（1）建设关键信息基础设施应当确保其具有支持业务稳定、持续运行的性能，并保证安全技术措施同步规划、同步建设、同步使用。

（2）除本法第二十一条的规定外，关键信息基础设施的运营者还应当履行下列安全保护义务：

① 设置专门安全管理机构和安全管理负责人，并对该负责人和关键岗位的人员进行安全背景审查；

② 定期对从业人员进行网络安全教育、技术培训和技能考核；

③ 对重要系统和数据库进行容灾备份；

④ 制定网络安全事件应急预案，并定期进行演练；

⑤ 法律、行政法规规定的其他义务。

（3）关键信息基础设施的运营者采购网络产品和服务，应当按照规定与提供者签订安全保密协议，明确安全和保密义务与责任。

（4）关键信息基础设施的运营者应当自行或者委托网络安全服务机构对其网络的安全性和可能存在的风险每年至少进行一次检测评估，并将检测评估情况和改进措施报送相关负责关键信息基础设施安全保护工作的部门。

4. 处罚措施

责令改正，给予警告；拒不改正或者导致危害网络安全等后果的，处十万元以上一百万元以下罚款，对直接负责的主管人员处一万元以上十万元以下罚款。

5. 理解与适用

（1）本行为的主体是特殊主体，即关键信息基础设施运营者。关键信息基础设施的认定工作已经展开，公安机关依据本行为进行处罚之前应首先确认主体。

（2）"法律、行政法规规定的其他义务"是兜底性规定。《关键信息基础设施安全保护条例》对本案由的具体义务进行了细化，处罚措施一致，关键信息基础设施运营者违反该条例规定的安全保护义务可依据本行为进行处罚。

三、未按规定告知、报告安全风险

1. 行为名称来源

《违反公安行政管理行为的名称及其适用意见》（2020修订）第513条。

2. 法律依据

《网络安全法》第二十二条第一款和第六十条第（二）项。

3. 违法行为

网络产品、服务的提供者发现其网络产品、服务存在安全缺陷、漏洞等风险时，不立即采取补救措施，不按照规定及时告知用户并向有关主管部门报告。

4. 处罚措施

责令改正,给予警告;拒不改正或者导致危害网络安全等后果的,处五万元以上五十万元以下罚款,对直接负责的主管人员处一万元以上十万元以下罚款。

5. 理解与适用

(1) 本行为的主体是特殊主体,即网络产品和服务提供者。
(2) "应当立即采取补救措施,按照规定及时告知用户并向有关主管部门报告"的具体要求,可参考《网络产品安全漏洞管理规定》的相关规定。

四、未按规定开展网络安全检测、风险评估等活动

1. 行为名称来源

《违反公安行政管理行为的名称及其适用意见》(2020修订)第515条。

2. 法律依据

《网络安全法》第二十六条和第六十二条。

3. 违法行为

开展网络安全认证、检测、风险评估等活动,违反国家有关规定。

4. 处罚措施

责令改正,给予警告;拒不改正或者情节严重的,处一万元以上十万元以下罚款,并可以由有关主管部门责令暂停相关业务、停业整顿、关闭网站、吊销相关业务许可证或者吊销营业执照,对直接负责的主管

人员和其他直接责任人员处五千元以上五万元以下罚款。

5. 理解与适用

（1）本行为的主体是一般主体，即任何组织和个人。

（2）"国家有关规定"属于衔接性规定，包括《数据安全法》《信息安全等级保护管理办法》《计算机信息系统安全专用产品检测和销售许可证管理办法》《计算机病毒防治管理办法》以及制定中的《网络安全等级保护条例》等。

五、违法发布网络安全信息

1. 行为名称来源

《违反公安行政管理行为的名称及其适用意见》（2020修订）第516条。

2. 法律依据

《网络安全法》第二十六条和第六十二条。

3. 违法行为

向社会发布系统漏洞、计算机病毒、网络攻击、网络侵入等网络安全信息，违反国家有关规定。

4. 处罚措施

责令改正，给予警告；拒不改正或者情节严重的，处一万元以上十万元以下罚款，并可以由有关主管部门责令暂停相关业务、停业整顿、关闭网站、吊销相关业务许可证或者吊销营业执照，对直接负责的主管人员和其他直接责任人员处五千元以上五万元以下罚款。

5. 理解与适用

（1）本行为的主体是一般主体，即任何组织和个人。

（2）"国家有关规定"属于衔接性规定，包括《网络产品安全漏洞管理规定》《关于规范促进网络安全竞赛活动的通知》以及制定中的《网络安全等级保护条例》等。

六、从事危害网络安全活动

1. 行为名称来源

《违反公安行政管理行为的名称及其适用意见》（2020修订）第517条。

2. 法律依据

《网络安全法》第二十七条和第六十三条。

3. 违法行为

从事非法侵入他人网络、干扰他人网络正常功能、窃取网络数据等危害网络安全的活动。

4. 处罚措施

个人违反的，没收违法所得，处五日以下拘留，可以并处五万元以上五十万元以下罚款；情节较重的，处五日以上十五日以下拘留，可以并处十万元以上一百万元以下罚款。单位违反的，没收违法所得，处十万元以上一百万元以下罚款，并对直接负责的主管人员和其他直接责任人员依照前款规定处罚。受到治安管理处罚的人员，五年内不得从事网络安全管理和网络运营关键岗位的工作；受到刑事处罚的人员，终身不得从事网络安全管理和网络运营关键岗位的工作。

5. 理解与适用

（1）本行为的主体是一般主体，即任何组织和个人。

（2）本行为对相关人员从事网络安全管理和网络运营关键岗位规定了从业限制的行政处罚。

（3）本行为可与《刑法》第二百八十五条"非法侵入计算机信息系统罪""非法获取计算机信息系统数据罪""非法控制计算机信息系统罪"、第二百八十六条"破坏计算机信息系统罪"相衔接。"罪与非罪"的界限可参考最高人民法院、最高人民检察院《关于办理危害计算机信息系统安全刑事案件应用法律若干问题的解释》进行判定。

七、提供危害网络安全活动专门程序、工具

1. 行为名称来源

《违反公安行政管理行为的名称及其适用意见》（2020 修订）第 518 条。

2. 法律依据

《网络安全法》第二十七条和第六十三条。

3. 违法行为

提供专门用于从事侵入网络、干扰网络正常功能及防护措施、窃取网络数据等危害网络安全活动的程序、工具。

4. 处罚措施

个人违反的，没收违法所得，处五日以下拘留，可以并处五万元以上五十万元以下罚款；情节较重的，处五日以上十五日以下拘留，可以并处十万元以上一百万元以下罚款。单位违反的，没收违法所得，处十万元以上一百万元以下罚款，并对直接负责的主管人员和其他直接责任

人员依照前款规定处罚。受到治安管理处罚的人员，五年内不得从事网络安全管理和网络运营关键岗位的工作；受到刑事处罚的人员，终身不得从事网络安全管理和网络运营关键岗位的工作。

5. 理解与适用

（1）本行为的主体是一般主体，即任何组织和个人。

（2）本行为对相关人员从事网络安全管理和网络运营关键岗位规定了从业限制的行政处罚。

（3）本行为可与《刑法》第二百八十五条"提供侵入、非法控制计算机信息系统程序、工具罪"，第二百八十七条之二"帮助信息网络犯罪活动罪"相衔接。"罪与非罪"的界限可参考最高人民法院、最高人民检察院《关于办理危害计算机信息系统安全刑事案件应用法律若干问题的解释》《关于办理非法利用信息网络、帮助信息网络犯罪活动等刑事案件适用法律若干问题的解释》进行判定。

（4）"专门用于从事侵入网络、干扰网络正常功能及防护措施、窃取网络数据等危害网络安全活动的程序、工具"的概念，可参考最高人民法院、最高人民检察院《关于办理危害计算机信息系统安全刑事案件应用法律若干问题的解释》进行判定。

八、为危害网络安全活动提供帮助

1. 行为名称来源

《违反公安行政管理行为的名称及其适用意见》（2020修订）第519条。

2. 法律依据

《网络安全法》第二十七条和第六十三条。

3. 违法行为

明知他人从事危害网络安全的活动，为其提供技术支持、广告推广、支付结算等帮助。

4. 处罚措施

个人违反的，没收违法所得，处五日以下拘留，可以并处五万元以上五十万元以下罚款；情节较重的，处五日以上十五日以下拘留，可以并处十万元以上一百万元以下罚款。单位违反的，没收违法所得，处十万元以上一百万元以下罚款，并对直接负责的主管人员和其他直接责任人员依照前款规定处罚。受到治安管理处罚的人员，五年内不得从事网络安全管理和网络运营关键岗位的工作；受到刑事处罚的人员，终身不得从事网络安全管理和网络运营关键岗位的工作。

5. 理解与适用

（1）本行为的主体是一般主体，即任何组织和个人。

（2）本行为对相关人员从事网络安全管理和网络运营关键岗位规定了从业限制的行政处罚。

（3）本行为可与《刑法》第二百八十七条之二"帮助信息网络犯罪活动罪"相衔接。"罪与非罪"的界限可参考最高人民法院、最高人民检察院《最高人民法院 最高人民检查院关于办理非法利用信息网络、帮助信息网络犯罪活动等刑事案件适用法律若干问题的解释》进行判定。

九、关键信息基础设施运营者违法在境外存储网络数据、向境外提供网络数据

1. 行为名称来源

暂无正式发布的法律文件。

2. 法律依据

《网络安全法》第三十七条和第六十六条。

3. 违法行为

关键信息基础设施的运营者在中国境内运营中收集和产生的个人信息和重要数据不在境内存储；因业务需要，确需向境外提供的，不按照国家网信部门会同国务院有关部门制定的办法进行安全评估；法律、行政法规另有规定的，违反其规定。

4. 处罚依据

责令改正，给予警告，没收违法所得，处五万元以上五十万元以下罚款，并可以责令暂停相关业务、停业整顿、关闭网站、吊销相关业务许可证或者吊销营业执照；对直接负责的主管人员和其他直接责任人员处一万元以上十万元以下罚款。

5. 理解与适用

（1）本行为的主体是特殊主体，即关键信息基础设施运营者。

（2）重要数据的界定可参考制定中的《网络数据安全管理条例》等进行判定。

（3）"法律、行政法规另有规定的，依照其规定"是兜底性规定，法律、行政法规主要包括《数据安全法》《个人信息保护法》以及制定中的《网络数据安全管理条例》对数据和个人信息跨境的安全评估规定。

十、网络运营者、网络产品或者服务提供者不履行个人信息保护义务

1. 行为名称来源

《违反公安行政管理行为的名称及其适用意见》（2020修订）第520条。

2. 法律依据

《网络安全法》第二十二条第三款、第四十一条、第四十二条、第四十三条和第六十四条第一款。

3. 违法行为

违反以下规定的：

（1）网络产品、服务具有收集用户信息功能的，其提供者应当向用户明示并取得同意；涉及用户个人信息的，还应当遵守本法和有关法律、行政法规关于个人信息保护的规定。

（2）网络运营者收集、使用个人信息，应当遵循合法、正当、必要的原则，公开收集、使用规则，明示收集、使用信息的目的、方式和范围，并经被收集者同意。

（3）网络运营者不得收集与其提供的服务无关的个人信息，不得违反法律、行政法规的规定和双方的约定收集、使用个人信息，并应当依照法律、行政法规的规定和与用户的约定，处理其保存的个人信息。

（4）网络运营者不得泄露、篡改、毁损其收集的个人信息；未经被收集者同意，不得向他人提供个人信息。但是，经过处理无法识别特定个人且不能复原的除外。

（5）网络运营者应当采取技术措施和其他必要措施，确保其收集的个人信息安全，防止信息泄露、毁损、丢失。在发生或者可能发生个人信息泄露、毁损、丢失的情况时，应当立即采取补救措施，按照规定及时告知用户并向有关主管部门报告。

（6）个人发现网络运营者违反法律、行政法规的规定或者双方的约定收集、使用其个人信息的，有权要求网络运营者删除其个人信息；发现网络运营者收集、存储的其个人信息有错误的，有权要求网络运营者予以更正。网络运营者应当采取措施予以删除或者更正。

4. 处罚措施

责令改正，可以根据情节单处或者并处警告、没收违法所得、处违法所得一倍以上十倍以下罚款，没有违法所得的，处一百万元以下罚款，对直接负责的主管人员和其他直接责任人员处一万元以上十万元以下罚款；情节严重的，并可以责令暂停相关业务、停业整顿、关闭网站、吊销相关业务许可证或者吊销营业执照。

5. 理解与适用

（1）本行为的主体是特殊主体，即网络运营者、网络产品或者服务提供者。

（2）本行为与《个人信息保护法》的"个人信息处理者违反个人同意有关规定处理个人信息""个人信息处理者不履行个人信息安全保障义务"行为产生竞合，按照"新法优于旧法"原则，竞合时适用《个人信息保护法》予以处罚。

（3）"泄露个人信息"的行为可与《刑法》第二百八十六条之一"拒不履行信息网络安全管理义务罪"相衔接。"罪与非罪"的界限可参考最高人民法院、最高人民检察院《关于办理非法利用信息网络、帮助信息网络犯罪活动等刑事案件适用法律若干问题的解释》进行判定。

（4）"篡改、毁损个人信息"的行为可与《刑法》第二百八十六条第二款"破坏计算机信息系统罪"相衔接。"罪与非罪"的界限可参考最高人民法院、最高人民检察院《关于办理危害计算机信息系统安全刑事案件应用法律若干问题的解释》进行判定。

十一、非法获取、出售、向他人提供个人信息

1. 行为名称来源

《违反公安行政管理行为的名称及其适用意见》（2020 修订）第 521 条。

2. 法律依据

《网络安全法》第四十四条和第六十四条第二款。

3. 违法行为

窃取或者以其他非法方式获取个人信息，非法出售或者非法向他人提供个人信息。

4. 处罚措施

没收违法所得，并处违法所得一倍以上十倍以下罚款，没有违法所得的，处一百万元以下罚款。

5. 理解与适用

（1）本行为的主体是一般主体，即任何组织和个人。

（2）本行为与《个人信息保护法》的"非法处理、买卖、提供、公开个人信息"行为产生竞合，按照"新法优于旧法"原则，竞合时适用《个人信息保护法》予以处罚。

（3）本行为可与《刑法》第二百五十三条之一"侵犯公民个人信息罪"相衔接。"罪与非罪"的界限可参考最高人民法院、最高人民检察院《关于办理侵犯公民个人信息刑事案件适用法律若干问题的解释》进行判定。

第二节 《数据安全法》执法案由

一、开展数据处理活动的组织和个人不履行数据安全保护义务

1. 行为名称来源

《江苏省公安机关依据〈数据安全法〉〈关键信息基础设施安全保护条例〉实施行政处罚的违法行为名称及适用条款》第1条第1项。

2. 法律依据

《数据安全法》第二十七条、第二十九条、第三十条和第四十五条。

3. 违法行为

违反以下规定的：

（1）开展数据处理活动应当依照法律、法规的规定，建立健全全流程数据安全管理制度，组织开展数据安全教育培训，采取相应的技术措施和其他必要措施，保障数据安全。利用互联网等信息网络开展数据处理活动，应当在网络安全等级保护制度的基础上，履行上述数据安全保护义务。

（2）重要数据的处理者应当明确数据安全负责人和管理机构，落实数据安全保护责任。

（3）开展数据处理活动应当加强风险监测，发现数据安全缺陷、漏洞等风险时，应当立即采取补救措施；发生数据安全事件时，应当立即采取处置措施，按照规定及时告知用户并向有关主管部门报告。

（4）重要数据的处理者应当按照规定对其数据处理活动定期开展风险评估，并向有关主管部门报送风险评估报告。风险评估报告应当包括

处理的重要数据的种类、数量，开展数据处理活动的情况，面临的数据安全风险及其应对措施等。

4. 处罚措施

责令改正，给予警告，可以并处五万元以上五十万元以下罚款，对直接负责的主管人员和其他直接责任人员可以处一万元以上十万元以下罚款；拒不改正或者造成大量数据泄露等严重后果的，处五十万元以上二百万元以下罚款，并可以责令暂停相关业务、停业整顿、吊销相关业务许可证或者吊销营业执照，对直接负责的主管人员和其他直接责任人员处五万元以上二十万元以下罚款。

5. 理解与适用

（1）本行为的主体是特殊主体，包括数据处理者和重要数据处理者。

（2）关于"在网络安全等级保护制度的基础上，履行上述数据安全保护义务""重要数据的处理者对其数据处理活动定期开展风险评估"等具体要求，可参考制定中的《网络数据安全管理条例》相关规定。

（3）关于"安全缺陷及漏洞的补救措施、报告机制"的具体要求，可参考《网络产品安全漏洞管理规定》的相关规定。

（4）本行为中"采取相应的技术措施和其他必要措施"的规定与《网络安全法》的"网络运营者不履行网络安全保护义务"行为产生竞合，按照"新法优于旧法"原则，竞合时适用《数据安全法》予以处罚。

（5）本行为可与《刑法》第二百八十六条之一"拒不履行信息网络安全管理义务罪"衔接。"罪与非罪"的界限可参考最高人民法院、最高人民检察院《关于办理非法利用信息网络、帮助信息网络犯罪活动等刑事案件适用法律若干问题的解释》进行判定。

二、违反国家核心数据管理制度

1. 行为名称来源

暂无正式发布的法律文件。

2. 法律依据

《数据安全法》第四十五条第二款。

3. 违法行为

违反国家核心数据管理制度，危害国家主权、安全和发展利益。

4. 处罚措施

处二百万元以上一千万元以下罚款，并根据情况责令暂停相关业务、停业整顿、吊销相关业务许可证或者吊销营业执照；构成犯罪的，依法追究刑事责任。

5. 理解与适用

（1）本行为的主体是特殊主体，即数据处理者。
（2）应注重对一般数据、重要数据、核心数据的区分。核心数据的界定可参考制定中的《网络数据安全管理条例》等进行判定。

三、非法向境外提供重要数据

1. 行为名称来源

《江苏省公安机关依据〈数据安全法〉〈关键信息基础设施安全保护条例〉实施行政处罚的违法行为名称及适用条款》第一条第二项。

2. 法律依据

《数据安全法》第三十一条和第四十六条。

3. 违法行为

关键信息基础设施运营者在中国境内运营中收集和产生的重要数据出境，违反《网络安全法》规定；其他数据处理者在中国境内运营中收集和产生的重要数据出境，违反国家网信部门会同国务院有关部门制定的管理办法。

4. 处罚措施

责令改正，给予警告，可以并处十万元以上一百万元以下罚款，对直接负责的主管人员和其他直接责任人员可以处一万元以上十万元以下罚款；情节严重的，处一百万元以上一千万元以下罚款，并可以责令暂停相关业务、停业整顿、吊销相关业务许可证或者吊销营业执照，对直接负责的主管人员和其他直接责任人员处十万元以上一百万元以下罚款。

5. 理解与适用

（1）本行为的主体是特殊主体，包括关键信息基础设施运营者和其他数据处理者。

（2）"关键信息基础设施运营者在境内收集和产生的重要数据的出境"行为可与《网络安全法》第三十七条相衔接，适用《网络安全法》予以处罚。

四、窃取或者以其他非法方式获取数据

1. 行为名称来源

《江苏省公安机关依据〈数据安全法〉〈关键信息基础设施安全保护

条例〉实施行政处罚的违法行为名称及适用条款》第一条第五项。

2. 法律依据

《数据安全法》第五十一条。

3. 违法行为

窃取或者以其他非法方式获取数据，损害个人、组织合法权益。

4. 处罚措施

依照有关法律、行政法规的规定处罚。

5. 理解与适用

（1）本行为的主体是一般主体，即任何组织和个人。

（2）本行为与《网络安全法》的"非法获取、出售、向他人提供个人信息"违法行为，《个人信息保护法》的"非法处理、买卖、提供、公开个人信息"违法行为产生竞合，竞合时适用《个人信息保护法》予以处罚。

（3）本行为可与《刑法》第二百八十五条第二款"非法获取计算机信息系统数据罪"相衔接。"罪与非罪"的界限可参考最高人民法院、最高人民检察院《关于办理危害计算机信息系统安全刑事案件应用法律若干问题的解释》进行判定。

五、数据交易中介服务机构未履行审核义务

1. 行为名称来源

暂无正式发布的法律文件。

2. 法律依据

《数据安全法》第三十三条和第四十七条。

3. 违法行为

从事数据交易中介服务的机构提供服务，未要求数据提供方说明数据来源，审核交易双方的身份，并留存审核、交易记录。

4. 处罚措施

责令改正，没收违法所得，处违法所得一倍以上十倍以下罚款，没有违法所得或者违法所得不足十万元的，处十万元以上一百万元以下罚款，并可以责令暂停相关业务、停业整顿、吊销相关业务许可证或者吊销营业执照；对直接负责的主管人员和其他直接责任人员处一万元以上十万元以下罚款。

5. 理解与适用

（1）本行为的主体是特殊主体，即从事数据交易中介服务的机构。

（2）针对数据交易本身的复杂性和涉及利益主体的多元性，数据留存的期限应大于数据使用生命周期，具体期限可参考制定中的《网络数据安全管理条例》相关规定。

六、拒不配合公安机关调取数据

1. 行为名称来源

《江苏省公安机关依据〈数据安全法〉〈关键信息基础设施安全保护条例〉实施行政处罚的违法行为名称及适用条款》第一条第三项。

2. 法律依据

《数据安全法》第三十五条和第四十八条第一款。

3. 违法行为

拒不配合"公安机关因依法维护国家安全或者侦查犯罪的需要，按照国家有关规定，经过严格批准手续依法调取数据"。

4. 处罚措施

责令改正，给予警告，并处五万元以上五十万元以下罚款，对直接负责的主管人员和其他直接责任人员处一万元以上十万元以下罚款。

5. 理解与适用

（1）本行为的主体是一般主体，即任何组织和个人。

（2）本行为与《网络安全法》的"网络运营者拒不向公安机关提供技术支持和协助"行为产生竞合，按照"新法优于旧法"原则，竞合时适用《数据安全法》予以处罚。

（3）本行为与《个人信息保护法》的"拒绝、阻挠公安机关依法履行职责"行为产生竞合，竞合时适用《个人信息保护法》予以处罚。

七、未经批准向外国司法或者执法机构提供境内数据

1. 行为名称来源

《江苏省公安机关依据〈数据安全法〉〈关键信息基础设施安全保护条例〉实施行政处罚的违法行为名称及适用条款》第一条第四项。

2. 法律依据

《数据安全法》第三十六条和第四十八条第二款。

3. 违法行为

非经中华人民共和国主管机关批准，向外国司法或者执法机构提供

存储于中国境内的数据。

4. 处罚措施

给予警告，可以并处十万元以上一百万元以下罚款，对直接负责的主管人员和其他直接责任人员可以处一万元以上十万元以下罚款；造成严重后果的，处一百万元以上五百万元以下罚款，并可以责令暂停相关业务、停业整顿、吊销相关业务许可证或者吊销营业执照，对直接负责的主管人员和其他直接责任人员处五万元以上五十万元以下罚款。

5. 理解与适用

（1）本行为的主体是一般主体，即中国境内的任何组织和个人，包括中国境内的外国组织和个人。

（2）"中华人民共和国主管机关"指依据各自职责分工开展国际司法协助和执法合作的相应主管机关。根据《国际刑事司法协助法》第6条，国家监察委员会、最高人民法院、最高人民检察院、公安部、国家安全部门等部门是开展国际司法协助的主管机关。

（3）本行为与《个人信息保护法》的"个人信息处理者未经批准向外国司法或者执法机构提供境内个人信息"行为产生竞合，竞合时适用《个人信息保护法》予以处罚。

八、国家机关不履行数据安全保护义务

1. 行为名称来源

无正式发布的文件。

2. 法律依据

《数据安全法》第四十九条。

3. 违法行为

国家机关不履行《数据安全法》规定的数据安全保护义务。

4. 处罚措施

对直接负责的主管人员和其他直接责任人员依法给予处分。

5. 理解与适用

（1）本行为的主体是特殊主体，即国家机关。

（2）国家机关违反《数据安全法》的数据安全保护等相关义务，不适用警告、罚款、责令暂停相关业务、停业整顿、吊销许可证或者吊销营业执照等行政处罚，只能对其直接负责的主管人员和其他直接责任人员给予处分。

第三节 《个人信息保护法》执法案由

一、违反最小必要原则处理个人信息

1. 行为名称来源

暂无正式发布的法律文件。

2. 法律依据

《个人信息保护法》第五条、第六条、第二十八条第二款和第六十六条。

3. 违法行为

（1）个人信息处理者超出实现处理目的的最小范围，过度收集个人信息。

（2）个人信息处理者未采取对个人权益影响最小的方式处理个人信息。

4. 处罚措施

责令改正，给予警告，没收违法所得，对违法处理个人信息的应用程序，责令暂停或者终止提供服务；拒不改正的，并处一百万元以下罚款；对直接负责的主管人员和其他直接责任人员处一万元以上十万元以下罚款。

情节严重的，由省级以上履行个人信息保护职责的部门责令改正，没收违法所得，并处五千万元以下或者上一年度营业额百分之五以下罚款，并可以责令暂停相关业务或者停业整顿、通报有关主管部门吊销相关业务许可或者吊销营业执照；对直接负责的主管人员和其他直接责任人员处十万元以上一百万元以下罚款，并可以决定禁止其在一定期限内担任相关企业的董事、监事、高级管理人员和个人信息保护负责人。

5. 理解与适用

（1）本行为的主体是特殊主体，即个人信息处理者。

（2）关于何为"最小必要"，根据《信息安全技术 个人信息安全规范》（GB/T 35273—2020）规定，最小必要是指：① 收集的个人信息的类型应与实现产品或服务的业务功能有直接关联，直接关联是指没有上述个人信息的参与，产品或服务的功能无法实现。② 自动采集个人信息的频率应是实现产品或服务的业务功能所必需的最低频率。③ 间接获取个人信息的数量应是实现产品或服务的业务功能所必需的最少数量。2021年国家互联网信息办公室等部门联合印发《常见类型移动互联网应用程序必要个人信息范围规定》中明确了地图导航、即时通信、网络购物等 39 种常见类型 App 的必要个人信息范围。2022 年《信息安全技术 移动互联网应用程序（App）收集个人信息基本要求》（GB/T 41391—2022）对"最小必要原则"提出进一步要求，规定 App 收集个人信息应在满足 GB/T 35273—2020 中 5.1、5.2 要求的基础上，遵守以下要求：① 收集的个人信息应具有明确、合理、具体的个人信息处理目的。② 收集的个人信息应限于实现处理目的所必要的最小范围。③ 应采取对个人权益影响最小的方式收集个人信息。④ 收集的个人信息应与处理目的直接相关。⑤ 应仅在用户使用业务功能期间，收集该业务功能所需的个人信息。

二、违反公开透明原则处理个人信息

1. 行为名称来源

暂无正式发布的法律文件。

2. 法律依据

《个人信息保护法》第七条、第十七条、第十八条、第二十二条、第二十三条、第三十条、第三十一条第二款和第六十六条。

3. 违法行为

（1）未公开个人信息处理规则，明示处理目的、方式和范围。

（2）个人信息处理者在处理个人信息前，未以显著方式、清晰易懂的语言真实、准确、完整地向个人告知下列事项：① 个人信息处理者的名称或者姓名和联系方式；② 个人信息的处理目的、处理方式，处理的个人信息种类、保存期限；③ 个人行使本法规定权利的方式和程序；④ 法律、行政法规规定应当告知的其他事项。

（3）个人信息处理者因合并、分立、解散、被宣告破产等原因需要转移个人信息的，未向个人告知接收方的名称或者姓名和联系方式。

（4）个人信息处理者向其他个人信息处理者提供其处理的个人信息的，未向个人告知接收方的名称或者姓名、联系方式、处理目的、处理方式和个人信息的种类。

（5）个人信息处理者处理敏感个人信息，无法定无需告知事由的，未向个人告知处理敏感个人信息的必要性以及对个人权益的影响。

（6）个人信息处理者处理不满十四周岁未成年人个人信息的，未制定专门的个人信息处理规则。

4. 处罚措施

责令改正，给予警告，没收违法所得，对违法处理个人信息的应用程序，责令暂停或者终止提供服务；拒不改正的，并处一百万元以下罚款；对直接负责的主管人员和其他直接责任人员处一万元以上十万元以下罚款。

5. 理解与适用

（1）本行为的主体是特殊主体，即个人信息处理者。

（2）个人信息处理以告知为原则，不告知为例外。① 告知时间，处理个人信息前。② 告知方式，以显著方式、清晰易懂的语言告知。③ 告知内容，一般情况下包括个人信息处理者的名称或者姓名和联系方式，个人信息的处理目的、处理方式，处理的个人信息种类、保存期限，个人行使本法规定权利的方式和程序。涉及敏感个人信息的，还应当告知处理必要性以及对个人权益的影响。涉及转移个人信息的，还需要告知接收方的名称或者姓名、联系方式、处理目的、处理方式和个人信息的种类。

（3）告知的例外情形：有法律、行政法规规定应当保密或者不需要告知的情形的，可以不向个人告知前条规定的事项。紧急情况下为保护自然人的生命健康和财产安全无法及时向个人告知的，个人信息处理者应当在紧急情况消除后予以告知。

（4）个人信息处理者应当制定个人信息处理规则并公开。涉及不满十四周岁未成年人个人信息的，还应当制定专门的个人信息处理规则。

三、非法处理个人信息

1. 行为名称来源

暂无正式发布的法律文件。

2. 法律依据

《个人信息保护法》第十条、第二十五条和第六十六条。

3. 违法行为

（1）非法收集、使用、加工、传输他人个人信息。

（2）非法买卖、提供或者公开他人个人信息。

（3）从事危害国家安全、公共利益的个人信息处理活动。

4. 处罚措施

责令改正，给予警告，没收违法所得，对违法处理个人信息的应用程序，责令暂停或者终止提供服务；拒不改正的，并处一百万元以下罚款；对直接负责的主管人员和其他直接责任人员处一万元以上十万元以下罚款。

5. 理解与适用

（1）本行为的主体是一般主体，即任何组织和个人。

（2）本行为与《网络安全法》的"非法获取、出售、向他人提供个人信息"产生竞合，按照"新法优于旧法"原则，竞合时适用《个人信息保护法》予以处罚。

（3）本行为可与《刑法》第二百五十三条之一"侵犯公民个人信息罪"相衔接。"罪与非罪"的界限可参考最高人民法院、最高人民检察院《关于办理侵犯公民个人信息刑事案件适用法律若干问题的解释》进行判定。

四、无合法事由处理个人信息

1. 行为名称来源

暂无正式发布的法律文件。

2. 法律依据

《个人信息保护法》第十三条和第六十六条。

3. 违法行为

个人信息处理者不符合任一情形处理个人信息：

（1）取得个人的同意；

（2）为订立、履行个人作为一方当事人的合同所必需，或者按照依法制定的劳动规章制度和依法签订的集体合同实施人力资源管理所必需；

（3）为履行法定职责或者法定义务所必需；

（4）为应对突发公共卫生事件，或者紧急情况下为保护自然人的生命健康和财产安全所必需；

（5）为公共利益实施新闻报道、舆论监督等行为，在合理的范围内处理个人信息；

（6）依照本法规定在合理的范围内处理个人自行公开或者其他已经合法公开的个人信息；

（7）法律、行政法规规定的其他情形。

4. 处罚措施

责令改正，给予警告，没收违法所得，对违法处理个人信息的应用程序，责令暂停或者终止提供服务；拒不改正的，并处一百万元以下罚款；对直接负责的主管人员和其他直接责任人员处一万元以上十万元以下罚款。

5. 理解与适用

（1）本行为的主体是特殊主体，即个人信息处理者。

（2）取得个人同意之外的几个合法性事由均具有一定的适用限制。部分需要满足必要性要求，例如为订立、履行个人作为一方当事人的合同，按照依法制定的劳动规章制度和依法签订的集体合同实施人力资源管理，履行法定职责或者法定义务。部分需要满足合理性要求，例如为公共利益实施新闻报道、舆论监督等行为，处理个人自行公开或者其他已经合法公开的个人信息。

（3）"为履行法定职责或者法定义务所必需"需要有明确的法律依据作为支撑。例如《中华人民共和国反洗钱法》（以下简称《反洗钱法》）第三章第十六条第二款规定，"金融机构在与客户建立业务关系或者为客户提供规定金额以上的现金汇款、现钞兑换、票据兑付等一次性金融服务时，应当要求客户出示真实有效的身份证件或者其他身份证明文件，进行核对并登记"。

五、个人信息处理者违反同意要求处理个人信息

1. 行为名称来源

暂无正式发布的法律文件。

2. 法律依据

《个人信息保护法》第十四条、第十五条、第十六条和第六十六条。

3. 违法行为

违反以下规定：

（1）基于个人同意处理个人信息的，该同意应当由个人在充分知情的前提下自愿、明确作出。法律、行政法规规定处理个人信息应当取得个人单独同意或者书面同意的，从其规定。

（2）个人信息的处理目的、处理方式和处理的个人信息种类发生变更的，应当重新取得个人同意。

（3）基于个人同意处理个人信息的，个人有权撤回其同意。个人信息处理者应当提供便捷的撤回同意的方式。个人撤回同意，不影响撤回前基于个人同意已进行的个人信息处理活动的效力。

（4）不得以个人不同意处理其个人信息或者撤回同意为由，拒绝提供产品或者服务；处理个人信息属于提供产品或者服务所必需的除外。

4. 处罚措施

责令改正，给予警告，没收违法所得，对违法处理个人信息的应用程序，责令暂停或者终止提供服务；拒不改正的，并处一百万元以下罚款；对直接负责的主管人员和其他直接责任人员处一万元以上十万元以下罚款。

5. 理解与适用

（1）本行为的主体是特殊主体，即个人信息处理者。

（2）本行为与《网络安全法》的"网络运营者、网络产品或者服务提供者不履行个人信息保护义务"行为产生竞合，根据"新法优于旧法"原则，竞合时适用《个人信息保护法》予以处罚。

六、超期限保存个人信息

1. 行为名称来源

暂无正式发布的法律文件。

2. 法律依据

《个人信息保护法》第十九条和第六十六条。

3. 违法行为

无法律、行政法规规定事由，个人信息的保存期限超出为实现处理目的所必要的最短时间。

4. 处罚措施

责令改正，给予警告，没收违法所得，对违法处理个人信息的应用程序，责令暂停或者终止提供服务；拒不改正的，并处一百万元以下罚款；对直接负责的主管人员和其他直接责任人员处一万元以上十万元以下罚款。

5. 理解与适用

（1）本行为的主体是特殊主体，即个人信息处理者。

（2）原则上个人信息的保存期限应当为实现处理目的所必要的最短时间，法律、行政法规另有规定的除外。这里除外规定就包括《反恐怖主义法》《反洗钱法》《电子商务法》《证券法》等法律法规中的要求。例如《反恐怖主义法》第三十二条规定，"重点目标的管理单位应当建立公共安全视频图像信息系统值班监看、信息保存使用、运行维护等管理制度，保障相关系统正常运行。采集的视频图像信息保存期限不得少于九十日。"《反洗钱法》第十九条规定，"客户身份资料在业务关系结束后、客户交易信息在交易结束后,应当至少保存五年。"《电子商务法》第三十一条规定,"电子商务平台经营者应当记录、保存平台上发布的商品和服务信息、交易信息,并确保信息的完整性、保密性、可用性。商品和服务信息、交易信息保存时间自交易完成之日起不少于三年;法律、行政法规另有规定的,依照其规定。"

七、违法在公共场所安装图像采集、个人身份识别设备

1. 行为名称来源

暂无正式发布的法律文件。

2. 法律依据

《个人信息保护法》第二十六条和第六十六条。

3. 违法行为

(1)非基于维护公共安全所必需,在公共场所安装图像采集、个人身份识别设备。

(2)在公共场所安装图像采集、个人身份识别设备未设置显著的提示标识,违反国家有关规定。

(3)未获得个人单独同意,将在公共场所安装图像采集、个人身份识别设备所收集的个人图像、身份识别信息用于维护公共安全之外的目的。

4. 处罚措施

责令改正,给予警告,没收违法所得,对违法处理个人信息的应用程序,责令暂停或者终止提供服务;拒不改正的,并处一百万元以下罚款;对直接负责的主管人员和其他直接责任人员处一万元以上十万元以下罚款。

5. 理解与适用

（1）本行为的主体是特殊主体，即个人信息处理者。

（2）在公共场所安装图像采集、个人身份识别设备收集个人图像和身份识别信息的，应遵循以下限制：① 目的限制，应当出于维护公共安全所必须，遵守国家有关规定。② 告知形式限制，设置显著的提示标识。③ 用途限制，只能用于维护公共安全的目的，不得用于其他目的，取得个人单独同意的除外。

（3）关于"公共场所"的认定，根据《最高人民法院关于审理使用人脸识别技术处理个人信息相关民事案件适用法律若干问题的规定》，宾馆、商场、银行、车站、机场、体育场馆、娱乐场所等均属于"公共场所"。

八、违法处理已公开的个人信息

1. 行为名称来源

暂无正式发布的法律文件。

2. 法律依据

《个人信息保护法》第二十七条和第六十六条。

3. 违法行为

（1）超出合理范围处理已公开的个人信息。

（2）个人明确拒绝已公开个人信息的处理行为，个人信息处理者仍进行相应处理。

（3）处理已公开的个人信息，对个人权益有重大影响的，未取得个人同意。

4. 处罚措施

责令改正，给予警告，没收违法所得，对违法处理个人信息的应用程序，责令暂停或者终止提供服务；拒不改正的，并处一百万元以下罚款；对直接负责的主管人员和其他直接责任人员处一万元以上十万元以下罚款。

5. 理解与适用

（1）本行为的主体是特殊主体，即个人信息处理者。

（2）已公开的个人信息包括个人自行公开和其他主体合法公开的个人信息。

（3）在合理范围内处理已公开的个人信息，原则上无需获得个人同意即可处理，但个人明确表示拒绝或者处理行为对个人权益有重大影响的除外。

（4）"合理范围"主要是指个人信息处理者处理已公开的个人信息，应当符合该个人信息被公开时的用途。个人信息被公开时的用途不明确的，个人信息处理者应当合理、谨慎地处理已公开的个人信息。

九、个人信息处理者不履行个人信息安全保护义务

1. 行为名称来源

暂无正式发布的法律文件。

2. 法律依据

《个人信息保护法》第五十一条、第五十二条、第五十三条、第五十四条、第五十五条、第五十六条、第五十八条和第六十六条。

3. 违法行为

（1）个人信息处理者存在以下情形的：① 未制定内部管理制度和操作规程；② 未对个人信息实行分类管理；③ 未采取相应的加密、去标识化等安全技术措施；④ 未合理确定个人信息处理的操作权限，并定期对从业人员进行安全教育和培训；⑤ 未制定并组织实施个人信息安全事件应急预案；⑥ 未采取法律、行政法规规定的其他措施确保个人信息处理活动符合法律、行政法规的规定，防止未经授权的访问以及个人信息泄露、篡改、丢失。

（2）达到规定数量的个人信息处理者未指定个人信息保护负责人。

（3）应当适用《个人信息保护法》的境外个人信息处理者，未在中华人民共和国境内设立专门机构或者指定代表负责处理个人信息保护相关事务，或未报送有关机构的名称或者代表的姓名、联系方式。

（4）个人信息处理者未定期对其处理个人信息遵守法律、行政法规的情况进行合规审计。

（5）个人信息处理者处理敏感个人信息、利用个人信息进行自动化决策、委托处理个人信息、向其他个人信息处理者提供个人信息、公开个人信息、向境外提供个人信息以及开展其他对个人权益有重大影响的个人信息处理活动，未在事前进行个人信息保护影响评估，或者影响评估不符合法律法规要求。

（6）提供重要互联网平台服务、用户数量巨大、业务类型复杂的个人信息处理者，未履行下列义务：① 按照国家规定建立健全个人信息保护合规制度体系，成立主要由外部成员组成的独立机构对个人信息保护情况进行监督；② 遵循公开、公平、公正的原则，制定平台规则，明确平台内产品或者服务提供者处理个人信息的规范和保护个人信息的义务；③ 对严重违反法律、行政法规处理个人信息的平台内的产品或者服务提供者，停止提供服务；④ 定期发布个人信息保护社会责任报告，接受社会监督。

4. 处罚措施

责令改正，给予警告，没收违法所得，对违法处理个人信息的应用程序，责令暂停或者终止提供服务；拒不改正的，并处一百万元以下罚款；对直接负责的主管人员和其他直接责任人员处一万元以上十万元以下罚款。

5. 理解与适用

（1）本行为的主体是特殊主体，即个人信息处理者。

（2）本条与《网络安全法》第二十一条、第二十二条第三款、第二十五条，第四十二条以及《数据安全法》第二十七条产生竞合，按照"新法优于旧法"及"特别法优于一般法"原则，竞合时适用《个人信息保护法》予以处罚。

（3）"法律、行政法规规定的其他措施"属于兜底性规定，主要包括《网络安全法》《数据安全法》《计算机信息系统安全保护条例》及制定中的《网络安全等级保护条例》《网络数据安全管理条例》等法律法规中对个人信息处理者应当采取必要措施的规定。

（4）本行为可与《刑法》第二百八十六条之一"拒不履行信息网络安全管理义务罪"相衔接。"罪与非罪"的界限可参考最高人民法院、最高人民检察院《关于办理非法利用信息网络、帮助信息网络犯罪活动等刑事案件适用法律若干问题的解释》进行判定。

十、违法向境外提供或在境外存储个人信息

1. 行为名称来源

暂无正式发布的法律文件。

2. 法律依据

《个人信息保护法》第四十条和第六十六条。

3. 违法行为

关键信息基础设施运营者和处理个人信息达到国家网信部门规定数量的个人信息处理者，未将在中华人民共和国境内收集和产生的个人信息存储在境内。确需向境外提供的，未通过国家网信部门组织的安全评估。

4. 处罚措施

责令改正，给予警告，没收违法所得，对违法处理个人信息的应用程序，责令暂停或者终止提供服务；拒不改正的，并处一百万元以下罚款；对直接负责的主管人员和其他直接责任人员处一万元以上十万元以下罚款。

5. 理解与适用

（1）本行为的主体是特殊主体，包括关键信息基础设施运营者和处理个人信息达到国家网信部门规定数量的个人信息处理者。

（2）本行为再次明确《网络安全法》第三十七条的要求，并增加"处理个人信息达到国家网信部门规定数量的个人信息处理者"主体，但对于数量的多少，有待国家网信部门予以明确。

十一、个人信息处理者不履行个人信息安全事件响应义务

1. 行为名称来源

暂无正式发布的法律文件。

2. 法律依据

《个人信息保护法》第五十七条和第六十六条。

3. 违法行为

违反以下规定的：

（1）发生或者可能发生个人信息泄露、篡改、丢失的，个人信息处理者应当立即采取补救措施，并通知履行个人信息保护职责的部门和个人。通知应当包括下列事项：① 发生或者可能发生个人信息泄露、篡改、丢失的信息种类、原因和可能造成的危害；② 个人信息处理者采取的补救措施和个人可以采取的减轻危害的措施；③ 个人信息处理者的联系方式。

（2）个人信息处理者采取措施能够有效避免信息泄露、篡改、丢失造成危害的，个人信息处理者可以不通知个人；履行个人信息保护职责的部门认为可能造成危害的，有权要求个人信息处理者通知个人。

4. 处罚措施

责令改正，给予警告，没收违法所得，对违法处理个人信息的应用程序，责令暂停或者终止提供服务；拒不改正的，并处一百万元以下罚款；对直接负责的主管人员和其他直接责任人员处一万元以上十万元以下罚款。

5. 理解与适用

（1）本行为的主体是特殊主体，即个人信息处理者。

（2）本行为与《网络安全法》的"网络运营者、网络产品或者服务提供者不履行个人信息保护义务"行为产生竞合，按照"新法优于旧法"原则，竞合时适用《个人信息保护法》予以处罚。

（3）执法机关除审查个人信息处理者是否在形式上通知了履行个人信息保护职责的部门和个人外，还应当审查通知内容是否符合本行为规定。

十二、未经批准向外国司法或者执法机构提供境内个人信息

1. 行为名称来源

暂无正式发布的法律文件。

2. 法律依据

《个人信息保护法》第四十一条和第六十六条。

3. 违法行为

非经中华人民共和国主管机关批准，向外国司法或者执法机构提供存储于中国境内的个人信息。

4. 处罚措施

责令改正，给予警告，没收违法所得，对违法处理个人信息的应用程序，责令暂停或者终止提供服务；拒不改正的，并处一百万元以下罚款；对直接负责的主管人员和其他直接责任人员处一万元以上十万元以下罚款。

5. 理解与适用

（1）本行为的主体是特殊主体，即个人信息处理者。不论是否为我国的组织，只要其未经主管机关批准，向境外提供存储于我国境内的个人信息，就构成本行为。

（2）"中华人民共和国主管机关"指依据各自职责分工开展国际司法协助和执法合作的主管机关。根据《国际刑事司法协助法》，国家监察委员会、最高人民法院、最高人民检察院、公安部、国家安全部门等部门是开展国际司法协助的主管机关。

十三、个人信息处理者未按规定响应个人权利请求

1. 行为名称来源

暂无正式发布的法律文件。

2. 法律依据

《个人信息保护法》第四十四条、第四十五条、第四十六条、第四十七条、第四十八条、第四十九条、第五十条第一款和第六十六条。

3. 违法行为

违反以下规定:

(1) 个人请求查阅、复制其个人信息的,个人信息处理者应当及时提供。

(2) 个人请求将个人信息转移至其指定的个人信息处理者,符合国家网信部门规定条件的,个人信息处理者应当提供转移的途径。

(3) 个人发现其个人信息不准确或者不完整的,有权请求个人信息处理者更正、补充。个人请求更正、补充其个人信息的,个人信息处理者应当对其个人信息予以核实,并及时更正、补充。

(4) 有下列情形之一的,个人信息处理者应当主动删除个人信息;个人信息处理者未删除的,个人有权请求删除:① 处理目的已实现、无法实现或者为实现处理目的不再必要;② 个人信息处理者停止提供产品或者服务,或者保存期限已届满;③ 个人撤回同意;④ 个人信息处理者违反法律、行政法规或者违反约定处理个人信息;⑤ 法律、行政法规规定的其他情形。法律、行政法规规定的保存期限未届满,或者删除个人信息从技术上难以实现的,个人信息处理者应当停止除存储和采取必要的安全保护措施之外的处理。

（5）个人有权要求个人信息处理者对其个人信息处理规则进行解释说明。

（6）自然人死亡的，其近亲属为了自身的合法、正当利益，可以对死者的相关个人信息行使《个人信息保护法》规定的查阅、复制、更正、删除等权利；死者生前另有安排的除外。

（7）个人信息处理者应当建立便捷的个人行使权利的申请受理和处理机制。拒绝个人行使权利的请求的，应当说明理由。

4. 处罚措施

责令改正，给予警告，没收违法所得，对违法处理个人信息的应用程序，责令暂停或者终止提供服务；拒不改正的，并处一百万元以下罚款；对直接负责的主管人员和其他直接责任人员处一万元以上十万元以下罚款。

5. 理解与适用

（1）本行为的主体是特殊主体，即个人信息处理者。

（2）本行为与《网络安全法》的"网络运营者、网络产品或者服务提供者不履行个人信息保护义务"行为产生竞合，按照"新法优于旧法"原则，竞合时适用《个人信息保护法》予以处罚。

（3）执法机关需要审查个人信息处理者是否建立了便捷的个人行使权利的申请受理和处理机制，是否依据自身对用户做出的承诺响应个人的权利请求。

十四、国家机关不履行个人信息保护义务

1. 行为名称来源

暂无正式发布的法律文件。

2. 法律依据

《个人信息保护法》第六十八条第一款。

3. 违法行为

国家机关不履行《个人信息保护法》规定的个人信息保护义务。

4. 处罚措施

责令改正；对直接负责的主管人员和其他直接责任人员依法给予处分。

5. 理解与适用

（1）本行为的主体是特殊主体，即国家机关。

（2）国家机关违反《个人信息保护法》的个人信息保护义务，不适用警告、罚款、责令暂停相关业务、停业整顿、吊销许可证或者吊销营业执照等行政处罚，只能由其上级机关或者履行个人信息保护职责的部门责令改正，对于直接负责的主管人员和其他直接责任人员给予处分。

第四节 《关键信息基础设施安全保护条例》执法案由

关键信息基础设施运营者不履行网络安全保护义务

1. 行为名称来源

《江苏省公安机关依据〈数据安全法〉〈关键信息基础设施安全保护条例〉实施行政处罚的违法行为名称及适用条款》第2条第1项。

2. 法律依据

《关键信息基础设施安全保护条例》第三十九条。

3. 违法行为

违反以下规定的：

（1）安全保护措施应当与关键信息基础设施同步规划、同步建设、同步使用。

（2）运营者应当建立健全网络安全保护制度和责任制，保障人力、财力、物力投入。运营者的主要负责人对关键信息基础设施安全保护负总责，领导关键信息基础设施安全保护和重大网络安全事件处置工作，组织研究解决重大网络安全问题。

（3）运营者应当设置专门安全管理机构，并对专门安全管理机构负责人和关键岗位人员进行安全背景审查。审查时，公安机关、国家安全机关应当予以协助。

（4）专门安全管理机构具体负责本单位的关键信息基础设施安全保护工作，履行下列职责：① 建立健全网络安全管理、评价考核制度，拟订关键信息基础设施安全保护计划；② 组织推动网络安全防护能力建设，开展网络安全监测、检测和风险评估；③ 按照国家及行业网络安全事件应急预案，制定本单位应急预案，定期开展应急演练，处置网络安全事件；④ 认定网络安全关键岗位，组织开展网络安全工作考核，提出奖励和惩处建议；⑤ 组织网络安全教育、培训；⑥ 履行个人信息和数据安全保护责任，建立健全个人信息和数据安全保护制度；⑦ 对关键信息基础设施设计、建设、运行、维护等服务实施安全管理；⑧ 按照规定报告网络安全事件和重要事项。

（5）运营者应当保障专门安全管理机构的运行经费、配备相应的人员，开展与网络安全和信息化有关的决策应当有专门安全管理机构人员参与。

（6）运营者应当自行或者委托网络安全服务机构对关键信息基础设施每年至少进行一次网络安全检测和风险评估，对发现的安全问题及时整改，并按照保护工作部门要求报送情况。

（7）运营者采购网络产品和服务，应当按照国家有关规定与网络产品和服务提供者签订安全保密协议，明确提供者的技术支持和安全保密义务与责任，并对义务与责任履行情况进行监督。

4. 处罚措施

责令改正，给予警告；拒不改正或者导致危害网络安全等后果的，处10万元以上100万元以下罚款，对直接负责的主管人员处1万元以上10万元以下罚款。

5. 理解与适用

（1）本行为的主体是特殊主体，即关键信息基础设施运营者。

（2）运营者采取的安全保护措施、网络安全保护制度、安全保护计划、人员和经费保障等应当与关键信息基础设施安全保障需求、潜在安全风险相匹配。鉴于关键信息基础设施为等保三级以上信息系统、网络设施，采取的安全保障措施应不低于等级保护三级要求。

（3）"专门安全管理机构履行个人信息和数据安全保护责任，建立健全个人信息和数据安全保护制度"的义务是否履行，可参考《网络安全法》《数据安全法》《个人信息保护法》的相关要求进行判定。

第九章

互联网企业数据安全合规评估清单样例

我国数据安全专项行动和监督检查等正逐步走向常态化,互联网企业亟须从法律、管理、技术三个维度建立起一套全面的,以法律为依据、以管理为核心、以技术为支撑的数据安全合规体系。从互联网企业开展合规评估的实践来看,往往需要整合法务、业务、IT、安全等多部门力量,共同做好机构人员设置、数据安全管理制度、数据分类分级与数据资产管理、访问权限管理、数据类合作方管理、教育培训、日志记录、安全审计、举报投诉处理、应急响应、数据生命周期管理、数据安全技术能力建设等方面的能力建设和合规准备工作。本章基于互联网企业数据安全合规实践,给出十七个方面的清单样例供参考。

一、机构人员设置

• 是否建立了数据安全管理责任部门,或者相关部门的职责和设置是否体现数据安全的管理职责。提供关于部门设置、职责定位的管理性文件、公司发文。

• 数据安全管理责任部门或相关部门中是否设置了数据安全管理岗

位，并配置相应人员。提供岗位说明书、岗位职责等管理性文件、人员名单及人事任命文件。

二、数据安全管理制度

进行管理制度的完备性审查，审查是否建立了以下方面的制度，提供制度文本、制度发布的记录和发布情况：
- 数据分类分级管理制度；
- 数据安全管理制度；
- 数据安全合规性评估制度；
- 数据访问权限管理制度；
- 数据安全审计制度；
- 合作方管理制度；
- 数据安全应急响应制度；
- 数据安全教育培训制度。

三、数据分类分级与数据资产管理

- 管理制度中是否包括数据分级分类标准、数据分级分类清单；
- 是否建立了数据资产扫描管理的工具清单；
- 数据资产扫描管理工具是否识别个人信息、重要数据；
- 对于重要数据、个人信息是否采取必要的安全保护措施；
- 敏感数据是否进行脱敏或者去标识化处理。

四、访问权限管理

管理制度中是否明确规定以下内容：
- 数据处理活动平台系统的用户账号分配、开通、使用、注销等安全保障要求；

- 账号操作的审批要求和操作流程；
- 物理安全，包括机房、工作区域、监控设备管理等规定；
- 人员管理、离职账号回收规定；
- 外包及访客管理；
- 数据隔离策略；
- 制度实施情况的审查；
- 平台系统权限分配；
- 权限申请及审批流程；
- 运维支撑人员列表、登录日志等；
- 采用技术手段实施安全存储，例如采用去标识化、关键字段加密安全存储措施、数据库加密或其他技术手段防止可能存在的敏感数据被非法访问。

五、数据合作方管理

- 是否建立合作方清单；
- 与合作方是否签订服务合同、安全保密协议/条款；
- 与合作方订立的协议是否明确了处理的数据类型，数据来源合法性要求，数据使用的目的、方式和用途，合作方的数据安全保护责任，安全保护措施，合作结束后的数据删除要求，合作方违约责任等；
- 合作方是否具备数据安全管理制度；
- 是否对合作方使用数据行为进行监控；
- 是否建立合作方账号管理机制；
- 是否对合作方数据使用用途进行监督审计并形成审计报告/审计记录；
- 合作方数据用途是否逐项进行报备；
- 合作结束后，是否采取措施督促合作方依照合同约定及时关闭数据接口、删除数据。

六、教育培训

是否记录数据安全培训情况，包括以下事项：
- 培训通知；
- 培训课件；
- 培训记录；
- 培训人员。

七、日志记录

- 对数据安全平台日常操作各个环节是否实施日志留存；
- 日志记录信息是否包括执行时间、操作账号、处理方式、授权情况、登录信息等；
- 重要的网络日志留存时间是否为 6 个月以上；
- 是否配置日志安全审计员。

八、安全审计

- 是否明确审计对象、审计内容、实施周期、问题整改等要求；
- 是否设置审计管理员角色并配置对应权限；
- 是否形成定期安全审计报告/审计记录。

九、举报投诉处理

- 隐私政策或个人信息安全相关页面是否向用户告知投诉渠道、联系方式；
- 产品功能上是否有投诉渠道和入口；
- 是否对投诉处理的情况进行记录，并在承诺时间内及时处置。

十、应急响应

• 管理制度是否包括角色及分工、应急响应实施流程、数据安全事件补救措施等；
• 是否定期开展应急演练并提供演练案例和报告；
• 发生数据安全事件是否进行报告。

十一、数据生命周期管理— 数据采集

• 是否制定数据采集规则（个人信息保护规则），明确收集数据的目的、方式、范围、用途等；
• 是否在采集前，将数据采集规则告知用户并征得用户同意，或者有其他法律依据；
• 内部业务系统中是否对数据采集合规性进行审查；
• 数据采集规则对数据采集的规定是否与实际业务功能直接关联，并保持一致。

十二、数据生命周期管理— 数据传输

• 是否建立网络拓扑图；
• 是否建立数据传输安全策略和操作规程；
• 是否具备数据传输加密技术和数据完整性保障措施；
• 是否存在数据出境的场景，数据出境是否合规。

十三、数据生命周期管理— 数据存储

• 是否与系统支撑运维人员签订保密协议；
• 是否建立接入存储介质相关的审核机制；

- 是否建立数据备份操作相关的规章制度；
- 明确数据备份周期、备份地点；
- 提供数据备份恢复验证报告。

十四、数据生命周期管理——数据使用

- 业务系统中是否对数据采用脱敏等必要的技术措施；
- 是否建立数据使用审批机制并提供审批记录；
- 在个人信息使用用途改变时是否再次征得用户同意。

十五、数据生命周期管理——数据开放共享

- 是否建立对外开放数据共享的审核制度和流程；
- 是否采取措施提升数据共享场景下的数据溯源能力；
- 对外开放、共享数据是否订立合作协议和保密协议。

十六、数据生命周期管理——数据销毁

- 是否建立数据销毁的相关管理制度；
- 数据销毁的监督管理措施如何实施。

十七、数据安全技术能力建设

- 是否建立自动化操作审计能力的平台系统（堡垒机、4A等）；
- 是否具备数据操作权限配置、异常操作告警与处置等核心功能；
- 是否具备防泄漏安全产品；
- 是否具备防泄漏安全产品实时监控的能力（具备对网络、邮件、FTP、USB等多种数据导入导出渠道进行实时监控的能力）；
- 防泄漏安全产品是否可以对异常数据操作行为进行预警拦截；

- 接口调用是否具备认证鉴别,以及是否具备接口调用的监控处理功能;
- 接口调用是否建立了审批流程;
- 是否记录了接口调用日志。

附录

附录一 《数据安全法》三次比对稿

《数据安全法》自草案稿发布至正式稿出台，前后历经三次修订（修订比对见附表1）：2020年7月3日，《数据安全法（草案）》正式发布，征求意见截止时间为2020年8月16日；2021年4月29日，《数据安全法（草案二次审议稿）》正式发布，征求意见截止时间为2021年5月28日；2021年6月7日，《数据安全法（草案三次审议稿）》提交审议；2021年6月10日，中华人民共和国第十三届全国人民代表大会常务委员会第二十九次会议通过《数据安全法》，自2021年9月1日起施行。

附表1 我国《数据安全法》三次比对稿

《数据安全法（草案）》 2020年7月3日	《数据安全法（草案二次审议稿）》 2021年4月29日	《数据安全法》 2021年6月10日
第一章 总则 第二章 数据安全与发展 第三章 数据安全制度	第一章 总则 第二章 数据安全与发展 第三章 数据安全制度	第一章 总则 第二章 数据安全与发展 第三章 数据安全制度

续表

《数据安全法（草案）》 2020年7月3日	《数据安全法（草案二次审议稿）》 2021年4月29日	《数据安全法》 2021年6月10日
第四章　数据安全保护义务 第五章　政务数据安全与开放 第六章　法律责任 第七章　附则	第四章　数据安全保护义务 第五章　政务数据安全与开放 第六章　法律责任 第七章　附则	第四章　数据安全保护义务 第五章　政务数据安全与开放 第六章　法律责任 第七章　附则
第一章　总则	第一章　总则	第一章　总则
第一条　为了保障数据安全，促进数据开发利用，保护公民、组织的合法权益，维护国家主权、安全和发展利益，制定本法。	第一条　为了规范数据处理活动，保障数据安全，促进数据开发利用，保护个人、组织的合法权益，维护国家主权、安全和发展利益，制定本法。	第一条　为了规范数据处理活动，保障数据安全，促进数据开发利用，保护个人、组织的合法权益，维护国家主权、安全和发展利益，制定本法。
第二条　在中华人民共和国境内开展数据活动，适用本法。 中华人民共和国境外的组织、个人开展数据活动，损害中华人民共和国国家安全、公共利益或者公民、组织合法权益的，依法追究法律责任。	第二条　在中华人民共和国境内开展数据处理活动及其安全监管，适用本法。 在中华人民共和国境外开展数据处理活动，损害中华人民共和国国家安全、公共利益或者公民、组织合法权益的，依法追究法律责任。	第二条　在中华人民共和国境内开展数据处理活动及其安全监管，适用本法。 在中华人民共和国境外开展数据处理活动，损害中华人民共和国国家安全、公共利益或者公民、组织合法权益的，依法追究法律责任。

续表

《数据安全法（草案）》 2020年7月3日	《数据安全法（草案二次审议稿）》 2021年4月29日	《数据安全法》 2021年6月10日
第三条 本法所称数据，是指任何以电子或者非电子形式对信息的记录。 数据活动，是指数据的收集、存储、加工、使用、提供、交易、公开等行为。 数据安全，是指通过采取必要措施，保障数据得到有效保护和合法利用，并持续处于安全状态的能力。	第三条 本法所称数据，是指任何以电子或者非电子形式对信息的记录。 数据处理，包括数据的收集、存储、使用、加工、传输、提供、公开等。 数据安全，是指通过采取必要措施，确保数据处于有效保护和合法利用的状态，以及保障并持续安全状态的能力。	第三条 本法所称数据，是指任何以电子或者其他方式对信息的记录。 数据处理，包括数据的收集、存储、使用、加工、传输、提供、公开等。 数据安全，是指通过采取必要措施，确保数据处于有效保护和合法利用的状态，以及具备保障持续安全状态的能力。
第四条 维护数据安全，应当坚持总体国家安全观，建立健全数据安全治理体系，提高数据安全保障能力。	第四条 维护数据安全，应当坚持总体国家安全观，建立健全数据安全治理体系，提高数据安全保障能力。	第四条 维护数据安全，应当坚持总体国家安全观，建立健全数据安全治理体系，提高数据安全保障能力。
第五条 国家保护公民、组织与数据有关的权益，鼓励数据依法合理有效利用，保障数据依法有序自由流动，促进以数据为关键要素的数字经济发展，增进人民福祉。	第五条 国家保护个人、组织与数据有关的权益，鼓励数据依法合理有效利用，保障数据依法有序自由流动，促进以数据为关键要素的数字经济发展。	第七条 国家保护个人、组织与数据有关的权益，鼓励数据依法合理有效利用，保障数据依法有序自由流动，促进以数据为关键要素的数字经济发展。

续表

《数据安全法（草案）》 2020年7月3日	《数据安全法（草案二次审议稿）》 2021年4月29日	《数据安全法》 2021年6月10日
第六条 中央国家安全领导机构负责数据安全工作的决策和统筹协调，研究制定、指导实施国家数据安全战略和有关重大方针政策。	第六条 中央国家安全领导机构负责数据安全工作的决策和统筹协调，研究制定、指导实施国家数据安全战略和有关重大方针政策。	第五条 中央国家安全领导机构负责国家数据安全工作的决策和议事协调，研究制定、指导实施国家数据安全战略和有关重大方针政策，统筹协调国家数据安全的重大事项和重要工作，建立国家数据安全工作协调机制。
第七条 各地区、各部门对本地区、本部门工作中产生、汇总、加工的数据及数据安全负主体责任。 工业、电信、自然资源、卫生健康、教育、国防科技工业、金融业等行业主管部门承担本行业、本领域数据安全监管职责。 公安机关、国家安全机关等依照本法和有关法律、行政法规的规定，在各自职责范围内承担数据安全监管职责。 国家网信部门依照本法和有关法律、行政法规的规定，负责统筹协调网络数据安全和相关监管工作。	第七条 各地区、各部门对本地区、本部门工作中产生、汇总、加工的数据及数据安全负主体责任。 工业、电信、交通、金融、自然资源、卫生健康、教育、科技等主管部门承担本行业、本领域数据安全监管职责。 公安机关、国家安全机关等依照本法和有关法律、行政法规的规定，在各自职责范围内承担数据安全监管职责。 国家网信部门依照本法和有关法律、行政法规的规定，负责统筹协调网络数据安全和相关监管工作。	第六条 各地区、各部门对本地区、本部门工作中收集和产生的数据及数据安全负责。 工业、电信、交通、金融、自然资源、卫生健康、教育、科技等主管部门承担本行业、本领域数据安全监管职责。 公安机关、国家安全机关等依照本法和有关法律、行政法规的规定，在各自职责范围内承担数据安全监管职责。 国家网信部门依照本法和有关法律、行政法规的规定，负责统筹协调网络数据安全和相关监管工作。

续表

《数据安全法(草案)》 2020年7月3日	《数据安全法 (草案二次审议稿)》 2021年4月29日	《数据安全法》 2021年6月10日
第八条 开展数据活动,必须遵守法律、行政法规,尊重社会公德和伦理,遵守商业道德,诚实守信,履行数据安全保护义务,承担社会责任,不得危害国家安全、公共利益,不得损害公民、组织的合法权益。	第八条 开展数据处理活动,应当遵守法律、法规,尊重社会公德和伦理,遵守商业道德,诚实守信,履行数据安全保护义务,承担社会责任,不得危害国家安全、公共利益,不得损害个人、组织的合法权益。	第八条 开展数据处理活动,应当遵守法律、法规,尊重社会公德和伦理,遵守商业道德和职业道德,诚实守信,履行数据安全保护义务,承担社会责任,不得危害国家安全、公共利益,不得损害个人、组织的合法权益。
第九条 国家建立健全数据安全协同治理体系,推动有关部门、行业组织、企业、个人等共同参与数据安全保护工作,形成全社会共同维护数据安全和促进发展的良好环境。	第九条 国家建立健全数据安全协作机制,推动有关部门、行业组织、企业、个人等共同参与数据安全保护工作,形成全社会共同维护数据安全和促进发展的良好环境。	第九条 国家支持开展数据安全知识宣传普及,提高全社会的数据安全保护意识和水平,推动有关部门、行业组织、科研机构、企业、个人等共同参与数据安全保护工作,形成全社会共同维护数据安全和促进发展的良好环境。

续表

《数据安全法（草案）》 2020年7月3日	《数据安全法（草案二次审议稿）》 2021年4月29日	《数据安全法》 2021年6月10日
	第十条 相关行业组织按照章程，制定数据安全行为规范，加强行业自律，指导会员加强数据安全保护，提高数据安全保护水平，促进行业健康发展。	第十条 相关行业组织按照章程，依法制定数据安全行为规范和团体标准，加强行业自律，指导会员加强数据安全保护，提高数据安全保护水平，促进行业健康发展。
第十条 国家积极开展数据领域国际交流与合作，参与数据安全相关国际规则和标准的制定，促进数据跨境安全、自由流动。	第十一条 国家积极开展数据领域国际交流与合作，参与数据安全相关国际规则和标准的制定，促进数据跨境安全、自由流动。	第十一条 国家积极开展数据安全治理、数据开发利用等领域的国际交流与合作，参与数据安全相关国际规则和标准的制定，促进数据跨境安全、自由流动。
第十一条 任何组织、个人都有权对违反本法规定的行为向有关主管部门投诉、举报。收到投诉、举报的部门应当及时依法处理。	第十二条 任何个人、组织都有权对违反本法规定的行为向有关主管部门投诉、举报。收到投诉、举报的部门应当及时依法处理。	第十二条 任何个人、组织都有权对违反本法规定的行为向有关主管部门投诉、举报。收到投诉、举报的部门应当及时依法处理。有关主管部门应当对投诉、举报人的相关信息予以保密，保护投诉、举报人的合法权益。

续表

《数据安全法(草案)》 2020年7月3日	《数据安全法(草案二次审议稿)》 2021年4月29日	《数据安全法》 2021年6月10日
第二章 数据安全与发展	第二章 数据安全与发展	第二章 数据安全与发展
第十二条 国家坚持维护数据安全和促进数据开发利用并重,以数据开发利用和产业发展促进数据安全,以数据安全保障数据开发利用和产业发展。	第十三条 国家统筹发展和安全,坚持保障数据安全与促进数据开发利用并重,以数据开发利用和产业发展促进数据安全,以数据安全保障数据开发利用和产业发展。	第十三条 国家统筹发展和安全,坚持以数据开发利用和产业发展促进数据安全,以数据安全保障数据开发利用和产业发展。
第十三条 国家实施大数据战略,推进数据基础设施建设,鼓励和支持数据在各行业、各领域的创新应用,促进数字经济发展。 省级以上人民政府应当制定数字经济发展规划,并纳入本级国民经济和社会发展规划。	第十四条 国家实施大数据战略,推进数据基础设施建设,鼓励和支持数据在各行业、各领域的创新应用。 县级以上人民政府应当将数字经济发展纳入本级国民经济和社会发展规划,并根据需要制定数字经济发展规划。	第十四条 国家实施大数据战略,推进数据基础设施建设,鼓励和支持数据在各行业、各领域的创新应用。 省级以上人民政府应当将数字经济发展纳入本级国民经济和社会发展规划,并根据需要制定数字经济发展规划。

续表

《数据安全法(草案)》 2020年7月3日	《数据安全法(草案二次审议稿)》 2021年4月29日	《数据安全法》 2021年6月10日
		第十五条 国家支持开发利用数据提升公共服务的智能化水平。提供智能化公共服务,应当充分考虑老年人、残疾人的需求,避免对老年人、残疾人的日常生活造成障碍。
第十四条 国家加强数据开发利用技术基础研究,支持数据开发利用和数据安全等领域的技术推广和商业创新,培育、发展数据开发利用和数据安全产品和产业体系。	第十五条 国家支持数据开发利用和数据安全技术研究,鼓励数据开发利用和数据安全等领域的技术推广和商业创新,培育、发展数据开发利用和数据安全产品和产业体系。	第十六条 国家支持数据开发利用和数据安全技术研究,鼓励数据开发利用和数据安全等领域的技术推广和商业创新,培育、发展数据开发利用和数据安全产品、产业体系。
第十五条 国家推进数据开发利用技术和数据安全标准体系建设。国务院标准化行政主管部门和国务院有关部门根据各自的职责,组织制定并适时修订有关数据开发利用技术、产品和数据安全相关标准。国家支持企业、研究机构、高等学校、相关行业组织等参与标准制定。	第十六条 国家推进数据开发利用技术和数据安全标准体系建设。国务院标准化行政主管部门和国务院有关部门根据各自的职责,组织制定并适时修订有关数据开发利用技术、产品和数据安全相关标准。国家支持企业、社会团体和教育、科研机构等参与标准制定。	第十七条 国家推进数据开发利用技术和数据安全标准体系建设。国务院标准化行政主管部门和国务院有关部门根据各自的职责,组织制定并适时修订有关数据开发利用技术、产品和数据安全相关标准。国家支持企业、社会团体和教育、科研机构等参与标准制定。

续表

《数据安全法（草案）》 2020年7月3日	《数据安全法（草案二次审议稿）》 2021年4月29日	《数据安全法》 2021年6月10日
第十六条　国家促进数据安全检测评估、认证等服务的发展，支持数据安全检测评估、认证等专业机构依法开展服务活动。	第十七条　国家促进数据安全检测评估、认证等服务的发展，支持数据安全检测评估、认证等专业机构依法开展服务活动。	第十八条　国家促进数据安全检测评估、认证等服务的发展，支持数据安全检测评估、认证等专业机构依法开展服务活动。 国家支持有关部门、行业组织、企业、教育和科研机构、有关专业机构等在数据安全风险评估、防范、处置等方面开展协作。
第十七条　国家建立健全数据交易管理制度，规范数据交易行为，培育数据交易市场。	第十八条　国家建立健全数据交易管理制度，规范数据交易行为，培育数据交易市场。	第十九条　国家建立健全数据交易管理制度，规范数据交易行为，培育数据交易市场。
第十八条　国家支持高等学校、中等职业学校和企业等开展数据开发利用技术和数据安全相关教育和培训，采取多种方式培养数据开发利用技术和数据安全专业人才，促进人才交流。	第十九条　国家支持高等学校、中等职业学校、科研机构和企业等开展数据开发利用技术和数据安全相关教育和培训，采取多种方式培养数据开发利用技术和数据安全专业人才，促进人才交流。	第二十条　国家支持教育、科研机构和企业等开展数据开发利用技术和数据安全相关教育和培训，采取多种方式培养数据开发利用技术和数据安全专业人才，促进人才交流。

续表

《数据安全法（草案）》 2020年7月3日	《数据安全法（草案二次审议稿）》 2021年4月29日	《数据安全法》 2021年6月10日
第三章　数据安全制度	第三章　数据安全制度	第三章　数据安全制度
第十九条　国家根据数据在经济社会发展中的重要程度，以及一旦遭到篡改、破坏、泄露或者非法获取、非法利用，对国家安全、公共利益或者公民、组织合法权益造成的危害程度，对数据实行分级分类保护。 各地区、各部门应当按照国家有关规定，确定本地区、本部门、本行业重要数据保护目录，对列入目录的数据进行重点保护。	第二十条　国家建立数据分类分级保护制度，根据数据在经济社会发展中的重要程度，以及一旦遭到篡改、破坏、泄露或者非法获取、非法利用，对国家安全、公共利益或者公民、组织合法权益造成的危害程度，对数据实行分类分级保护，并确定重要数据目录，加强对重要数据的保护。 各地区、各部门应当按照数据分类分级保护制度确定本地区、本部门以及相关行业、领域的重要数据具体目录，对列入目录的数据进行重点保护。	第二十一条　国家建立数据分类分级保护制度，根据数据在经济社会发展中的重要程度，以及一旦遭到篡改、破坏、泄露或者非法获取、非法利用，对国家安全、公共利益或者个人、组织合法权益造成的危害程度，对数据实行分类分级保护。国家数据安全工作协调机制统筹协调有关部门制定重要数据目录，加强对重要数据的保护。 关系国家安全、国民经济命脉、重要民生、重大公共利益等数据属于国家核心数据，实行更加严格的管理制度。 各地区、各部门应当按照数据分类分级保护制度，确定本地区、本部门以及相关行业、领域的重要数据具体目录，对列入目录的数据进行重点保护。

续表

《数据安全法（草案）》 2020年7月3日	《数据安全法（草案二次审议稿）》 2021年4月29日	《数据安全法》 2021年6月10日
第二十条　国家建立集中统一、高效权威的数据安全风险评估、报告、信息共享、监测预警机制，加强数据安全风险信息的获取、分析、研判、预警工作。	第二十一条　国家建立集中统一、高效权威的数据安全风险评估、报告、信息共享、监测预警机制，加强数据安全风险信息的获取、分析、研判、预警工作。	第二十二条　国家建立集中统一、高效权威的数据安全风险评估、报告、信息共享、监测预警机制。国家数据安全工作协调机制统筹协调有关部门加强数据安全风险信息的获取、分析、研判、预警工作。
第二十一条　国家建立数据安全应急处置机制。发生数据安全事件，有关主管部门应当依法启动应急预案，采取相应的应急处置措施，消除安全隐患，防止危害扩大，并及时向社会发布与公众有关的警示信息。	第二十二条　国家建立数据安全应急处置机制。发生数据安全事件，有关主管部门应当依法启动应急预案，采取相应的应急处置措施，防止危害扩大，消除安全隐患，并及时向社会发布与公众有关的警示信息。	第二十三条　国家建立数据安全应急处置机制。发生数据安全事件，有关主管部门应当依法启动应急预案，采取相应的应急处置措施，防止危害扩大，消除安全隐患，并及时向社会发布与公众有关的警示信息。
第二十二条　国家建立数据安全审查制度，对影响或者可能影响国家安全的数据活动进行国家安全审查。 依法作出的安全审查决定为最终决定。	第二十三条　国家建立数据安全审查制度，对影响或者可能影响国家安全的数据处理活动进行国家安全审查。 依法作出的安全审查决定为最终决定。	第二十四条　国家建立数据安全审查制度，对影响或者可能影响国家安全的数据处理活动进行国家安全审查。 依法作出的安全审查决定为最终决定。

续表

《数据安全法（草案）》 2020年7月3日	《数据安全法（草案二次审议稿）》 2021年4月29日	《数据安全法》 2021年6月10日
第二十三条 国家对与履行国际义务和维护国家安全相关的属于管制物项的数据依法实施出口管制。	第二十四条 国家对与维护国家安全和利益、履行国际义务相关的属于管制物项的数据依法实施出口管制。	第二十五条 国家对与维护国家安全和利益、履行国际义务相关的属于管制物项的数据依法实施出口管制。
第二十四条 任何国家或者地区在与数据和数据开发利用技术等有关的投资、贸易方面对中华人民共和国采取歧视性的禁止、限制或者其他类似措施的，中华人民共和国可以根据实际情况对该国家或者地区采取相应的措施。	第二十五条 任何国家或者地区在与数据和数据开发利用技术等有关的投资、贸易等方面对中华人民共和国采取歧视性的禁止、限制或者其他类似措施的，中华人民共和国可以根据实际情况对该国家或者地区对等采取措施。	第二十六条 任何国家或者地区在与数据和数据开发利用技术等有关的投资、贸易等方面对中华人民共和国采取歧视性的禁止、限制或者其他类似措施的，中华人民共和国可以根据实际情况对该国家或者地区对等采取措施。

续表

《数据安全法（草案）》 2020年7月3日	《数据安全法（草案二次审议稿）》 2021年4月29日	《数据安全法》 2021年6月10日
第四章　数据安全保护义务	第四章　数据安全保护义务	第四章　数据安全保护义务
第二十五条　开展数据活动应当依照法律、行政法规的规定和国家标准的强制性要求，建立健全全流程数据安全管理制度，组织开展数据安全教育培训，采取相应的技术措施和其他必要措施，保障数据安全。 重要数据的处理者应当设立数据安全负责人和管理机构，落实数据安全保护责任。	第二十六条　开展数据处理活动应当依照法律、法规的规定，在网络安全等级保护制度的基础上，建立健全全流程数据安全管理制度，组织开展数据安全教育培训，采取相应的技术措施和其他必要措施，保障数据安全。 重要数据的处理者应当明确数据安全负责人和管理机构，落实数据安全保护责任。	第二十七条　开展数据处理活动应当依照法律、法规的规定，建立健全全流程数据安全管理制度，组织开展数据安全教育培训，采取相应的技术措施和其他必要措施，保障数据安全。利用互联网等信息网络开展数据处理活动，应当在网络安全等级保护制度的基础上，履行上述数据安全保护义务。 重要数据的处理者应当明确数据安全负责人和管理机构，落实数据安全保护责任。
第二十六条　开展数据活动以及研究开发数据新技术，应当有利于促进经济社会发展，增进人民福祉，符合社会公德和伦理。	第二十七条　开展数据处理活动以及研究开发数据新技术，应当有利于促进经济社会发展，增进人民福祉，符合社会公德和伦理。	第二十八条　开展数据处理活动以及研究开发数据新技术，应当有利于促进经济社会发展，增进人民福祉，符合社会公德和伦理。

续表

《数据安全法（草案）》 2020年7月3日	《数据安全法（草案二次审议稿）》 2021年4月29日	《数据安全法》 2021年6月10日
第二十七条 开展数据活动应当加强风险监测，发现数据安全缺陷、漏洞等风险时，应当立即采取补救措施；发生数据安全事件时，应当按照规定及时告知用户并向有关主管部门报告。	第二十八条 开展数据处理活动应当加强风险监测，发现数据安全缺陷、漏洞等风险时，应当立即采取补救措施；发生数据安全事件时，应当立即采取处置措施，按照规定及时告知用户并向有关主管部门报告。	第二十九条 开展数据处理活动应当加强风险监测，发现数据安全缺陷、漏洞等风险时，应当立即采取补救措施；发生数据安全事件时，应当立即采取处置措施，按照规定及时告知用户并向有关主管部门报告。
第二十八条 重要数据的处理者应当按照规定对其数据活动定期开展风险评估，并向有关主管部门报送风险评估报告。 风险评估报告应当包括本组织掌握的重要数据的种类、数量，收集、存储、加工、使用数据的情况，面临的数据安全风险及其应对措施等。	第二十九条 重要数据的处理者应当按照规定对其数据处理活动定期开展风险评估，并向有关主管部门报送风险评估报告。 风险评估报告应当包括处理的重要数据的种类、数量，开展数据处理活动的情况，面临的数据安全风险及其应对措施等。	第三十条 重要数据的处理者应当按照规定对其数据处理活动定期开展风险评估，并向有关主管部门报送风险评估报告。 风险评估报告应当包括处理的重要数据的种类、数量，开展数据处理活动的情况，面临的数据安全风险及其应对措施等。

续表

《数据安全法（草案）》 2020年7月3日	《数据安全法（草案二次审议稿）》 2021年4月29日	《数据安全法》 2021年6月10日
	第三十条　关键信息基础设施的运营者在中华人民共和国境内运营中收集和产生的重要数据的出境安全管理，适用《中华人民共和国网络安全法》的规定；其他数据处理者在中华人民共和国境内运营中收集和产生的重要数据的出境安全管理办法，由国家网信部门会同国务院有关部门制定。	第三十一条　关键信息基础设施的运营者在中华人民共和国境内运营中收集和产生的重要数据的出境安全管理，适用《中华人民共和国网络安全法》的规定；其他数据处理者在中华人民共和国境内运营中收集和产生的重要数据的出境安全管理办法，由国家网信部门会同国务院有关部门制定。
第二十九条　任何组织、个人收集数据，必须采取合法、正当的方式，不得窃取或者以其他非法方式获取数据。 法律、行政法规对收集、使用数据的目的、范围有规定的，应当在法律、行政法规规定的目的和范围内收集、使用数据，不得超过必要的限度。	第三十一条　任何组织、个人收集数据，应当采取合法、正当的方式，不得窃取或者以其他非法方式获取数据。 法律、行政法规对收集、使用数据的目的、范围有规定的，应当在法律、行政法规规定的目的和范围内收集、使用数据。	第三十二条　任何组织、个人收集数据，应当采取合法、正当的方式，不得窃取或者以其他非法方式获取数据。 法律、行政法规对收集、使用数据的目的、范围有规定的，应当在法律、行政法规规定的目的和范围内收集、使用数据。

续表

《数据安全法（草案）》 2020年7月3日	《数据安全法（草案二次审议稿）》 2021年4月29日	《数据安全法》 2021年6月10日
第三十条 从事数据交易中介服务的机构在提供交易中介服务时，应当要求数据提供方说明数据来源，审核交易双方的身份，并留存审核、交易记录。	第三十二条 从事数据交易中介服务的机构在提供交易中介服务时，应当要求数据提供方说明数据来源，审核交易双方的身份，并留存审核、交易记录。	第三十三条 从事数据交易中介服务的机构提供服务，应当要求数据提供方说明数据来源，审核交易双方的身份，并留存审核、交易记录。
第三十一条 专门提供在线数据处理等服务的经营者，应当依法取得经营业务许可或者备案。具体办法由国务院电信主管部门会同有关部门制定。	第三十三条 法律、行政法规规定提供数据处理相关服务应当取得行政许可的，服务提供者应当依法取得许可。	第三十四条 法律、行政法规规定提供数据处理相关服务应当取得行政许可的，服务提供者应当依法取得许可。
第三十二条 公安机关、国家安全机关因依法维护国家安全或者侦查犯罪的需要调取数据，应当按照国家有关规定，经过严格的批准手续，依法进行，有关组织、个人应当予以配合。	第三十四条 公安机关、国家安全机关因依法维护国家安全或者侦查犯罪的需要调取数据，应当按照国家有关规定，经过严格的批准手续，依法进行，有关组织、个人应当予以配合。	第三十五条 公安机关、国家安全机关因依法维护国家安全或者侦查犯罪的需要调取数据，应当按照国家有关规定，经过严格的批准手续，依法进行，有关组织、个人应当予以配合。

续表

《数据安全法（草案）》 2020年7月3日	《数据安全法（草案二次审议稿）》 2021年4月29日	《数据安全法》 2021年6月10日
第三十三条 境外执法机构要求调取存储于中华人民共和国境内的数据的，有关组织、个人应当向有关主管机关报告，获得批准后方可提供。中华人民共和国缔结或者参加的国际条约、协定对外国执法机构调取境内数据有规定的，依照其规定。	第三十五条 中华人民共和国境外的司法或者执法机构要求调取存储于中华人民共和国境内的数据的，非经中华人民共和国主管机关批准，不得提供；中华人民共和国缔结或者参加的国际条约、协定有规定的，可以按照其规定执行。	第三十六条 中华人民共和国主管机关根据有关法律和中华人民共和国缔结或者参加的国际条约、协定，或者按照平等互惠原则，处理外国司法或者执法机构关于提供数据的请求。非经中华人民共和国主管机关批准，境内的组织、个人不得向外国司法或者执法机构提供存储于中华人民共和国境内的数据。

续表

《数据安全法（草案）》 2020年7月3日	《数据安全法（草案二次审议稿）》 2021年4月29日	《数据安全法》 2021年6月10日
第五章 政务数据安全与开放	第五章 政务数据安全与开放	第五章 政务数据安全与开放
第三十四条 国家大力推进电子政务建设，提高政务数据的科学性、准确性、时效性，提升运用数据服务经济社会发展的能力。	第三十六条 国家大力推进电子政务建设，提高政务数据的科学性、准确性、时效性，提升运用数据服务经济社会发展的能力。	第三十七条 国家大力推进电子政务建设，提高政务数据的科学性、准确性、时效性，提升运用数据服务经济社会发展的能力。
第三十五条 国家机关为履行法定职责的需要收集、使用数据，应当在其履行法定职责的范围内依照法律、行政法规规定的条件和程序进行。	第三十七条 国家机关为履行法定职责的需要收集、使用数据，应当在其履行法定职责的范围内依照法律、行政法规规定的条件和程序进行。	第三十八条 国家机关为履行法定职责的需要收集、使用数据，应当在其履行法定职责的范围内依照法律、行政法规规定的条件和程序进行；对在履行职责中知悉的个人隐私、个人信息、商业秘密、保密商务信息等数据应当依法予以保密，不得泄露或者非法向他人提供。
第三十六条 国家机关应当依照法律、行政法规的规定，建立健全数据安全管理制度，落实数据安全保护责任，保障政务数据安全。	第三十八条 国家机关应当依照法律、行政法规的规定，建立健全数据安全管理制度，落实数据安全保护责任，保障政务数据安全。	第三十九条 国家机关应当依照法律、行政法规的规定，建立健全数据安全管理制度，落实数据安全保护责任，保障政务数据安全。

续表

《数据安全法（草案）》 2020年7月3日	《数据安全法（草案二次审议稿）》 2021年4月29日	《数据安全法》 2021年6月10日
第三十七条 国家机关委托他人存储、加工政务数据，或者向他人提供政务数据，应当经过严格的批准程序，并应当监督接收方履行相应的数据安全保护义务。	第三十九条 国家机关委托他人建设、维护电子政务系统，存储、加工政务数据，或者向他人提供政务数据，应当经过严格的批准程序，并应当监督受托方、数据接收方履行相应的数据安全保护义务。	第四十条 国家机关委托他人建设、维护电子政务系统，存储、加工政务数据，应当经过严格的批准程序，并应当监督受托方履行相应的数据安全保护义务。受托方应当依照法律、法规的规定和合同约定履行数据安全保护义务，不得擅自留存、使用、泄露或者向他人提供政务数据。
第三十八条 国家机关应当遵循公正、公平、便民的原则，按照规定及时、准确地公开政务数据。依法不予公开的除外。	第四十条 国家机关应当遵循公正、公平、便民的原则，按照规定及时、准确地公开政务数据。依法不予公开的除外。	第四十一条 国家机关应当遵循公正、公平、便民的原则，按照规定及时、准确地公开政务数据。依法不予公开的除外。
第三十九条 国家制定政务数据开放目录，构建统一规范、互联互通、安全可控的政务数据开放平台，推动政务数据开放利用。	第四十一条 国家制定政务数据开放目录，构建统一规范、互联互通、安全可控的政务数据开放平台，推动政务数据开放利用。	第四十二条 国家制定政务数据开放目录，构建统一规范、互联互通、安全可控的政务数据开放平台，推动政务数据开放利用。

续表

《数据安全法（草案）》 2020年7月3日	《数据安全法（草案二次审议稿）》 2021年4月29日	《数据安全法》 2021年6月10日
第四十条　具有公共事务管理职能的组织为履行公共事务管理职能开展数据活动，适用本章规定。	第四十二条　法律、法规授权的具有管理公共事务职能的组织为履行法定职责开展数据处理活动，适用本章规定。	第四十三条　法律、法规授权的具有管理公共事务职能的组织为履行法定职责开展数据处理活动，适用本章规定。
第六章　法律责任	第六章　法律责任	第六章　法律责任
第四十一条　有关主管部门在履行数据安全监管职责中，发现数据活动存在较大安全风险的，可以按照规定的权限和程序对有关组织和个人进行约谈。有关组织和个人应当按照要求采取措施，进行整改，消除隐患。	第四十三条　有关主管部门在履行数据安全监管职责中，发现数据处理活动存在较大安全风险的，可以按照规定的权限和程序对有关组织和个人进行约谈。有关组织和个人应当按照要求采取措施，进行整改，消除隐患。	第四十四条　有关主管部门在履行数据安全监管职责中，发现数据处理活动存在较大安全风险的，可以按照规定的权限和程序对有关组织、个人进行约谈，并要求有关组织、个人采取措施进行整改，消除隐患。

续表

《数据安全法（草案）》2020年7月3日	《数据安全法（草案二次审议稿）》2021年4月29日	《数据安全法》2021年6月10日
第四十二条 开展数据活动的组织、个人不履行本法第二十五条、第二十七条、第二十八条、第二十九条规定的数据安全保护义务或者未采取必要的安全措施的，由有关主管部门责令改正，给予警告，可以并处一万元以上十万元以下罚款，对直接负责的主管人员可以处五千元以上五万元以下罚款；拒不改正或者造成大量数据泄漏等严重后果的，处十万元以上一百万元以下罚款，对直接负责的主管人员和其他直接责任人员处一万元以上十万元以下罚款。	第四十四条 开展数据处理活动的组织、个人不履行本法第二十六条、第二十八条、第二十九条、第三十条规定的数据安全保护义务的，由有关主管部门责令改正，给予警告，可以并处五万元以上五十万元以下罚款，对直接负责的主管人员和其他直接责任人员可以处一万元以上十万元以下罚款；拒不改正或者造成大量数据泄露等严重后果的，处五十万元以上五百万元以下罚款，并可以责令暂停相关业务、停业整顿、吊销相关业务许可证或者吊销营业执照，对直接负责的主管人员和其他直接责任人员处五万元以上五十万元以下罚款。	第四十五条 开展数据处理活动的组织、个人不履行本法第二十七条、第二十九条、第三十条规定的数据安全保护义务的，由有关主管部门责令改正，给予警告，可以并处五万元以上五十万元以下罚款，对直接负责的主管人员和其他直接责任人员可以处一万元以上十万元以下罚款；拒不改正或者造成大量数据泄露等严重后果的，处五十万元以上二百万元以下罚款，并可以责令暂停相关业务、停业整顿、吊销相关业务许可证或者吊销营业执照，对直接负责的主管人员和其他直接责任人员处五万元以上二十万元以下罚款。 违反国家核心数据管理制度，危害国家主权、安全和发展利益的，由有关主管部门处二百万元以上一千万元以下罚款，并根据情况责令暂停相关业务、停业整顿、吊销相关业务许可证或者吊销营业执照；构成犯罪的，依法追究刑事责任。

续表

《数据安全法（草案）》 2020年7月3日	《数据安全法（草案二次审议稿）》 2021年4月29日	《数据安全法》 2021年6月10日
		第四十六条 违反本法第三十一条规定，向境外提供重要数据的，由有关主管部门责令改正，给予警告，可以并处十万元以上一百万元以下罚款，对直接负责的主管人员和其他直接责任人员可以处一万元以上十万元以下罚款；情节严重的，处一百万元以上一千万元以下罚款，并可以责令暂停相关业务、停业整顿、吊销相关业务许可证或者吊销营业执照，对直接负责的主管人员和其他直接责任人员处十万元以上一百万元以下罚款。

续表

《数据安全法（草案）》 2020年7月3日	《数据安全法（草案二次审议稿）》 2021年4月29日	《数据安全法》 2021年6月10日
第四十三条　数据交易中介机构未履行本法第三十条规定的义务，导致非法来源数据交易的，由有关主管部门责令改正，没收违法所得，处违法所得一倍以上十倍以下罚款，没有违法所得的，处十万元以上一百万元以下罚款，并可以由有关主管部门吊销相关业务许可证或者吊销营业执照；对直接负责的主管人员和其他直接责任人员处一万元以上十万元以下罚款。	第四十五条　从事数据交易中介服务的机构未履行本法第三十二条规定的义务，导致非法来源数据交易的，由有关主管部门责令改正，没收违法所得，处违法所得一倍以上十倍以下罚款，没有违法所得或者违法所得不足十万元的，处十万元以上一百万元以下罚款，并可以责令暂停相关业务、停业整顿、吊销相关业务许可证或者吊销营业执照；对直接负责的主管人员和其他直接责任人员处一万元以上十万元以下罚款。	第四十七条　从事数据交易中介服务的机构未履行本法第三十三条规定的义务的，由有关主管部门责令改正，没收违法所得，处违法所得一倍以上十倍以下罚款，没有违法所得或者违法所得不足十万元的，处十万元以上一百万元以下罚款，并可以责令暂停相关业务、停业整顿、吊销相关业务许可证或者吊销营业执照；对直接负责的主管人员和其他直接责任人员处一万元以上十万元以下罚款。

续表

《数据安全法（草案）》 2020年7月3日	《数据安全法（草案二次审议稿）》 2021年4月29日	《数据安全法》 2021年6月10日
第四十四条　未取得许可或者备案，擅自从事本法第三十一条规定业务的，由有关主管部门责令改正或者予以取缔，没收违法所得，处违法所得一倍以上十倍以下罚款；没有违法所得的，处十万元以上一百万元以下罚款；对直接负责的主管人员和其他直接责任人员处一万元以上十万元以下罚款。	第四十六条　违反本法第三十四条规定，拒不配合数据调取的，由有关主管部门责令改正，给予警告，可以并处五万元以上五十万元以下罚款，对直接负责的主管人员和其他直接责任人员可以处一万元以上十万元以下罚款。 违反本法第三十五条规定，未经主管机关批准向境外的司法或者执法机构提供数据的，由有关主管部门责令改正，给予警告，可以并处十万元以上一百万元以下罚款，对直接负责的主管人员和其他直接责任人员可以处二万元以上二十万元以下罚款。	第四十八条　违反本法第三十五条规定，拒不配合数据调取的，由有关主管部门责令改正，给予警告，并处五万元以上五十万元以下罚款，对直接负责的主管人员和其他直接责任人员处一万元以上十万元以下罚款。 违反本法第三十六条规定，未经主管机关批准向外国司法或者执法机构提供数据的，由有关主管部门给予警告，可以并处十万元以上一百万元以下罚款，对直接负责的主管人员和其他直接责任人员可以处一万元以上十万元以下罚款；造成严重后果的，处一百万元以上五百万元以下罚款，并可以责令暂停相关业务、停业整顿、吊销相关业务许可证或者吊销营业执照，对直接负责的主管人员和其他直接责任人员处五万元以上五十万元以下罚款。

续表

《数据安全法（草案）》 2020年7月3日	《数据安全法（草案二次审议稿）》 2021年4月29日	《数据安全法》 2021年6月10日
第四十五条 国家机关不履行本法规定的数据安全保护义务的，对直接负责的主管人员和其他直接责任人员依法给予处分。	第四十七条 国家机关不履行本法规定的数据安全保护义务的，对直接负责的主管人员和其他直接责任人员依法给予处分。	第四十九条 国家机关不履行本法规定的数据安全保护义务的，对直接负责的主管人员和其他直接责任人员依法给予处分。
第四十六条 履行数据安全监管责任的国家工作人员玩忽职守、滥用职权、徇私舞弊，尚不构成犯罪的，依法给予处分。	第四十八条 履行数据安全监管职责的国家工作人员玩忽职守、滥用职权、徇私舞弊，尚不构成犯罪的，依法给予处分。	第五十条 履行数据安全监管职责的国家工作人员玩忽职守、滥用职权、徇私舞弊的，依法给予处分。
第四十七条 通过数据活动危害国家安全、公共利益，或者损害公民、组织合法权益的，依照有关法律、行政法规的规定处罚。	第四十九条 开展数据处理活动危害国家安全、公共利益，排除、限制竞争，或者损害个人、组织合法权益的，依照有关法律、行政法规的规定处罚。	第五十一条 窃取或者以其他非法方式获取数据，开展数据处理活动排除、限制竞争，或者损害个人、组织合法权益的，依照有关法律、行政法规的规定处罚。

续表

《数据安全法(草案)》 2020年7月3日	《数据安全法 (草案二次审议稿)》 2021年4月29日	《数据安全法》 2021年6月10日
第四十八条 违反本法规定,给他人造成损害的,依法承担民事责任。 违反本法规定,构成违反治安管理处罚行为的,依法给予治安管理处罚;构成犯罪的,依法追究刑事责任。	第五十条 违反本法规定,给他人造成损害的,依法承担民事责任。 违反本法规定,构成违反治安管理处罚行为的,依法给予治安管理处罚;构成犯罪的,依法追究刑事责任。	第五十二条 违反本法规定,给他人造成损害的,依法承担民事责任。 违反本法规定,构成违反治安管理行为的,依法给予治安管理处罚;构成犯罪的,依法追究刑事责任。
第七章 附则	第七章 附则	第七章 附则
第四十九条 涉及国家秘密的数据活动,适用《中华人民共和国保守国家秘密法》等法律、行政法规的规定。 开展涉及个人信息的数据活动,应当遵守有关法律、行政法规的规定。	第五十一条 开展涉及国家秘密的数据处理活动,适用《中华人民共和国保守国家秘密法》等法律、行政法规的规定。 开展涉及个人信息的数据处理活动,应当遵守个人信息保护法律、行政法规的规定。	第五十三条 开展涉及国家秘密的数据处理活动,适用《中华人民共和国保守国家秘密法》等法律、行政法规的规定。 在统计、档案工作中开展数据处理活动,开展涉及个人信息的数据处理活动,还应当遵守有关法律、行政法规的规定。
第五十条 军事数据安全保护的办法,由中央军事委员会另行制定。	第五十二条 军事数据安全保护的办法,由中央军事委员会依据本法另行制定。	第五十四条 军事数据安全保护的办法,由中央军事委员会依据本法另行制定。

续表

《数据安全法（草案）》2020年7月3日	《数据安全法（草案二次审议稿）》2021年4月29日	《数据安全法》2021年6月10日
第五十一条　本法自　年　月　日起施行。	第五十三条　本法自　年　月　日起施行。	第五十五条　本法自2021年9月1日起施行。

附录二 全球数据安全治理合作大事记
（2020—2022）

一、美国总统签署《美墨加协议》

2020年1月29日，时任美国总统特朗普签署《美国—墨西哥—加拿大协议》（USMCA），要求缔约国采用保护数字贸易中用户个人信息的法律框架，明确缔约国对个人信息收集限制原则、数据质量原则、安全保障原则等关键原则的认可。出于监管目的，缔约国金融监管机构可即时、直接、持续访问相关计算机中处理或存储的完整信息。2020年7月1日，USMCA正式生效，作为1994年生效的北美自贸协定（NAFTA）升级版，新协定将开启北美地区及世界贸易新时代。

二、新加坡、智利和新西兰签署《数字经济伙伴关系协定》

2020年6月12日，新加坡、智利和新西兰三国在线签署《数字经济伙伴关系协定》（DEPA），旨在强化三国之间数字贸易合作关系，并同步建立便利数字经济发展的相关规范。DEPA是全球首个专门关注数字经济国际合作的协定规则，普遍被认为代表了全球数字经济发展的新方向。2021年11月1日，我国商务部宣布中国已申请加入该协定。

三、欧美"隐私盾"协议被判无效

2020年7月16日，欧盟法院判决实施了四年的欧美"隐私盾"协议无效。法院认为，在该协议下，美国情报机关仍有可能获取用户信息，欧盟公民的个人数据无法得到应有的保护。受此判决影响，在"隐私盾"框架下获得认证的5384家公司需重新考虑数据跨境传输机制。

四、十五个亚太国家正式签署《区域全面经济伙伴关系协定》

2020年11月15日，东盟十国和中国、日本、韩国、澳大利亚、新西兰共十五个亚太国家正式签署《区域全面经济伙伴关系协定》（RCEP），标志着当前世界上人口最多、经贸规模最大、最具发展潜力的自由贸易区正式启航。2022年1月1日，RCEP正式生效。RCEP涉及线上个人信息保护、跨境数据传输规则的规定。限制成员国政府对数字贸易施加各种限制，包括数据本地化（存储）要求等。

五、欧盟委员会发布《欧盟—美国全球变化新议程》

2020年12月2日，欧盟委员会向欧盟议会、欧洲理事会和欧盟理事会发布题为《欧盟—美国全球变化新议程》的联合通讯。该议程涵盖技术和数字等十个议题，强调促进数据自由流动并促进监管趋同。此外，该议程还提议建立新的欧盟—美国贸易和技术理事会（TTC），共同为市场驱动的跨大西洋合作提供最大机遇，加强欧美技术和工业领导地位，并扩大双边贸易。

六、东盟部长级会议批准《东盟数据管理框架》和《东盟跨境数据流动示范合同条款》

2021年1月22日，东盟部长级会议批准《东盟数据管理框架》（DMF）和《东盟跨境数据流动示范合同条款》（MCCs），这是由新加坡主持的数字数据治理工作组制定的两项计划。DMF和MCCs是东盟企业在数据相关业务运营中使用的关键资源和工具。DMF为企业、中小企业提供一个逐步建立数据管理系统的指南，包括数据治理结构和保障措施，旨在通过良好的数据管理实践帮助企业释放数据价值，同时确保数据安全。

七、中国同阿盟发表《中阿数据安全合作倡议》

2021年3月29日，中国外交部副部长马朝旭同阿拉伯国家联盟首席助理秘书长扎齐举行中阿数据安全视频会议，双方签署并发表《中阿数据安全合作倡议》。倡议提出，各国应以事实为依据全面客观看待数据安全问题，积极维护全球信息技术产品和服务的供应开放、安全、稳定。各国应要求企业严格遵守所在国法律。各国应尊重他国主权、司法管辖权和对数据的安全管理权，未经他国法律允许不得直接向企业或个人调取位于他国的数据。信息技术企业不得利用用户对产品的依赖性谋取不正当利益，强迫用户升级系统或更新换代。

八、欧盟宣布正式通过针对英国、韩国数据保护充分性决定

2021年6月28日，欧盟委员会宣布正式通过基于GDPR和《执法指令》（LED）的针对英国数据保护的充分性决定，允许个人数据自由地在欧盟和英国之间流动，并确保享有与欧盟法律所保证的基本相同的保护水平。2021年12月17日，欧盟司法专员和韩国个人信息保护委员会主席正式宣布欧盟与韩国达成《GDPR框架下的个人数据传输充分性协议》，并确认欧盟和韩国对高水平个人数据保护的共同承诺。

九、七国集团就跨境数据使用和数字贸易规则达成协议

2021年10月22日，七国集团（G7）就管理跨境数据使用和数字贸易的原则达成一致，协议在欧洲国家使用的高度管制的数据保护制度和美国更开放的方式之间确定了一个中间立场。G7对数据本地化要求被用于保护主义和歧视性目的以及破坏开放社会和民主价值（包括言论自由）的情况表示关切。协议明确提出，各国应解决跨境数据流动的不合理障碍，同时继续解决隐私、数据保护、知识产权保护和安全等问题。个人数据必须受到可执行的高标准的保护，包括数据跨境传输。

十、欧盟与日本重申双方"密切而全面"的数字伙伴关系

2022年5月12日，欧洲理事会和日本政府发表《2022年欧盟—日本峰会联合声明》（Joint Statement EU-Japan Summit 2022），重申双方"密切而全面"的数字伙伴关系，其目标是在未来几年内就广泛的数字问题展开合作。双方将继续在"可信数据自由流动"方面开展合作，通过加强安全和隐私，促进安全可靠的跨境数据流动，充分推动数字经济发展。数字伙伴关系还将使双方在绿色数据基础设施、隐私、数据创新、数字监管、数字技能的发展和公共服务的数字转型等领域开展合作。此外，双方还致力于参与制定全球互操作标准，促进数字贸易，致力于高标准的个人数据保护。

十一、美欧就新的《跨大西洋数据隐私框架》达成原则性协议

2022年3月25日，欧盟委员会主席冯德莱恩在与美国总统拜登一同出席记者会时宣布，欧盟与美国就新的《跨大西洋数据隐私框架》达成原则性协议。该框架将促进跨大西洋数据流动，并解决欧盟法院在2020年7月Schrems Ⅱ裁决中提出的关切，该裁决确认隐私盾无效。4月7日，欧洲数据保护委员会（EDPB）发布《关于新的跨大西洋数据隐私框架的声明》（Statement 01/2022 on the Announcement of an Agreement in Principle on a New Trans-Atlantic Data Privacy Framework），表示欢迎美国做出的承诺，即在欧洲经济区（EEA）的个人数据被转移到美国时采取"前所未有的"措施保护他们的隐私和个人数据。

十二、全球跨境隐私规则论坛成立

2022年4月21日，美国商务部发布《全球跨境隐私规则声明》（Global Cross-Border Privacy Rules Declaration）。美国、加拿大、日本、韩国、菲律宾、新加坡、中国台湾正式对外宣告成立全球跨境隐私

规则（Cross-Border Privacy Rules，简称"CBPR"）论坛，致力于促进数据自由流通与有效的隐私保护。这一举动本质上是将亚太经合组织（APEC）框架下的 CBPR 体系转变成一个全球所有国家都可以加入的体系。

十三、七国集团签署通过《促进可信数据自由流动的行动计划》

2022 年 5 月 11 日，七国集团发表部长级宣言，承诺在数字化环境、数据、数字市场竞争等多个主题上实现共同的政策目标。宣言提出"可信的数据自由流动"（DFFT）这一术语，并指出七国集团已通过《促进可信数据自由流动的行动计划》（G7 Action Plan Promoting Data Free Flow with Trust）。

十四、《"中国＋中亚五国"数据安全合作倡议》发布

2022 年 6 月 8 日，"中国＋中亚五国"外长第三次会晤举行，会晤通过了《"中国＋中亚五国"数据安全合作倡议》。倡议指出，中国＋中亚五国欢迎国际社会在支持多边主义、兼顾安全发展、坚守公平正义的基础上，为保障数据安全所作出的努力，愿共同应对数据安全风险挑战并在联合国等国际组织框架内开展相关合作。中亚各国支持中方提出的《全球数据安全倡议》。

十五、英国与韩国就跨境数据传输达成数据充分性原则协议

2022 年 7 月 5 日，英国和韩国就跨境数据传输达成了"原则上的充分协议"。这是英国脱欧后与其他国家签订的首份数据跨境充分性协议，该协议将促进英国与韩国在数据框架的未来方向和持续改进方面共同努力。

十六、澳大利亚宣布加入全球跨境隐私规则论坛

2022 年 8 月 17 日，澳大利亚总检察长马克·德赖弗斯（Mark

Dreyfus)和贸易和旅游部长唐·法雷尔（Don Farrell）共同宣布该国加入全球跨境隐私规则（CBPR）论坛。

声明表示，保持企业贸易和全球经济开放对于澳大利亚的繁荣至关重要。澳大利亚政府鼓励经济体之间的互操作性和合作，努力弥合数据保护和隐私框架的差异，并期望通过数据的安全流动促进全球贸易。

附录三　全球数据安全政策法律大事记（2020—2022）

一、中共中央、国务院发布《关于构建更加完善的要素市场化配置体制机制的意见》

2020年4月9日，中共中央、国务院发布《关于构建更加完善的要素市场化配置体制机制的意见》，提出制定数据隐私保护制度和安全审查制度，推动完善适用于大数据环境下的数据分类分级安全保护制度。

二、中国外交部发布《全球数据安全倡议》

2020年9月8日，国务委员兼外交部部长王毅发布《全球数据安全倡议》，呼吁积极维护全球供应链的开放、安全和稳定；反对利用信息技术破坏他国关键基础设施或窃取重要数据；采取措施防范制止利用信息技术侵害个人信息的行为。

三、中央网络安全和信息化委员会印发《提升全民数字素养与技能行动纲要》

2021年11月5日，中央网络安全和信息化委员会印发《提升全民数字素养与技能行动纲要》，围绕七个方面对提升全民数字素养与技能作出安排部署，要求加大个人信息和隐私保护相关法律法规的普及宣传力度，提高全民个人信息和隐私保护意识。

四、第十三届全国人大三次会议表决通过《民法典》

2020年5月28日，第十三届全国人民代表大会第三次会议通过《民法典》，是对于个人信息保护的阶段性立法回应。鉴于个人信息在社会生产和生活中的作用日益突出，《民法典》强调对公民人格权的保护，使"人格权"独立成编，加大对公民隐私权的保护力度。在第四编第六章"隐私权和个人信息保护"中对个人信息的类型、收集、更改或删除做了初步规定。

五、全国人大常委会通过《数据安全法》

2021年6月10日，第十三届全国人大常委会第二十九次会议通过《数据安全法》，确立数据分类分级管理，数据安全审查，数据安全风险评估、监测预警和应急处置等基本制度，加强风险监测和及时处置数据安全事件等义务和责任。

六、全国人大常委会通过《个人信息保护法》

2021年8月20日，十三届全国人大常委会第三十次会议表决通过《个人信息保护法》，全面构建我国个人信息保护制度，主要包括以下内容：① 建立以"告知—同意"为核心的个人信息处理规则，全面规制个人信息处理各环节、全流程；② 明确个人信息处理活动中的个人权利；③ 强化个人信息处理者的保护义务；④ 规定诸多重点制度，对社会热议、群众关切的敏感个人信息采集、大数据"杀熟"、个人信息跨境流动、未成年人信息保护、大型网络平台义务、国家机关处理个人信息等予以积极回应，完善相关制度；⑤ 明确网络身份认证公共服务。

七、最高人民法院发布《关于审理使用人脸识别技术处理个人信息相关民事案件适用法律若干问题的规定》

2021年7月28日，中国最高人民法院发布《关于审理使用人脸识别技术处理个人信息相关民事案件适用法律若干问题的规定》，从侵权责任、合同规则以及诉讼程序等方面规定了十六个条文。规定从人格权和侵权责任角度明确滥用人脸识别技术处理人脸信息行为的性质和责任。

八、国家互联网信息办公室等五部门发布《汽车数据安全管理若干规定（试行）》

2021年8月16日，国家互联网信息办公室、国家发展和改革委员会、工业和信息化部、公安部、交通运输部联合发布《汽车数据安全管理若干规定（试行）》，强调汽车数据处理者开展重要数据处理活动应当遵守依法在境内存储的规定，加强重要数据安全保护，落实风险评估报告制度要求，落实年度报告制度要求。

九、国家互联网信息办公室发布《网络数据安全管理条例（征求意见稿）》

2021年11月14日，国家互联网信息办公室发布《网络数据安全管理条例（征求意见稿）》，提出国家建立数据分类分级保护制度，按照数据对国家安全、公共利益或者个人、组织合法权益的影响和重要程度，将数据分为一般数据、重要数据、核心数据，不同级别的数据采取不同的保护措施。

十、国务院印发《"十四五"数字经济发展规划》

2021年12月12日，国务院印发《"十四五"数字经济发展规划》，要求强化高质量数据要素供给、加快数据要素市场化流通、创新数据要素开发利用机制。支持市场主体依法合规开展数据采集，聚焦数据的标注、清洗、脱敏、脱密、聚合、分析等环节，提升数据资源处理能力，培育壮大数据服务产业。

十一、国务院办公厅印发《要素市场化配置综合改革试点总体方案》

2021年12月21日，国务院办公厅印发《要素市场化配置综合改革试点总体方案》，要求完善公共数据开放共享机制、建立健全数据流通交易规则、拓展规范化数据开发利用场景、加强数据安全保护。

十二、中央网络安全和信息化委员会印发《"十四五"国家信息化规划》

2021年12月27日，中央网络安全和信息化委员会印发《"十四五"国家信息化规划》，对我国"十四五"时期信息化发展作出部署安排。该规划是"十四五"国家规划体系的重要组成部分，是指导各地区、各部门信息化工作的行动指南。该规划明确，要建立高效利用的数据要素资源体系。坚持扩大内需战略基点，充分发挥数据作为新生产要素的关键作用，以数据资源开发利用、共享流通、全生命周期治理和安全保障为重点，建立完善数据要素资源体系，激发数据要素价值，提升数据要素赋能作用，以创新驱动、高质量供给引领和创造新需求，形成强大国内市场，推动构建新发展格局。

十三、国家互联网信息办公室等十三部门修订发布《网络安全审查办法》

2021年12月28日，国家互联网信息办公室、国家发展和改革委员会、工业和信息化部、公安部、国家安全部、财政部、商务部、中国人民银行、国家市场监督管理总局、国家广播电视总局、中国证券监督管理委员会、国家保密局、国家密码管理局十三部门联合修订发布《网络安全审查办法》，自2022年2月15日起施行。

十四、中共中央、国务院发布意见：加快培育数据要素市场

2022年3月25日，中共中央、国务院发布《关于加快建设全国统一大市场的意见》，要求加快培育数据要素市场，建立健全数据安全、权利保护、跨境传输管理、交易流通、开放共享、安全认证等基础制度和标准规范，深入开展数据资源调查，推动数据资源开发利用。

十五、习近平主持召开中央全面深化改革委员会第二十六次会议强调：加快构建数据基础制度

2022年6月22日，中共中央总书记、国家主席、中央军委主席、中央全面深化改革委员会主任习近平主持召开中央全面深化改革委员会第二十六次会议，审议通过《关于构建数据基础制度更好发挥数据要素作用的意见》等文件。习近平强调，数据基础制度建设事关国家发展和安全大局，要维护国家数据安全，保护个人信息和商业秘密，促进数据高效流通使用、赋能实体经济，统筹推进数据产权、流通交易、收益分配、安全治理，加快构建数据基础制度体系。

十六、国家市场监督管理总局、国家互联网信息办公室发布公告，开展数据安全管理认证工作

2022年6月5日，国家市场监督管理总局、国家互联网信息办公室发布《关于开展数据安全管理认证工作的公告》，同步发布《数据安全管理认证实施规则》，规定了对网络运营者开展网络数据收集、存储、使用、加工、传输、提供、公开等处理活动进行认证的基本原则和要求。

十七、国务院印发《关于加强数字政府建设的指导意见》

2022年6月23日，国务院印发《关于加强数字政府建设的指导意见》，就主动顺应经济社会数字化转型趋势，充分释放数字化发展红利，全面开创数字政府建设新局面作出部署，明确了数字政府建设的重点任务。在构建数字政府全方位安全保障体系方面，强化安全管理责任，落实安全制度要求，提升安全保障能力，提高自主可控水平，筑牢数字政府建设安全防线。

十八、国家互联网信息办公室发布《个人信息出境标准合同规定（征求意见稿）》

2022年6月30日，国家互联网信息办公室发布《个人信息出境标

准合同规定（征求意见稿）》，同步发布《个人信息出境标准合同》。征求意见稿规定个人信息处理者依据《个人信息保护法》第三十八条第一款第（三）项，与境外接收方订立合同向中华人民共和国境外提供个人信息的，应当签订个人信息出境标准合同。

十九、国家互联网信息办公室发布《数据出境安全评估办法》

2022年7月7日，国家互联网信息办公室发布《数据出境安全评估办法》，于2022年9月1日起施行。

该办法规定数据出境安全评估的范围、条件和程序，为数据出境安全评估工作提供具体指引。规定了应当申报数据出境安全评估的情形，包括数据处理者向境外提供重要数据、关键信息基础设施运营者和处理100万人以上个人信息的数据处理者向境外提供个人信息、自上年1月1日起累计向境外提供10万人个人信息或者1万人敏感个人信息的、数据处理者向境外提供个人信息以及国家网信部门规定的其他需要申报数据出境安全评估的情形。

二十、国家互联网信息办公室发布《数据出境安全评估申报指南（第一版）》

2022年8月31日，国家互联网信息办公室发布《数据出境安全评估申报指南（第一版）》，对数据出境安全评估申报方式、申报流程、申报材料等具体要求作出了说明。数据处理者因业务需要确需向境外提供数据，符合数据出境安全评估适用情形的，应当根据《数据出境安全评估办法》规定，按照申报指南申报数据出境安全评估。

该指南在《数据出境安全评估办法》要求基础上，明确了数据处理者申报数据出境安全评估需要提交的材料，包括统一社会信用代码证件影印件等，并在附件中明确了数据出境安全评估申报材料要求、经办人授权委托书（模板）、数据出境安全评估申报书（模板）以及数据出境风险自评估报告（模板）。

二十一、中国香港《2021年个人资料（私隐）（修订）条例》实施

2021年10月8日，中国香港《2021年个人资料（私隐）（修订）条例》刊宪生效。修订条例的主要范畴包括将"起底"行为定为刑事罪行，赋权私隐专员就"起底"及相关罪行进行刑事调查及检控，以及赋予私隐专员法定权力要求停止披露"起底"讯息。

二十二、欧盟委员会发布《欧洲数据战略》

2020年2月19日，欧盟委员会发布《欧洲数据战略》，概述欧盟未来五年实现数据经济所需的政策措施和投资策略。欧盟委员会旨在创建一个单一数据空间——一个真正的数据单一且面向世界开放的市场，其中个人和非个人数据（包括敏感的业务数据）都是安全的，企业也可以轻松访问无限的高质量工业数据，并利用数据促进经济增长、创造价值，同时最大程度地减少人为碳排放和环境破坏。

二十三、欧盟理事会通过《关于塑造欧洲数字未来的结论》

2020年6月10日，欧盟理事会通过《关于塑造欧洲数字未来的结论》，要求成员国、欧盟机构、私营部门和所有其他利益相关方之间进行更紧密的合作，以确保欧盟数字化转型的快速发展，并指出加快数字化转型对成功实现经济和社会复苏至关重要。文件强调需要监测2020年2月19日"数字一揽子计划"中宣布的行动的实施进度，包括通过更新的数字经济和社会指数。

二十四、欧盟理事会通过《数据治理法案》

2022年4月6日，欧洲议会批准《数据治理法案》(*The Data Governance Act*，DGA)，旨在通过数据共享刺激社会数字经济发展，促进数据的可用性，增加对数据共享的信任并为研究和创新服务及产品建立可信的数据使用环境。5月16日，欧盟理事会通过DGA。法案经欧洲

议会主席和理事会主席签署后,将在欧盟官方公报上予以发布,并在发布20天后生效,生效15个月后将正式实施。

二十五、欧盟理事会相继批准《数字市场法》与《数字服务法》

2020年12月15日,欧盟委员会同时颁布《数字服务法》(DSA)和《数字市场法》(DMA)两部立法提案,全面兑现《欧洲数据战略》中的立法承诺,对于实现欧盟的数据战略目标发挥着不可替代的支柱性作用。2022年4月23日,欧洲议会和欧盟成员国就DSA提案达成政治协议。2022年7月18日,欧盟理事会批准通过《数字市场法》,为大型科技平台在欧洲的运营和服务建立客观标准与规范,旨在为欧洲数字行业发展营造更具竞争性与公平性的市场环境。2022年10月4日,欧盟理事会批准通过《数字服务法》,旨在禁止数字空间非法内容传播,保护用户基本权利,确保更安全的在线环境。

二十六、欧盟发布《关于建立欧洲健康数据空间的提案》

2022年5月3日,欧盟委员会发布《关于建立欧洲健康数据空间的提案》(European Health Data Space,EHDS)公开征求意见。《欧洲数据战略》提议建立特定领域的通用欧洲数据空间。EHDS是此类特定领域的通用欧洲数据空间的第一个提议,将解决电子健康数据访问和共享方面的特定挑战,是欧盟委员会在健康领域的优先事项之一,将成为建立欧洲健康联盟的重要组成部分。

二十七、美国白宫发布《关于确保数据驱动应对COVID-19和未来公共卫生威胁严重后果的行政令》

2021年1月21日,美国总统拜登签署《关于确保数据驱动应对COVID-19和未来公共卫生威胁严重后果的行政令》,旨在基于现有最佳科学和数据的指导有效应对新冠疫情。根据行政令规定,所有行政部门和机构负责人都应当在法律允许的范围内与COVID-19响应协调员进行协调，促进 COVID-19 相关数据的收集、共享和发布，并对保密、隐私、执法和国家安全给予适当保护。

二十八、美国国防部发布备忘录，提出五项数据指令

2021 年 5 月 5 日，美国国防部副部长签署一项备忘录，旨在指导国防部数据治理和数据管理，创建国防部数据优势。备忘录要求国防部领导人必须确保所有国防部数据都是可见、可访问、可理解、可连接、可信赖、可互操作和安全的。备忘录提出五项国防部数据法令：① 最大化数据共享和数据使用权；② 将数据资产以及通用接口规范发布到国防部联合数据目录中；③ 使用可从外部访问且机器可读的自动化数据接口；④ 以不确定平台和环境的方式存储数据；⑤ 实施行业最佳实践。

二十九、美国白宫发布《关于保护美国公民敏感数据免受外国对手侵害的行政令》

2021 年 6 月 9 日，美国白宫发布《关于保护美国公民敏感数据免受外国对手侵害的行政令》，旨在提供一份标准，用以识别和评估可能对美国国家安全和敏感数据安全构成风险的应用程序。应用程序可能造成个人身份信息和基因信息等敏感数据泄露给包括中国在内的"外国对手"，对美国数据隐私和国家安全构成风险。

三十、美国加州批准《加州消费者隐私法案》附加规定

2021 年 3 月 15 日，美国加州总检察长宣布批准根据《加州消费者隐私法》（CCPA）赋予数据隐私权利的附加规定，通过采取一些重要步骤授权消费者选择退出的权利。2021 年 10 月 5 日，美国加州州长签署《关于隐私和消费者保护的第 694 号法》（AB-694 法），修订 CCPA 的几个要素，包括增加新定义及对现有定义的修订等。2022 年 5 月 27 日，美国加州隐私保护局发布拟议法规的初步草案，以更新 CCPA，并增加新的规则来实施和解释经《加州隐私权法》（CPRA）修订的 CC-PA 文本。

三十一、美国商务部发布《全球跨境隐私规则声明》

2022年4月21日,美国商务部发布《全球跨境隐私规则声明》(Global Cross-Border Privacy Rules Declaration),内容包括基本目标、活动范围、运作模式、参与和组织规则及常见问题答疑。该声明正式宣告建立"全球跨境隐私规则"(CBPR)论坛,致力于促进数据自由流通与有效的隐私保护。CBPR论坛的目标是在亚太经合组织跨境隐私规则(CBPR)和处理者隐私认可(PRP)系统的基础上建立一个国际认证系统。加拿大、日本、韩国、菲律宾、新加坡、中国台湾和美国是目前参与CBPR的经济体。

三十二、英国数字、文化、媒体和体育部发布《国家数据战略》

2020年9月9日,英国数字、文化、媒体和体育部(DCMS)发布《国家数据战略》,支持英国对数据的使用,帮助本国经济从疫情中复苏。战略设定五项"优先任务",研究英国如何利用现有优势来促进企业、政府和公民社会对数据的使用。

三十三、英国公布《数据改革法案》,创建一个世界级的数据权利制度

2022年5月10日,英国王储查尔斯王子在议会开幕仪式上代英女王发表演讲,提及了38项预计在未来一年内通过的法案,其中包括《数据改革法案》(Data Reform Bill)。该法案将用于改革英国现有的《通用数据保护条例》和《数据保护法》,并旨在利用英国脱欧的好处创建一个世界级的数据权利制度。

三十四、英国发布《数据共享治理框架》

2022年5月23日,隶属于英国内阁办公室的中央数字和数据办公室发布《数据共享治理框架》(Data Sharing Governance Framework),

旨在为公共部门促进数据共享系统和流程更具一致性提供指导，以鼓励和发展各级公共部门间的数据共享。

三十五、俄罗斯总统签署修正案，大幅提高违法数据处理行为处罚力度

2021年2月24日，俄罗斯总统普京签署第1061159-7号法案，即《俄罗斯联邦行政犯罪法》修正案，大幅提高针对违法数据处理行为的处罚力度，将针对个人案件的经济处罚提高到6000卢布，法人和企业的经济处罚提高到10万卢布。

三十六、俄罗斯国家杜马一读通过一项关于加强俄罗斯个人数据保护的法案

5月24日，俄罗斯国家杜马一读通过《关于修改"个人数据"联邦法和俄罗斯联邦关于保护个人数据主体权利的其他立法》，提出保护俄罗斯个人数据的额外措施。

三十七、爱沙尼亚宣布《修改身份证明文件法及相关法令366 SE》

2021年6月15日，爱沙尼亚总统宣布《修改身份证明文件法及相关法令366 SE》，旨在将数据合并到一个可用于识别目的的中央数据库（集中式ABIS）中。该数据库将由内部安全和执法机构使用，旨在协助国内刑事案件调查，帮助执法机构解决刑事犯罪。该数据库适用爱沙尼亚《个人数据保护法》，意味着个人将有权知道谁查看了他们的生物特征数据。

三十八、澳大利亚内政部发布《国家数据安全行动计划》

2022年4月，澳大利亚内政部发布《国家数据安全行动计划》（National Data Security Action Plan），着眼于保护公民收集、处理和存储在数字系统和网络上的数据免受侵害。作为行动计划制定的一部分，内政部还在就联邦政府如何提高国家数据安全方面征求各州和领地

政府、企业和澳大利亚公众的意见。

三十九、新西兰《2020年隐私条例》正式生效

2020年12月1日,新西兰《2020年隐私条例》正式生效。新法适用于在新西兰境内开展业务过程中收集个人信息的组织,规定企业在发生隐私泄露的情况下,必须通知受影响的个人以及隐私专员办公室。

四十、日本实施新修订的《个人信息保护法》

2020年6月5日,日本参议院全体会议通过《个人信息保护法》修订版,规定在发生信息外泄时,企业有义务向个人信息保护委员会和本人报告。把对有违规行为的企业罚金上限提升至1亿日元(约合人民币650万元)。2022年4月1日,新修订的《个人信息保护法》正式施行。

四十一、韩国个人信息保护委员会发布《个人信息保护法(修正案草案)》

2021年1月6日,韩国个人信息保护委员会发布《个人信息保护法(修正案草案)》。此次发布的法案文本,主要对以下内容进行修订:① 明确移动图像信息处理设备的操作标准;② 明确数据跨境流动的多种渠道;③ 建立隐私政策审查机制;④ 引入数据可携权;⑤ 对于自动化决策的拒绝权和解释权。

四十二、新加坡通过《个人数据保护法》修正案

2020年11月2日,新加坡通过《个人数据保护法(修正案)》,旨在加强消费者保护,同时让企业有信心利用个人数据进行创新。此法案赋予新加坡个人数据保护委员会更大的执法权,对违反法律的行为设置新的惩罚措施,赋予公民新的数据主体权利,并在个人数据的使用上提供更明确的规定,以促进创新。

四十三、迪拜颁布《迪拜国际金融中心数据保护法》

2020年6月1日，阿联酋副总统兼总理以迪拜统治者的身份颁布《迪拜国际金融中心数据保护法》，对数据控制者和处理者提出了关于若干关键隐私和安全原则，要求在必要时任命数据保护官，进行数据保护影响评估，并施加了保护个人及其个人数据的合同义务。该法提供了一个法律框架，将支持该法争取获得欧盟委员会、英国和其他司法管辖区的充分认可，从而减轻商务活动对数据传输合规性的要求。

四十四、印度发布《国家数据治理框架政策草案》

2022年5月26日，印度电子和信息技术部发布《国家数据治理框架草案》（Draft National Data Governance Framework Policy），适用于所有政府部门和实体，其规则和标准将适用于政府实体收集和管理的所有数据。草案提议启动一项基于非个人数据的印度数据资产计划，还将通过帮助创建和访问匿名和非个人数据集来促进数据和人工智能的研究和创新生态系统。草案还提议在印度电子和信息技术部的数字印度公司下建立一个印度数据管理办公室（IDMO），该办公室将制定规则和指导方针。

四十五、印度尼西亚《个人数据保护法案》提交至立法机关

2020年1月，印度尼西亚《个人数据保护法案》由印尼通信与信息技术部部长宣布，并由总统提交给印尼众议院主席。法案的主要内容涉及个人数据类型、数据主体权利、个人数据处理、个人数据保护的例外情况、个人数据的控制者和处理者义务和责任、个人数据转移、争议解决、行政处罚等。

四十六、以色列政府修订《隐私保护法》

2022年1月5日，以色列政府提出第14号修正案，对《隐私保护法》（Privacy Protection Act）进行重大修订。第14号修正案是该法自1996年以来最大和最全面的更新。

四十七、加拿大提出《2020年数字宪章实施法》，加强个人信息保护

2020年11月11日，加拿大提出《2020年数字宪章实施法》，涉及隐私管理计划、适当性、有意义的同意、正当利益、自动决策、去标识化信息、数据可携性、数据删除权、执法、私人诉讼权、数据转移等内容。规定算法的透明度，以及个人有权要求解释自动决策是如何做出的。

四十八、加拿大公布《2022年数字宪章实施法案》，推动更新联邦隐私制度

2022年6月16日，加拿大公布《2022年数字宪章实施法案》（C-27法案）。包含《消费者隐私保护法案》（Consumer Privacy Protection Act）、《个人信息和数据保护法庭法案》（Personal Information and Data Protection Tribunal Act）以及《人工智能和数据法案》（Artificial Intelligence and Data Act）三部立法。三管齐下的立法旨在加强加拿大的数据隐私框架，并为负责任地发展人工智能制定新法规，同时继续实施加拿大的数字宪章。

四十九、巴西《一般数据保护法》正式生效

2020年9月16日，巴西《一般数据保护法》（LGPD）正式生效，该法将个人数据持有者的同意和访问权置于中心位置，要求数据处理者遵守跨境数据传输限制、提供隐私声明与数据泄露通知。

五十、巴西国民议会将个人数据保护列为宪法权利

2022年2月10日，巴西国民议会颁布《第115号宪法修正案》，将个人数据保护列入基本宪法权利与保障，并规定联邦在该问题上的专属立法权。此前，巴西联邦最高法院（STF）已承认个人数据保护是一项基本权利。

五十一、南非《个人信息保护法》生效

2020年7月1日,南非《个人信息保护法》(POPIA)的实质性规定生效(对于信息获取的监督规定将于2021年6月30日生效)。该法旨在促进对发生在南非境内的个人信息处理的保护,并赋予隐私权可诉性。违反规定的组织可能面临最高1000万南非兰特(约合400万人民币)的行政罚款,还可能被提起民事诉讼或被要求承担刑事责任等。

附录四 美国《国家安全系统识别指南》中译本

美国国家标准与技术研究院（NIST）特殊出版物（SP）800-59《国家安全系统识别指南》

2003 年 8 月

1.0 简介

本文件提供与美国国防部（包括美国国家安全局）共同制定的指导方针，为如何将信息系统认定为国家安全系统提供指引。指引基于美国《2002 年联邦信息安全管理法》（FISMA），该法取代《政府信息安全改革法》与《计算机安全法》，详细规定了政府信息安全要求。

FISMA 提供的框架能确保联邦运行与资产所依赖的信息资源的信息安全控制的有效性，同时维护联邦信息与信息系统安全保护所需的最小控制。联邦机构负责为本机构（或代表本机构）所收集、维护的信息与使用、运营的信息系统提供信息安全保护。联邦机构负责人应当履行以下职责：（1）评估未经授权访问、使用、披露、中断、修改或破坏其控制之下支撑联邦机构运行与资产的信息或信息系统的潜在风险与危害等级；（2）明确与保护此类信息与信息系统需求相符的信息安全水平；（3）采取相应政策和程序，将风险降低至可接受水平；（4）定期测试、评估信息安全控制及技术，确保信息安全控制及技术实施的有效性。

在 FISMA 定义的国家安全系统之外，美国商务部部长负责参照 NIST 文件制定联邦信息系统标准与指南。美国国家安全委员会（CNSS）与运营国家安全系统的联邦机构联合制定国家安全系统安全标准与指南。在定义"国家安全系统"外，FISMA 在《美国法典》第 15 编第 278g-3（b）（3）条中要求 NIST 提供将信息系统认定为"国家安全系统"的指南。正如 2002 年 11 月 14 日发布的众议院政府改革委员会报告第 85 页所述，"这一指南不是要管理这些系统，而是确保各机构在识别应受国家安全系统要求管理的系统方面得到一致指引。"

美国国防部与中央情报局局长有权制定国家安全系统政策、指引和标准。其中，中央情报局局长负责制定情报信息处理系统政策。国家安全系统委员会旨在制定必要的操作政策、程序、准则、指示和标准，落实国家安全电信与信息系统安全政策规定，国家安全局是国家安全系统委员会的执行代理。美国管理和预算办公室（OMB）主任负责监督国家安全系统相关的信息安全政策与实践，具体如下：

● 通过《美国法典》第 40 编第 11303 条授权的行为，监督各机构是否遵循《美国法典》第 44 编第 35 章第三节的要求。

● 不迟于每年 3 月 1 日向国会报告各机构遵循《美国法典》第 44 编第 35 章第三节要求的情况，包括：

○ 《美国法典》第 44 编第 3545 条规定所要求的评估结果摘要；

○ 对（根据《美国法典》第 15 编第 278g-3 条规定制定、根据《美国法典》第 40 编第 11331 条颁布的）标准制定、颁布、采纳与遵循情况进行评估；

○ 各机构信息安全实践存在的重大缺陷；

○ 为解决这些缺陷拟采取的补救措施；

○ NIST 根据《美国法典》第 15 编第 278g-3 条规定编写的报告的摘要和 OMB 对该报告的看法。

因此，本指引旨在协助各机构认定其系统是否属于 FISMA 定义的"国家安全系统"、适用国家安全系统要求，而非制定国家安全系统具体要求。

2.0 识别国家安全系统的依据

识别国家安全系统的法律依据是 FISMA 提出的"国家安全系统"定义（《美国法典》第 44 编第 3542（b）（2）条）：

（2）（A）国家安全系统指任何由（联邦）机构、（联邦）机构的合同商或其他代表（联邦）机构的组织所使用或运行的信息系统（包括任何电信系统），

（i）其功能、操作或使用

（Ⅰ）涉及情报活动；

（Ⅱ）涉及与国家安全相关的加密活动；

（Ⅲ）涉及军队指挥与控制；

（Ⅳ）涉及构成武器或武器系统组成部分的装备；

（Ⅴ）涉及对直接实现军队或情报任务至关重要的装备；

（ⅱ）根据行政令或国会立法，出于国防或外交利益考量，获得机密信息程序保护。

（B）第（A）（i）（Ⅴ）中的系统不包括用于日常行政管理与商业应用的系统（包括薪水支付、财务、后勤和人事管理应用）。

不符合以上标准的系统均不属于国家安全系统。（对国家安全系统法律定义的进一步阐释见《附录 A》）。

正如众议院委员会报告所述，FISMA 中的国家安全系统定义"包括对军事与情报任务系统和机密系统的法律认定"。

3.0　识别国家安全系统的方法

3.1　明确工作职责

各机构负责人应当指定一名机构信息安全官,明确哪些机构系统属于国家安全系统。

各机构应当负责识别其拥有、控制的所有国家安全系统。回答《附录 A　识别国家安全系统检查表》中的所有问题可有效记录识别依据。若对所有问题做肯定性回答,则该系统属于国家安全系统。请注意,附录 A 中提供的特定表格并不是强制性使用的,机构可开发、使用其他工具。尽管一些机构会提出其他识别问题,但样本清单上列出的所有问题都应该得到回答与记录。

理想情况下,国家安全系统应在其生命周期内尽早得到认定。对系统认证标准、政策、程序、指导方针和指令的设立,取决于该系统是否是国家安全系统。因此,应尽早对目前正在运行但尚未完成国家安全系统认定的系统做出决定。

根据《美国法典》第 44 编第 3542(b)(2)(A)(i)(V)条规定,一些最初不是作为国家安全系统而建立的系统,由于其对执行军事或情报任务的重要性,可被认定为国家安全系统。若负责某项军事或情报任务的管理者认为该系统对其任务至关重要且未被认定为国家安全系统,则管理者应通知拥有、操作该系统的机构负责人指定的负责单位,将该系统认定为国家安全系统(见《附录 A》A1.5)。

若负责某项军事或情报任务的管理者认为该系统对其任务不再重要或任务已终止,管理者应通知拥有、操作该系统的机构负责人指定的负责单位,该系统不再被认定为国家安全系统。请注意,若一系统被认定为国家安全系统后被撤销认定(一段时间后可能又获认定),是很难满足系统不断变化的安全要求的,为此应慎重采取此类措施。

3.2 使用《识别国家安全系统检查表》

附录 A 中提供的《识别国家安全系统检查表》包括六个问题，对其中一个或多个问题做出肯定性答复，将推动将该系统被认定为国家安全系统。清单中所包含的六个问题只是识别国家安全系统的最基本问题，各部门、机构可基于本指南 2.0 中规定的国家安全系统定义，提出其他识别问题。

3.3 解决认定争议

在某些情况下，系统所有者可能不同意某一组织关于该系统是否对直接执行其军事或情报任务至关重要的决定。若拥有、运行该系统的机构对将该系统认定为国家安全系统存在争议，该机构或任务负责人可将争议问题一并提交给国家安全委员会与管理和预算办公室下属机构。管理和预算办公室将根据需要与总统执行办公室的其他部门进行协调。

若对该系统所处理的信息的安全分类存在争议，争议问题必须提交给合适的内部挑战程序（internal challenge program）以供解决。若争议无法通过内部挑战程序解决，或该争议涉及多个机构，则可将该争议提交给美国信息安全监督办公室（ISOO）进行解决。该机构的通讯地址为：美国华盛顿特区宾夕法尼亚大道 700 号 500 室。其他问题可提交国家安全委员会。

附录 A　识别国家安全系统检查表

《附录 A　识别国家安全系统检查表》包括六大基础性问题，旨在明确系统是否符合本指南 2.0 中规定的国家安全系统定义。对其中一个或多个问题做出肯定性答复，将推动该系统被认定为国家安全系统。本附录中所包含的问题清单只是记录国家安全系统识别依据的一种选择，并非强制性使用，各部门机构可开发、使用其他问题清单或方法论。

A.1 基础性问题

若将系统认定为国家安全系统，应对下列问题之一做肯定性回答：

- 系统的功能、操作或使用是否涉及情报活动？
- 系统的功能、操作或使用是否涉及与国家安全相关的加密活动？
- 系统的功能、操作或使用是否涉及对军队的指挥与控制？
- 系统的功能、操作或使用是否涉及作为武器或武器系统组成部分的设备？
- 在系统不用于日常行政管理与商业应用前提下，系统对直接执行军事或情报任务是否至关重要？
- 系统是否存储、处理或传输机密信息？

这些问题包含在本指南 A.3 部分的清单中。以下内容为六大基础性问题提供具体解释与适用条件。

A.1.1 情报活动

就本指南而言，"情报活动"指情报机构根据《第12333号行政令：美国情报活动》授权实施的所有活动。根据相关法律授权，情报活动可包括不涉及外国的缉毒与反恐情报，若情报信息是由（1）中央情报局局长下属机构收集、开发的；（2）隶属于国防部长的美国外交情报计划收集、开发的。当且仅当系统的功能、操作或使用涉及本段定义的情报活动时，检查表上的框 1 应标记为"是"。

A.1.2 加密活动

就完成《识别国家安全系统检查表》而言，"加密活动"包括情报活动中所涵盖的信号情报活动，及为确保国家安全电信和信息系统可用性、完整性、真实性、机密性和不可再生性所采用的解决方案、产品和服务。当且仅当系统的功能、操作或使用涉及本段定义的密码活动时，检查表上的框2应标记为"是"。

A.1.3 军队指挥与控制

就本指南而言，"指挥与控制"指由适当指定的指挥官对分配和附属的部队行使职权、下达命令，以促使其任务的完成。指挥与控制功能是通过指挥官在完成任务过程中规划、指挥、协调、控制军力与行动，安排人员、设备、通信、设施和程序来执行的。当且仅当系统的功能、操作或使用涉及军队指挥与控制时，检查表上的框3应标记为"是"。

A.1.4 武器和武器系统

就本指南而言，"武器"范围限定为由美国军队拥有、控制的武器与任何大规模杀伤性武器。"武器系统"是一种或多种武器与所有相关设备、材料、服务、人员、交付和部署手段（如果适用）的集合。当且仅当系统的功能、操作或使用涉及构成武器和武器系统组成部分的设备时，检查表上的框4应标记为"是"。

A.1.5 对直接执行军事或情报任务至关重要的系统

对直接执行军事或情报任务至关重要的系统可被认定为国家安全系统，除非其被专门用于日常行政管理与商业应用。日常行政管理与商业应用例证包括薪水支付、财务、后勤和人事管理应用系统。拥有与事件紧急性相关联高优先级产品的系统，例如，对部署军事部队或应急军事部队直接执行任务至关重要的系统，均属于非日常化系统。当且仅当系统的功能、操作或使用对直接执行军事或情报任务至关重要且非专门用于日常行政管理与商业应用时，检查表上的框5应标记为"是"。

A.1.6 机密系统

处理、存储或传输机密信息的系统属于国家安全系统。行政令与国会法案已规定，出于国防或外交利益考量，必须采取机密信息程序对一些特定系统加以保护。经《第13292号行政令》修订的《第12958号行政令》规定为信息分配安全分类的职权。处理由一个或多个机构分类指南认定为机密信息的系统均属于机密系统。当且仅当系统包含或处理机密信息时，检查表上的框6应标记为"是"。

A.2 可选性问题

《附录A》清单中包含的六大问题是国家安全系统认定所需的基础性架构，各部门、机构可基于本指南2.0部分规定的国家安全系统定义提出其他问题。以下是各部门、机构可用于进一步明确、阐述、解释相关情况的问题示例：
- 系统是否处理、存储或传输军事计划？
- 系统是否处理、存储或传输武器系统信息？
- 系统是否处理、存储或传输军事行动信息？
- 系统是否处理、存储或传输有关情报活动、情报源或情报方法的信息？
- 系统是否涉及与国家安全有关的加密活动？

•系统是否处理、存储或传输有关外交关系或外国活动的信息？

•该系统是否处理、存储或传输与国家安全有关的科学、技术或经济信息（包括跨国反恐信息）？

•系统是否涉及保卫核材料与核设施安全的程序？

•系统是否处理、存储或传输有关大规模杀伤性武器的信息？

•系统是否处理、存储或传输与国家安全系统、装置、基础设施、项目、计划、保护性服务的漏洞与能力相关的信息（包括跨国反恐信息）？

•系统信息是否按照本机构的分类指南进行分类？

A.3 检查表

识别国家安全系统检查表

系统标识：
以"是"或"否"形式，回答方框中所有问题。
（1）系统的功能、操作或使用是否涉及情报活动？
（2）系统的功能、操作或使用是否涉及与国家安全相关的加密活动？
（3）系统的功能、操作或使用是否涉及军队指挥与控制？
（4）系统的功能、操作或使用是否涉及作为武器或武器系统组成部分的设备？
（5）在系统不用于日常行政管理与商业应用前提下，系统对直接执行军事或情报任务是否至关重要？
（6）系统是否存储、处理或传输机密信息？
若对六个问题中的任何一个做肯定性回答，则该系统属于国家安全系统。

续表

结论：这个系统是国家安全系统吗？	
答卷机构：	机构地址： 电话：_____
答卷人姓名： 答卷人签字：	日期：

附录五 美国数据出口管制法律与实施研究报告

为研究以数据为管制物项的出口管制，本报告以积极围绕数据相关要素频繁调整出口管制机制的美国出口管制制度为主要研究对象，分析其法律与实施情况。在规范层面，美国出口管制体系分为民用品及军用品出口管制，主要以授予许可证方式实施。通过对商业管制清单和军品管制清单的研究，可以发现其虽然未将"数据"作为管制物项的单独类别，但商业管制清单中每类商品均涉及软件和技术出口管制，许多技术数据被纳入出口管制的范畴；军用品管制体系和军品管制清单将"技术数据"单独列明予以保护。这种规定方式与欧盟出口管制体系、《瓦森纳安排》等国际出口管制体系基本保持一致。

通过研究发现，美国及其他国家的出口管制制度未将数据上升为一个独立的管制类别，而仍是作为设备等出口管制传统对象的附属品而存在，表现为技术、软件等具体形式。但是，在实践层面，随着美国对以技术数据和软件为代表的数据等无体物不断强化实施许可证申请审批制度，管控对象数字化程度越来越高，并且相应执法力度在近年明显加强，反映出在数字时代对数据等无形物的管控越来越成为出口管制的焦点。

伴随数字经济的发展、受管控对象数字化转型的广泛性，出口管制制度对社会生产生活的影响程度也越来越高，但目前制度实施仍然存在许多不确定性。全球互联网和云计算环境下的数据出口管制仍然面临制度落地的重大挑战，虽然云计算尝试通过技术和设计手段协助用户遵循出口管制法律，但由于数据内容包罗万象，数据控制方能力参差不齐，中小企业出口管制合规不容乐观；开源平台等高度依赖互联网开放、共享的特性发展的行业，受"数据"出口管制的影响也非常大，如何有效落实也存在争议。

未来数字经济的国际竞争，不仅是国与国之间产业和科技的竞争，更是国与国之间法律制度和治理规则的竞争。通过明确美国出口管制体系中列为管制物项的数据的范围、对数据等无形物"出口"的认定、包括许可证在内的管理机制的落实，我们也不难发现，个案审查评估而非具体"数据"清单制也为美国数据出口管制提供了充分的弹性空间，相关规则与实施的背后，也有着复杂的美国国家利益、网络空间战略和产业利益的考量，对美国乃至全球数字经济生态也有深远影响。我国制定和实施维护国家安全的数据出口管制规则，应当放眼全球数字经济发展和中国数字经济产业的全球竞争格局，以包容审慎的态度，在现有出口管制法律体系上综合考量多种利益平衡，既立足国内产业发展实际，灵活且适度地加强对直接涉国家安全的技术数据与软件的跨境流通管控，又要有国际视野，保留对破坏国际贸易规则行为的必要反制机制，为中国企业参与国际竞争做好制度准备。

一、美国出口管制法律体系概述

美国现行的出口管制法律体系主要由两部分组成：第一是民用品出口管制法律体系，以《出口管理法》（Export Administration Act）及其实施细则《出口管制条例》（Export Administration Regulation）组成；第二是军品出口管制法律体系，以《武器出口管制法》（Arms Export Control Act）和《国际武器贸易条例》（International Traffic in Arms Regulations）构成，本章将分别介绍两大出口管制体系。

此外，《国际突发事件经济权利法》（International Emergency Economic Powers Act）、2018 年颁布的《出口管制改革法》（Export Control Reform Act）和财政部的《伊朗交易制裁条例》等出口管制相关法也是美国出口管制法律体系的重要补充。最后，鉴于《瓦森纳安排》(Wassenaar Arrangement,又称《瓦森纳协定》)在美国参与的多边出口管制体系中的特殊地位,以及美国对瓦森纳安排的事实性控制,本报告也对美国出口管制体系与瓦森纳安排的衔接进行单独说明。

另需说明,美国核物品的出口管制体系由1954年《原子能法》确立,由美国核管理委员会(Nuclear Regulatory Commission,NRC)、能源部、商务部和国务院多部门分别管理。由于其与民用品、军用品出口管制体系有较多交叉,管制对象和物品范围较小、且与本书研究主题之一的数据出口并无明显交集,本报告不做详尽介绍。

(一)民用品出口管制

1. 管制对象

根据《出口管制条例》,美国商务部工业与安全局(U. S. Department of Commerce Bureau of Industry and Security,BIS)主管的民用品出口管制机制范围主要包括没有明显军事用途的纯商业物品、同时具有商业和军事用途的两用物项,和军品管制清单并入商业管制清单的一些不太敏感的军用物品(以下统称"民用品出口管制")。美商务部工业与安全局的管制方式是对特定管制物项出口要求申请许可证,其主要根据四点判断出口商出口是否应当申请许可证:

第一,出口内容(或称"管制物项")。根据《出口管制条例》,美国政府制定了商业管制清单。该清单根据商品类别分为十大类:0. 各类核材料、设施、设备;1. 材料、化学制品、微生物、毒素;2. 材料加工;3. 电子设备;4. 计算机;5. 通信与信息安全;6. 激光器与传感器;7. 导弹与航天设备;8. 海洋探测设备与技术;9. 航空推进系统。每类商品的管制组均包括五个方面:A. 设备、装备、配件;B. 试验、检测、生产设备;C. 材料;D. 软件;E - 技术(形式参见附表2)。如果出口内容属于某一特定出口管制分类代码(ECCN),则有可能应向商务部申请许可证。

附表 2 美国商业管制清单结构示例

商业管制清单结构示例

商品类别	产品类别				
	A. 设备,装备,附件	B. 试验,检测,生产设备	C. 材料	D. 软件	E. 技术
0—核材料	0A501(ECCN)枪械及相关物 0A606 陆行车及相关物 ……	0B501 可以用于制造或开发 0A501 的试验和生产设备 ……		0D501 专门设计用于开发、生产、操作或维护 0A501\0B501 规定的管制物项的软件 ……	0E501 开发、生产、操作、安装、维护、修理 0A501/0B501 规定的管制物项所需的技术 ……
1—材料、化学制品、微生物、毒素	A. ……	B. ……	C. ……	D. ……	E. ……
…—……	A. ……	B. ……	C. ……	D. ……	E. ……

第二，出口国家。在确定出口内容属于商业管制清单规定的某个出口管制分类代码后，出口商应当查询该项出口管制分类代码下规定的"管制理由"部分，并根据其代码查询管制国家清单，确定出口到某个特定国家是否需要申请许可证。例如，基于核不扩散目的进行出口管制的，理由规定为"NP1"的出口到澳大利亚不受出口管制限制，但出口到阿富汗则需遵循出口管制要求（形式参见附表3）。此外，美国财政部海外资产控制办公室制定贸易制裁对象及"禁运国名单"，"禁运国"通常是指全面禁运且不会获得商务部工业与安全局出口许可的国家，包括伊朗、叙利亚、古巴、苏丹、朝鲜等。额外说明，"出口管制"和"贸易制裁"虽然经常并列说明，但两个制度彼此完全独立，应当注意区分，本文原则上仅讨论"出口管制"而非"贸易制裁"。

附表3　商业管制清单结构示例

国家	限制核扩散		……
	NP1	NP2	……
阿富汗	X（即，如管制物项表明限制原因为NP1类，则对阿富汗出口应申请许可证）		……
澳大利亚			……
……	……	……	……

（表头：国家清单／管制理由）

第三，最终用户。最终用户是指在美国境外接受并最终使用出口或再出口物项的买方或收货人（根据《出口管制条例》第772章中的定义，最终用户不包括货运代理人和中间人）。即使根据商业管制清单和目的地国的判断，出口某项商品并不需要许可证，但被列入实体清单的某些个人和企业可能会被禁止接收或只能在获得许可的情况下才可以接收商品。《出口管制条例》第744章附件4中的"实体清单"列明了被合理判定为参与或有重大风险参与违反美国国家安全或外交政策利益活动的实体，出口商在未获得许可证时，不得协助这些实体获得任何受《出口管制条例》管辖的物项，且向此类实体出口或再出口不适用任何许可例外的规定。目前，实体清单主要涉及的国家包括中国、印度、以色列、巴基斯坦和俄罗斯。此外，商务部工业与安全局还针对最终用户（或接收方）的违规记录等问题制定了"受禁止人清单"和"未经核实清单"（见附表4）。美国其他部门也会发布受限最终用户的清单，例如美国财政部海外资产控制办公室发布的特别限定组织及个人清单"SDN清单"，一般而言，美国企业或个人也不得与SDN清单上的组织或个人开展贸易活动。

附表 4 美国商务部工业与安全局根据最终用户制定的出口管制清单

受禁止人清单（Denied Person）	
列入理由	违反《出口管制条例》《国家突发事件经济权利法》等法律法规中的出口管制规定
列入后果	1. "美国人"禁止与该清单中的主体从事任何违反拒绝令条款的交易； 2. 被拒绝的主体的出口特权被剥夺，既不能从美国出口，也不能直接或间接参与受EAR管辖的任何交易或活动
实体清单（Entity List）	
列入理由	违反美国的国家安全和外交政策利益
列入后果	向实体清单上的主体在出口、再出口或转移会根据实体清单上的具体要求受到额外的出口许可要求
未经核实清单（Unverified List）	
列入理由	BIS无法完成相应的最终用途审核以确认该类实体的善意使用

	续表
列入后果	1. 该清单上的实体不能通过许可例外的方式接收受《出口管制条例》管辖的物品； 2. 出口受《出口管制条例》管辖的物品给该清单上的实体时需要在自动出口系统提交记录； 3. 如果出口无需许可的物品给清单中的主体时，需要获得对方的声明

第四，最终用途。最终用途是指出口或再出口物项的实际用途，根据《出口管制条例》第744章的规定，主要针对涉及核、导弹系统、海洋核动力推进系统、舰艇、航空器等用途。某些最终用途被严格禁止，其他最终用途可能需要许可证审批。根据最终用户和最终用途受到出口管制的一般认定属于商业管制清单中《出口管制条例》的第99项。

2018年《出口管制改革法》的出台是美国民用品出口管制的管制对象的重要转折点，其范围从过去十余年来的较少趋势重新开始扩张，逐渐延伸至人工智能、先进计算、量子信息和传感、机器人、增材制造、先进材料等新兴与基础技术领域，这也促使《出口管制条例》实体清单中通讯网络、信息安全等领域中具有现代化应用前景的行业机构不断增加。

2. 出口交易

根据《出口管制条例》，民用品出口管制体制的核心内容是限制或禁止任何公司、任何人与特定国家或该特定国家的公司进行与管制物项相关的交易。交易是指下列情形之一：

（1）直接将管制物品出口、投资于受出口限制或禁止的特定国家；

（2）将管制物品组装、制造成自己的产品后，或将包括管制物品的物品或技术出口、转出口至或投资于特定国家；

（3）通过第三方或变相实施上述行为。

由此可见，出口管制不仅要求规制对象不得自行直接出口管制物项，也涉及管制物项的加工制成品、规制对象与第三方之间的关系甚至对外投资等领域。鉴于"交易"概念的宽泛性，其还有可能进一步扩张。

针对出口行为，《出口管制条例》定义其主要包括三种情形：运输管制物项出境、泄露或其他方式转移技术或源代码出境（"视同出口"）、转移特定物品的控制权或所有权。

§734.13 出口

（a）除§734.17及§734.18的规定外，出口指：

（1）从美国向境外的真实运输或传递，包括以任何方式将物品送出或带离美国；

（2）泄露或以其他方式将技术或源代码（而非目标代码）在美国境内转移传递给美国境外的主体（"视同出口"）；

（3）美国境内的个人转移以下物品的控制权、所有权或注册登记：

（i）航天器……

3. 监管机制

美国民用品出口管制机制是以商务部工业与安全局为主要监管机构，各机关联合管理的执法体系。其中，商务部主要负责管理和执行民用品的出口管制、调查可能的民用品出口管制违规行为，针对特定性质商品许可会要求跨部门工作组（如核出口、生化技术出口管制组）协助审核，并在必要时通过电子许可证制度将申请提交给国防部、能源部、国务院、中央情报局；国防部、能源部为区分确定管制物项提供技术支持，并可以对出口商提交给商务部的出口许可申请进行技术和国家安全审查；财政部可以对某些国家实施出口限制和禁运，影响国家清单，如《伊朗交易和制裁条例》；国土安全部在边境检查和相关调查中执行两用物项管制法规；联邦调查局在涉及加密产品时会参与执法调查；如涉及"视同出口"，移民海关执法局视同出口咨询委员会也会参与审查，见附图1。但是，这样的复合监管机制也导致处罚标准和行政执法程序的不统一，存在多家执法机构同时对同一出口管制违法交易进行调查与处罚的情况。

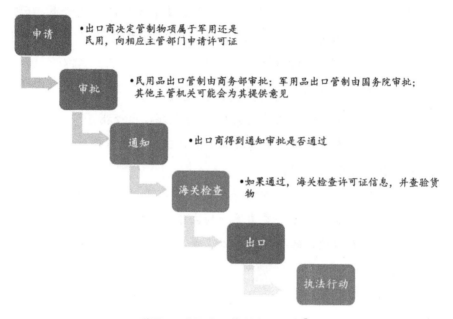

附图1　美国出口管制流程一览①

4. 域外效力

美国的出口管制规则可能对外国企业造成限制，即"长臂管辖"。第一，针对美国原产产品《出口管制条例》中运用了出口、再出口和转卖的概念："再出口"指由美国出口至A国的产品，又从A国再出口至B国；"转卖"指的是国内转卖，即美国出口至A国甲企业的产品，由甲企业转卖给A国的乙企业。根据最终用户和最终用途规则，美国原产的产品或技术不可以通过任何流转被禁运对象所用，因此流转环节中的外国企业也受到《出口管制条例》的管制。第二，针对外国产品，当

---

① 参见 Export Controls: Observations on Selected Countries' Systems and Proposed Treaties, United States Government Accountability Office, GAO-10-557, 原文有改动。

其运输途经美国、产品成分中有超过特定比例的美国来源成分或是直接采用美国的技术或软件生产的"直接产品",其也适用《出口管制条例》。美国出口管制制度的域外效力广泛,使得其对全球贸易体系具有重大影响。此外,美国军用品出口管制体系《国际武器贸易条例》也同样运用了"出口、再出口和转卖"的概念,以及原产于外国的"美国产品"的标准认定,下文不做赘述。

(二)军用品出口管制

1. 管制对象

美国军用品出口管制的管制物项是防务产品与服务。

§120.31 防务产品

(a)防务产品是指该节第121.1条指定的物项或技术数据,包括:

(1)以任何物理形式、模型、实体模型记录或存储的技术数据,或会泄露本节第121.1条规定的物项直接相关的技术数据的物品。

(2)镀件、铸件和其他未完成的产品,例如制造中可以识别其作为防务产品的机械性能、材料成分、几何形状或用途的挤压件和机体。

(b)不包括有关功能或目的的基本市场营销信息或常规的系统描述。

(c)第120.3条的规定适用于认定额外防务产品的情形。

§120.32 防务服务

(a)防务服务是指:

(1)在美国或国外向外国人提供设计、开发、工程、制造、生产、组装、测试、维修、保养、改装、操作、非军事化、破坏处理或使用防务产品的协助(包括培训);

(2) 在美国或国外向外国人提供受本分节控制的任何技术数据；或

(3) 定期和不定期对外国单位和部队进行军事训练，包括在美国或国外对外国人进行正式或非正式的指导，或通过函授课程、技术、教育或出版物以及各种媒体进行培训、培训援助、指导、训练和军事建议。

依据《国际武器贸易条例》第 121 部分，根据产品是否具有重要的军事用途或科技适用性，国务院制定了军品管制清单。该清单对防务产品与服务进行了定义，任何专门为军事用途而设计、开发、配置、调整或修改并有军事或情报用途的产品，以及为军事用途设计开发且不具备民用用途的产品均受该清单管制。与商业管制清单不同，军品管制清单并没有具体列出受管制军品的出口管制分类，也没有采取五类产品类别的划分方式，仅是将受控军品划分为 21 类，其中常规武器与瓦森纳安排的军品清单保持一致，核产品与核供应国集团条约保持一致，化学品包括《禁止化学武器公约》清单上的产品，导弹与导弹及其技术控制制度附件上的产品一致。此外，《国际武器贸易条例》下也制定了明确的国别禁运清单，包括中国等 21 个国家（参见《国际武器贸易条例》第 §126.1 条）。

与《出口管制条例》和商业管制清单为核心的民用品出口管制提出需要申请出口许可证的制度出发点不同，在《国际武器贸易条例》和军品管制清单下的军用品出口管制的要求是原则上均应当申请许可证，出口商需要自行查明不需要申请许可证的例外情形。所有制造、出口防务产品或提供防务服务的主体原则上都应当注册并缴费。

2. 出口交易

《国际武器贸易条例》第 §120.17 条规定了出口行为的概念。与《出口管制条例》一致，真实运输、"视同出口"和转移控制权属于出口行为。此外，《国际武器贸易条例》额外规定了一些情形，包括将防务产品泄露或传输给外国驻美国大使馆及分支机构、在美国境内境外代表外国机构提供防务服务、泄露已经加密的技术数据等。

3. 监管机制

美国军用品出口管制机制主要由国务院国防贸易管制委员会（State Department Directorate of Defense Trade Controls）负责。与民用品出口管制的联合监管体制一致，国防部国防技术安全委员会、能源局、国家航空航天局等其他政府部门以及核出口管制组、生化技术出口管制组、导弹技术出口管制组也会参与部分申请的审批工作。与民用品出口管制一致，其也主要包括申请、审批、通知、海关检查、出口、执法行动几个环节。

（三）与《瓦森纳安排》的衔接

1. 概述

《关于常规武器和两用产品及技术出口控制的瓦森纳安排协定》（*The Wassenaar Arrangement on Export Controls for Conventional Arms and Dual-Use Good and Technologies*，以下简称《瓦森纳安排》）由冷战时期对社会主义国家实行禁运和贸易限制的国际组织"巴黎统筹委员会"转型而来，是一个自愿的武器出口控制机制，旨在通过信息通报机制，提高常规武器、敏感两用物项及技术转让方面的透明度，从而协助成员国规范出口管制法规，防止相关敏感物项和技术扩散。信息通报机制要求成员国每六个月交换一次常规武器向非成员的交付信息，每年两次交换已签发或拒绝签发的出口许可证的信息，针对敏感项目应当于60日内将许可证决定向《瓦森纳安排》其他成员国通报。自愿性是指《瓦森纳安排》缺乏对其他成员国出口许可决定的否决权，没有强制实施机制，且采取协商一致的方式运作，任何国家都可以一票否决提案。

目前，由于欧盟国家、美国、加拿大、俄罗斯、印度等国家贸易的重要参与方均属瓦森纳安排成员国（42个）①，《瓦森纳安排》与中国的关系一直是国际贸易的重点问题。

2. 与美国出口管制清单的衔接

《瓦森纳安排》包含两份控制清单：一份是军民两用物项和技术清单，涵盖了9大类物项与技术；另一份是军用产品清单，涵盖了各类武器弹药、设备及作战平台共计22类物项与技术。如上所述，美国的民用品出口管制包括对两用物项的管制，在商业管制清单中，出口管制分类代码第三位数字为0的表示国家安全原因（包括瓦森纳两用物项清单）实施出口管制，6表示系瓦森纳军品清单或之前在军品管制清单中规定的物项；军品管制清单中并没有明确标注，但其常规武器清单与瓦森纳军品清单保持一致。

3. 美国对多边施加影响的工具

截至目前，美国仅参与了四项国际出口管制安排机制，其余三项（核供应国集团、澳大利亚集团和导弹技术控制机制）所管制的范围都明显较小，仅针对核武器、化学武器和导弹做出了规定，而《瓦森纳安排》则是一个相对全面且运用更为广泛的国际机制。一方面，虽然《瓦森纳安排》的核心在于其"自愿性"，成员国对其他成员国的拟议出口缺乏否决权，但其内部高频率的出口管制信息沟通使得美国可以及时通过其他政治渠道影响其他国家的出口管制决策。例如，媒体报道2004年捷克向中国临时中止出口"无源雷达设备"即是由于美国干涉；2020年初，荷兰政府根据《瓦森纳安排》禁止ASML公司向中国出口极紫

---

① 《瓦森纳安排》现有42个成员国：澳大利亚、比利时、加拿大、丹麦、法国、德国、希腊、意大利、日本、卢森堡、荷兰、挪威、葡萄牙、西班牙、土耳其、英国、美国（以上17国为原"巴黎统筹委员会"成员国），及阿根廷、奥地利、保加利亚、捷克、芬兰、匈牙利、爱尔兰、新西兰、波兰、罗马尼亚、俄罗斯、斯洛伐克、韩国、瑞典、瑞士、乌克兰、墨西哥、南非、印度、克罗地亚、爱沙尼亚、拉脱维亚、立陶宛、马耳他、斯洛文尼亚。

外光刻机,也有美国主动干预的重要因素。另一方面,美国在确定新的出口管制物项时,也会向《瓦森纳安排》提起预案,推动联盟组织共同实施出口管制,形成对包括中国在内的非成员国家的战略封锁。

二、数据出口管制对象

明确数据出口管制的对象是建立行之有效的数据出口管制制度的前提。第一,应当明确哪些数据属于美国商业管制清单和军品管制清单规定的管制物项;如果某种数据不属于管制物项,而由于最终用户、最终用途等原因受到出口管制,则其出口管制与其他普通商品无异,不属于本书讨论的范围。第二,应当明确数据在什么情况下构成出口管制机制下的出口行为。由于数据属于无体物,其传输形式相较传统商品而言更为简易、隐蔽、多样,如何认定数据等无体物的"出口"是建立数据出口管制制度的前提条件。

(一)属于管制物项的数据

确定哪些数据属于美国出口管制体系的管制物项,需要明确商业管制清单和军品管制清单的基本结构。参见表 11-1 美国商业管制清单结构示例,该清单的物项组合逻辑主要是先给定物项所在类别,如核领域、计算机领域、电信和信息安全领域等共十类,然后再确定该领域受管制的产品类型,如设备、材料、软件等共五类。所有领域的受管制物项都会包括五种产品类型,而每个领域项下又包含许多具体物项。这也就意味着,十类管制物项都存在受出口管制的设备、材料、技术和软件。因此,在"数据"并未成为商业管制清单下单独规定的管制物项门类时,对数据出口管制的研究应当从每个行业都会涉及的五种产品类型出发,而不应当从某一行业领域或具体管制物项。需要注意的是,同一管制物项类别的五类产品类型是存在联系的,受管制的技术和软件的相关设备、材料等一般也是商业管制清单上的受管制物项,但并不是每个受管制设备和材料的相关技术和软件都会受到出口管制。

从商业管制清单出发，五类产品类型中与数据相关的受管制物项最有可能的是技术和软件这两类产品。前者主要是指"技术数据"，后者则指以数据包形式呈现的软件产品。同时，《国际武器贸易条例》规定的军用品出口管制范围中，明确将技术数据定义为出口管制物项，且军品管制清单中各类物项下普遍提及直接相关的技术数据及《出口管制条例》提及的软件。因此，下文介绍技术数据和软件的具体规制情况。

1. 技术数据

《瓦森纳安排》定义 ——技术

"发展""制作"或"使用"特定产品所必需的信息。体现为"技术数据"和"技术协助"两种形式。两用物项清单中的特定技术在概括技术条款和两用物项清单中均有定义。军品清单中的技术在 ML22 中定义。

说明

1."技术数据"可能以蓝图、计划、图表、模型、公式、表格、工程设计和规范、操作手册和说明书的形式体现，或记录在如光盘、磁带、只读记忆设备等其他媒介上。

2."技术协助"可能以操作指南、技能、训练、工作经验、咨询服务等形式呈现。技术协助可能涉及技术数据的传输。

第一，《瓦森纳安排》对技术作出的定义明确指出技术是一种与特定产品发展、生产和使用相关的信息，包括技术数据和技术协助两种形式。可以看出，瓦森纳安排认定的"技术数据"概念十分广泛，可以采用蓝图、计划、图表、模型、公式、表格、工程设计和规范、操作手册和说明书等形式，写入或记录在光盘、磁带、只读存储器等其他介质或设备上；"技术协助"概念则是强调以人为主体提供的相关技术服务，但其也明确指出技术协助可能涉及技术数据的传输。

第二，作为美国国内法的《出口管制条例》规定虽与《瓦森纳安排》不完全一致，定义的"技术"没有直接提及技术数据，但对"技术"的解释与《瓦森纳安排》的"技术数据"的含义是类似的。定义为"开发、生产、使用、操作、安装、维修、修理、检修或翻新物项所需的信息"，并且技术的形式可以是有形的也可以是无形的，例如书面或口头通信、蓝图、图纸、照片、计划、图表、模型、公式、表格、工程设计和规格、计算机辅助设计文件、手册或文件、电子媒体或通过视觉媒体显示的信息。换言之，在《出口管制条例》中，技术数据仍然是"技术"概念的内涵范畴子项，虽然在产品类别上没有直接提及技术数据，但只要管控技术出口，就必须管控技术数据出口。

第三，《国际武器贸易条例》的规定与瓦森纳安排、《出口管制条例》的规定又有所区分，其没有规定要管制技术，而是直接提出了"技术数据"概念。《国际武器贸易条例》第§120.10条对技术数据的定义与《出口管制条例》对技术的定义基本一致，增加了"保密信息"和软件的规定。

综上所述，无论是使用了"技术数据"概念的瓦森纳安排和《国际武器贸易条例》，还是没有使用技术数据概念的《出口管制条例》，实质上都将技术数据纳入管制物项范围，且从属于技术这一产品类型。需要注意的是，技术数据受管制的前提是该技术本身是管制物项。换言之，并不是所有的技术数据都构成管制物项，只有当数据所承载的技术属于管制物项时，此项技术数据才受到管制。而判断一项技术是否属于受管制物项，可以主要看该技术是否在商业管制清单/军品管制清单中列明，并可能因为最终用途/最终目的参照《出口管制条例》第99项。

根据《出口管制条例》§734.3（b）及734.10的规定，以下几类技术数据不受管制：（1）已公开的技术和软件中的数据；（2）来源于基础研究的数据[①]，且研究人员未因专有权或国家安全原因受到限制；（3）学术机构的课程目录或相关教学实验室根据指示公开的数据；

---

① "基础研究"是指研究结果通常在研究团体内公开共享的科学、工程或数学研究。

(4) 无产权的系统描述；(5) 产品 E 组类别 9 之下定义的遥测数据。《国际武器贸易条例》§120.10 (b) 规定，技术数据不包括通常在学校讲授的科学、数学和工程学原理及该法另行规定的属于公共领域的数据和遥测数据、描述功能和目的的市场营销基本信息以及防务物品的概括性系统介绍。

近年来，技术数据的出口管制违法案件频发，如 2012 年 9 月 26 日，中国公民刘思行（音译）被指控违反《国际武器贸易条例》的出口管制规定，因其在中国参加学术会议期间，手提电脑内含有与导弹、火箭、目标定位器等军事禁运物项有关的技术资料。① 又如 2016 年 7 月 13 日，居住在加州中区的中国公民苏斌被判处 46 个月监禁、罚款 1 万美元和监外释放一年，因其入侵美国主要国防承包商的计算机网络，窃取军事敏感和出口控制数据并将数据发送到中国，这些数据包括与 C-17 战略运输机和为美国军方生产的某些战斗机的相关数据。②

2. 软件

根据《出口管制条例》第§772条对"软件"的定义，软件是指固定在任何有形表达媒介中的一个或多个"程序"或"微程序"的集合。首先，如果从计算机程序来理解"程序"或"微程序"，"程序"其实是将一连串指令按照一定的步骤展开，指令及指令之间的连接都需要依赖信息。在计算机程序中，信息的表现形式往往就是大量代码等数据，因此，软件和数据之间是存在密切联系的。换言之，数据可以被定义为被程序处理的信息，当我们考虑到整个计算机系统时，程序和数据的区别就没有那么明显了。如果在制定软件出口管制物项清单时，忽略了数据这一承载形式，则很有可能导致虽然软件没有出口，但凭借数据也能够复原出程序和软件。其次，作为一种非实物管制物项，软件出口的方式其实主要是传输，而传输就意味着必须将软件打包成数据或数据集合。

---

① United States v. Sixing Liu, Criminal No. 11-208 (SRC) (D. N. J. Jul. 13, 2012)。

② Case Number：8：14-cr-00131-CAS。

再次,《国际武器贸易条例》第§120.10条对技术数据的定义明确指出,技术数据包括与防务产品直接相关的软件。简言之,在军用品和民用品数据出口管制中,都包含软件这一产品类型。

同技术数据一样,受管制软件具有附属性,应当随着与之相关的实物受到管制。商业管制清单和军品管制清单中规定的"软件"一般是与这些被管制商品和设备的研发、制造、使用相关的软件(如操作程序),因此判断一项软件的出口是否受到管制,可以先判断应用该软件的设备属于哪个类别,然后再与该类别下的受管制软件逐一对照。

按照《出口管制条例》规定,可以公开获得的软件,不在条例管制范围之内,可以自由出口。所谓可以公开获得,按《出口管制条例》的规定,包括以下几个方面:(1)公开发表的软件;(2)基础性科研中产生的软件;(3)通过学术机构或其相关的教学实验室指导发布的目录课程涉及的软件;(4)专利文件中涉及的软件/技术;(5)对系统的描述,该描述本身不具有知识产权。此外,不受限制的技术与软件(TSU)的许可证例外规定在"操作软件、销售软件、软件升级、大众市场软件以及美国大学向其全职正式的善意员工披露源代码"五种情况下,可向除了E:1组(即5个所谓支持恐怖主义的国家)之外的所有国家出口且无需申请出口许可证。

应当注意的是,开源软件通常被认为是公开发表的软件,因此不受出口管制。但落实到具体情况中,出口开源软件并不意味着完全不存在风险。默认情形下,即开源项目(除含加密功能的开源项目需备案外)原则上都属于"公开可获得"的代码,可以正常使用。但是极端情况下,即如果一个开源项目或开源组织声明遵从美国的出口管制条例,或者是美国修改《出口管制条例》,将高性能软件、EDA软件等一些核心基础软件加入管制中并且将目前"备案即不受管制"修改为"备案且需要被管制",那就意味着大量核心开源项目将受到出口管制。在一起关于软件加密技术出口的案件中,大学教授琼格尔(Junger)要在课上为学生讲述技术相关的法律,其中有关于软件加密的技术,但听课的学生中有外国留学生,因此也落入了出口管制限制的范围,并且面临百万美金巨额罚款和最高 10 年刑期的诉讼指控。① 但是，法院最终作出了有利于上诉人的判决，并以保护"言论自由"的名义打击了美国政府限制软件源代码流通的意图。

（二）数据出口行为的认定

本文第一部分对《出口管制条例》和《国际武器贸易条例》下的"出口行为"进行了简要说明。考虑到数据的无体性特征，对其出口的认定显然更加复杂。

1. 电子数据的跨境传送

第一，《出口管制条例》下对"出口"的定义较为宽泛，其表述为将受该条例管制的物品实际"装运"（shipment）或"传送"（transmission）从美国出境。其中，"传送"一词扩大了条例的适用范围，使其覆盖了电子数据的出境行为，如电邮通过互联网出境等。② 虽然没有具体定义"传送"的内容，但《出口管制条例》指出，非公开数据的电子传输是一种出口行为。③ 因此，"出口"不仅包括从美国境内向境外输送实物产品，根据《出口管制条例》§730.5（c）还包括向非美国公民或非美国合法永久居民传送技术，向美国境外人员提供用于电子传输的软件，甚至通过电话交谈、电子邮件、会议、大会、演讲等形式与外国接收者分享某些类型的信息。④ 再如，《出口管制条例》将"加密源代码的出口"定义为包括将此类软件下载或促使下载到美国以外的地点（包括电子公告牌、因特网文件传输协议和万维网网站），或通过美国以外的人可以使用的电线、电缆、无线电、电磁、光缆、光电或其他类似的

---

① https://www.eff.org/cases/junger-v-dept-state

② 见 Berne C. Kluber, Global Distributions: The Effect of Export Controls, 23 Hous. J. Int'l L. 429, 436-37 (2001)。

③ 15 C.F.R. § 730.5 (c)。

④ 22 C.F.R. § 120.10; 15 C.F.R. § 774。

通信设施进行传输。① 如果不用电子形式传输，而是依托实物载体传输，如携带包含管制数据的通信设备出境，其同样构成出口。由此可见，电子数据的跨境传输是明确作为出口行为受到美国出口管制法律体系规制的。

需要说明的是，《出口管制条例》和《国际武器贸易条例》对"出口"的定义并没有区分公司间的贸易交易、公司内部交易或通信传输。因此，当一家美国公司向外国分公司或子公司发送信息时，也属于出口。② 公司将受控的技术数据转移给其在美国或国外的员工（如果该员工是外国公民）、将信息转移给外国外包公司或外国个人（如信息技术或软件开发的外包）等都可能构成技术信息等电子数据的出口。③ 此外，与外国主体签订知识产权许可协议也可能被认定为出口（当外国主体位于美国国内时，可能被认定为"视同出口"）。

2. 视同出口

"视同出口"（Deemed Exports）是指在美国境内将技术或源代码出示（release）或以其他方式转让给外国人。因此，在美国境内工作、留学或临时访美的外国人在美国境内查看、"目视检查"技术或源代码，或美国人在美国境内就上述问题与外国人进行口头和书面交流等，均属于视同出口。当向外国国民公开发布某种受控技术或使用访问信息允许外国人或在外国的人以未加密的形式访问已加密的技术数据时，即使是

---

① 15 C. F. R. §734.2 (b) (9) (B) (ii).

② 见 Gregory W. Bowman, E-mails, Servers, and Software: U. S. Export Controls for the Modern Era, 35 Geo. J. Int'l L. 319, 337 (2004). 美国商务部工业与安全局试图在出口许可例外规定中增加公司内部数据传输的情形，可以减少对美国公司维持所有权情况下的相关要求。但是，该例外自 2008 年提出以来，至今没有获得通过。

③ Christopher R. Wall, Controlling the Flow of Technology in Global Operations: Deemed Exports, in Coping with U. S. Export Controls 2006, at 211, 213 (PLI Commercial Law & Practice, Course Handbook Series No. 8696, 2006).

在美国境内,也应被视为一种出口行为。① 这种推定是基于一种假设,即向外国国民传递信息将可能导致信息被传递到该国民的国家。② 同时,"视同出口"的规则也适用于可能的"出示",如果一名外国雇员有可能获取受管制的技术,那么无论该雇员是否实际获取了信息,都有可能被视同出口。③

本段以虚拟案例的形式说明出口和"视同出口"在一家跨国公司经营过程中可能涉及的情形。C公司是一家按照客户规格设计制造设备的美国公司,将大部分设计工作承包给马来西亚的子公司。其计算机服务器将有关项目所涉及的所有设备的技术信息每天一次自动下载到马来西亚子公司的服务器上;C公司还在美国雇用了中国公民,他们也参与提供这些设计服务,可以获得这些相同的技术信息。根据《出口管制条例》,每一次将设备的设计、生产或使用技术自动下载到马来西亚子公司,都是对马来西亚的技术出口。在美国的中国籍雇员每次从C公司的服务器上获取技术信息数据,都属于视同出口。④

近年来,美国商务部工业与安全局公布了一系列与中国有关的"视同出口"典型案例,涉及中国籍雇员、中国籍研究人员等。

3. 出口、再出口和转卖

美国出口管制法律不仅限制向美国境外运输、转移受管制数据的首

---

① 15 C. F. R. § 734.2 (b) (3).

② 15 C. F. R. § 734.2 (b) (2) (ii). 视同出口的管制取决于对象的国籍。例如,对捷克公民的技术出示的许可证要求与对捷克出口该技术的许可证要求保持一致。见 Benjamin H. Flowe, Jr., Exporting Technology and Software, Particularly Encryption, in Coping with U. S. Export Controls 2009, at 195, 211 (PLI Commercial Law & Practice, Course Handbook Ser. No. A-919, 2009)。

③ Benjamin H. Flowe, Jr., Exporting Technology and Software, Particularly Encryption, in Coping with U. S. Export Controls 2009, at 195, 211 (PLI Commercial Law & Practice, Course Handbook Ser. No. A-919, 2009).

④ E-mails, Servers, and Software: U. S. Export Controls for the Modern Era, 35 Geo. J. Int'l L. 319.

次出口，对随后的二次或多次再出口也同样有权监管，即将来源于美国的受管制物品或技术从 A 国实质运送、转移至 B 国的再出口行为。根据美国出口管制法律，如首次出口受到出口管制监管，则后续无论进行多少次再出口，同样受到美国出口管制监管。同时，"国内转卖"即在来源于美国的数据出口至某国后，在该国内转卖的行为也受规制。如前所述，美国出口管制法律考察的是最终用户/最终用途地，试图隐藏最终用户/最终用途地将很可能导致企业触犯美国法律，在面临调查和处罚时，还可能因存在设计规避的商业结构、隐瞒等事实因素而被视为加重情节对待。

4. 技术数据不视为出口的情形

根据《国际武器贸易条例》第 120.54（a）条，只要数据满足以下条件，无论是发送、接收还是存储该条例所定义的技术数据都不会构成"出口"。鉴于前述的"技术数据"范围最广，包括软件在内的其他类型的数据均可能适用这一例外情形。

a）非机密；

b）采用端到端加密进行保护的；

c）从美国境内的人员向美国境内的美国人传送或以其他方式传送技术数据；

d）在国外但在同一外国境内的美国人之间的技术数据转移，不属于出口、再出口或再转移，只要它不会导致向外国人或被禁止接收技术数据的美国人释放技术数据[①]。

e）使用符合联邦信息处理标准出版物 140-2（FIPS 140-2）或其后续版本的加密模块（硬件或软件）进行安全保护，并辅以软件实施，加密密钥管理以及其他与根据当前的美国国家标准技术研究院（NIST）出版物，或通过其他加密手段提供的安全强度至少可与高级加密标准（AES-128）达到的最小

---

① 见 New ITAR section 120.54。

128 位安全强度相比;

f) 并非故意发送给 22 CFR§126.1 所禁止的国家或地区的人,即受美国武器禁运的国家或俄罗斯的国家("除外国家");和

g) 并非从任何"除外国家"发送出去的。

其中,采用"端到端加密"进行保护的是指从发送者(或其境内的安全系统)到接收者(或其境内的安全系统)之间不受干扰的加密保护传输,且解密方法并未提供给第三方的传输方式。

5. 企业雇员和高校科研人员的"出口"认定

(1) 企业雇员与数据出口管制:国家安全和就业公平

《国际武器贸易条例》和《出口管制条例》的"视同出口"条款明确禁止在未经适当出口授权的情况下向外国人披露受控技术数据,包括对任何信息的口头或视觉获取。因此,企业需要把握的问题主要包括:公司是否生产或者以其他方式处理出口管制物项;与之相关的技术包括哪些;是否雇有有访问权的外国人访问这项技术。这对美国高新技术企业雇佣外籍员工或与外国公司审核造成了较大困难。在实际运行中,雇主申请逐人授权不仅费时费力,而且很有可能不会获批。目前,《出口管制条例》和《国际武器贸易条例》均为在美国工作期间享有居住权的全职固定外籍员工提供许可证豁免。

此外,即便能够获取授权,雇主也需要在外国雇员入驻之前采取相应的内控措施来避免对方对于受控信息的电子化或者物理访问,这些控制措施可能包括在文件分享链接之上设制密码或使用员工徽章编码来限制访问,也需要采取长期的监控和记录保存。这些烦琐的程序让雇主在招聘的过程中出于便捷会有意或无意地偏向录用美国员工,但这无疑构

成对《民权法》中反歧视条款的潜在违反①，当对象是移民时，甚至还触犯《移民和国籍法》(INA)。

有些雇主可能会援引《民权法》第七章中对于"善意职业资格"(bona fide occupational qualification) 的相关规定来为自己的选择正名，主张出于《国际武器贸易条例》和《出口管制条例》考量而进行的某些国籍歧视能构成保障国家安全的例外。②然而，根据司法部最近发布的指南和相应的执法行动，这种主张并不得到支持，恰恰相反，如果雇主仅仅是为了遵守《国际武器贸易条例》和《出口管制条例》就拒绝雇佣外国员工，美国商务部将拒绝适用"善意职业资格"或国家安全的例外。在一次实践中，司法部调查了本田飞机公司（Honda Aircraft Company）只考虑美国公民或永久居民担任需要访问受控技术信息的职位的决定，并认为其做法构成对《移民和国籍法》的违反，该公司为此支付了高达44000美元的民事罚款，在随附的一份声明中，司法部指出，这种对于国籍的限制是雇主对于《国际武器贸易条例》和《出口管制条例》"要求的误解"。③

出于类似的事实，美国司法部民权办公室在2016年的一封指导意见中④通知美国一家律师事务所，不允许仅因为一项工作可能需要遵守《出口管制条例》或《国际武器贸易条例》而歧视外国人。该部门表示，尽管《国际武器贸易条例》和《出口管制条例》区分了美国和外国人，但它们并未对雇主和雇员提出任何要求。在2018年与美国克利福德·钱斯（Clifford Chance）律师事务所的和解协议中，司法部采取了同样

---

① 根据1964年《民权法案》第七章，雇主通常不能根据雇员的国籍做出雇用、解雇、招聘或转介的决定。

② 对于特殊的、法律规定的工作要求（例如在执行机密政府合同的过程中），必要时，允许某些国籍歧视。

③ Justice Department Settles Immigration-Related Discrimination Claim Against Honda Aircraft Company LLC, available at https：//www.justice.gov/opa/pr/justice-department-settles-immigration-related-discrimination-claim-against-honda-aircraft.

④ 参见 https：//www.justice.gov/crt/file/837281/download。

的处理办法。① 虽然反歧视和出口管制之间的界限十分微妙，但上述几件案例都足以证明司法部的态度：雇主不能以遵循《国际武器贸易条例》和《出口管制条例》为由在招聘条件中使用"仅限美国公民"之类的语言或以其他方式拒绝考虑同样具有工作资格的外国求职者。

（2）高校科研人员与数据出口管制

美国高校吸引了大量外籍人士从事科研工作和学术交流，在上文所述的"视同出口"制度下，这些外国科研人员由于其国籍和在项目中的参与度构成出口，应当申请出口许可。但是，《出口管制条例》和《国际武器贸易条例》也提供了多项例外保障高校科研和教学活动在一定范围内的正常开展，主要包括公开领域、基础研究例外和教育信息例外。②

① 公开领域例外。

参见《出口管制条例》§734.3（b）(3)，734.7-734.10，《国际武器贸易条例》§120.10（5），120.11，125.1（b），《出口管制条例》下规定的公开可得和《国际武器贸易条例》下规定的公共领域是指已经公开发布的、通过特定方式而非一般方式发布的且用以下方式可查的：向公众开放的图书馆，包括大多数大学图书馆；以不超过复制和分发的成本（包括合理利润）的价格，可以通过书摊、书店或不受限的订阅获得的；公开发布的专利信息（不包括不公开披露的专利信息）；在美国或任何地方举行的正式会议、集会、研讨会、贸易展览会和其他展览会，通常以根据成本以合理价格向公众开放，并且允许公众记录并携带笔记离开；对公众免费开放且主机并不知晓或控制访问和下载软件/信息的人的身份的网站（在《国际武器贸易条例》下可能存在争议）。

---

① 参见 https://www.justice.gov/opa/pr/justice-department-settles-immigration-related-discrimination-claim-against-international-law。

② 见 United States Government Accountability Office, *Export Controls: State and Commerce Should Improve and Outreach to Address University-Specific Compliance Issues*, May 2020, p. 8。

② 基础研究例外。

《出口管制条例》§734.8条和《国际武器贸易条例》§120.11（8）条均明确规定了基础研究例外，即在官方认可的美国境内高等教育学府开展的科学和工程领域的基础和应用研究中产生或得出的信息，通常会在科学界发表并广泛传播，并且不受物权或美国政府出版或传播的限制。

③ 教育信息例外。

《国际武器贸易条例》第§120.10（5）条以学科为出发点，规定通常在学校和大学教授的基础科学、数学和工程知识属于教育信息例外；《出口管制条例》第§734.3（b）(3)(iii)，734.9则是从途径出发，认为列在课程名录里的课程中讲授的内容，以及相关的教学实验室构成例外。

综上所述，《国际武器贸易条例》和《出口管制条例》的例外在一定程度上保障了美国高校对国际学生开展教学工作的便利性，但针对高新技术实验室的研究人员仍然存在很多问题，上文琼格尔案这样的高校讲授加密软件等引发的争议也仍然存在。此外，《出口管制条例》规定在大学有理由知道合作者或资助者违反出口管制的情况时采取必要措施，因此包括哈佛大学、科罗拉多州立大学、密歇根大学在内的美国高等院校纷纷针对该问题制定了本校的出口管制合规计划。其中，哈佛大学针对"数据存储和传输"制定了专门的出口管制指导，涵盖跨境传输特定加密软件、可能由外国公民接触的软件开发以及在俄罗斯联邦及军事禁运国家传输或存储电子数据等内容。① 针对上述情况，哈佛大学主要从禁止向特定国家传输数据和采取《国际武器贸易条例》与《出口管制条例》规定的安全标准来合规。密歇根大学的合规计划则充分考虑到了物项出口、视同出口、涉管制技术的研究、技术管制计划、境外旅

---

① Harvard University Office of the Vice Provost for Research, *Export Guidance: Data Storage and Transmission*, p. 1, revised 10/25/2018.

游、限制交易清单、访问学者沟通、记录保存工作等内容。① 大体来看，美国高校基本从管理承诺、风险评估、出口监管、记录、培训、内部审计、违规报告和制定出口合规手册八个方面制定了出口管制的合规计划。②

三、数据出口管制管理机制程序

（一）以许可证为核心的管理机制

1. 许可证管理机制

美国的出口管制体制以许可证的申请和审批为核心。虽然数据作为无体物，与传统出口管制的有体物对象相比在出口管制机制上存在特殊性，特别是存在一系列并不出境但"出口"的情况，由于其在目前出口管制体系中并不具有完全独立的地位，其管理机制与目前以许可证为核心的出口管制机制基本保持一致。例如，《国际武器贸易条例》第123条要求所有计划出口军品管制清单控制的技术数据的个人和公司在出口之前必须获得《国际武器贸易条例》的授权、第125条中有专门的技术数据出口许可证的说明；国务院国防贸易管制委员会为非保密技术数据和技术数据视同出口的情形颁发DSP-5系列许可证，为保密技术数据颁发DSP-85系列许可证。

《国际武器贸易条例》§125.2 非保密技术数据出口

（a）许可。非保密数据出口需要许可证（DSP-5），除非

---

① 见 University of Michigan, *Export Control Program Manual*, revised 11/27/2019。

② 见 United States Government Accountability Office, *Export Controls: State and Commerce Should Improve and Outreach to Address University-Specific Compliance Issues*, May 2020, p. 30。

因本节其他要求而豁免。涉及基地访问时，计划沟通的内容细节必须提交给 DDTC 进行技术数据的评估。

…… ……

2. 协议管理机制

除许可证之外，《国际武器贸易条例》还规定在美国人向外国人提供防务服务、在境外生产防务产品、在境外建立防务产品分销点时与外国人签订的制造许可协议、技术援助协议、分销协议和离岸采购协议应当经过国务院国防贸易管制委员会才能生效。这种"防务服务协议"的管理机制与许可证管理机制并存。防务服务可能涉及技术数据的出口，但技术数据通常只是其服务的一部分。相比许可证制度，协议出口时间限度更长、允许根据情况变化改动，但由于协议文本的细化管理机制也更加严格，如可能限制服务中某种特定数据的出口、要求对出口具体情况进行记录等。《出口管制条例》的民用品出口管制体制中并没有协议管理机制。

（二）许可证申请

1. 商务部工业与安全局与民用品出口管制

商务部工业与安全局在其官网发布了申请出口许可证的指南，指南专门列出了涉及技术信息的"视同出口"应披露的申请信息。[①] 将受控技术转让给外国人的申请应包括以下内容：许可证申请表（748P）、涉及的技术出口管制分类代码的附录清单（748P-A）、解释信（主要内容见附表5）、技术管控计划、签证、个人简历和FBI个人信息统计清单。

---

① https://www.bis.doc.gov/index.php/policy-guidance/deemed-exports，访问时间 Aug 30 2020。

附表 5　解释信的主要内容

项目	内容
1. 交易各方的身份	个人：全名、公民身份、护照号码、永久地址（在其本国）、美国当地地址、签证类型以及日期和地点等。
2. 使用技术或软件的确切项目位置	即外国人的工作地点。如果预计在两年内转让许可证给外国人，也应列出转让地点。如果外国人将通过多个位置多次使用该技术，则应全部列出。
3. 技术或软件的类型	技术的类型将基于公司设计、开发、制造、生产的产品或与之接触的产品的类型，明确出口管制分类代码。
4. 数据或软件的发布形式	发布技术或软件以供出口：（1）外国公民对美国原产的设备和设施进行目视检查；（2）在美国或国外进行口头信息交流；（3）将在美国获得的个人知识或技术经验应用于国外。
5. 使用的数据或软件的用途	用于项目的设计、开发和生产。
6. 技术范围	对使用该技术或软件生产的过程、产品、尺寸和输出容量的说明或描述，以及定义和限制要传输的受控技术或软件的其他说明。
7. 在国外可获得的技术相当的国外技术或软件	仅需简要说明即可
8. 申请人的内部技术控制计划	申请人应说明打算采取的何种措施，以防止外国人未经授权访问受控技术或软件。这些措施可能包括申请人防止他人擅自访问受控技术或软件的方法。

技术出口管制计划是指机构为避免在无出口许可的情况下产生受控技术的未授权访问而采取的安全措施，例如 IT 控制、建立访问控制机制和数据销毁机制。个人简历和 FBI 个人信息统计清单主要包括申请人和外国人的教育背景、雇佣历史和服役记录等。

《出口管制条例》下的民用品和两用物项许可证申请机制主要包括申请、转送、决定和上诉四个环节。一般情况下，商务部工业与安全局在需要时应当在收到申请后 9 天内转送至国务院、国防部、能源部和其他联席咨询小组，在 30 天内作出决定；申请者可以在 5 天内对决定提起申诉，经过工作委员会、出口政策咨询委员会和出口审阅委员会，在 90 天内解决或申诉至总统。①

2. 国务院国防贸易管制委员会和军用品出口管制

在《国际武器贸易条例》下也有针对技术数据的"视同出口"许可证的申请资料的明确规定，包括：申请表（DSP-5）、对当前职位和工作性质的描述（外国公民当前工作职责的详细描述以及将传送到他手中的技术数据的类型）、职业背景、工作签证、技术控制计划、不披露协议和其他补充性材料（设备名单、技术描述、解释信）等。

在《国际武器贸易条例》下，技术数据等数据出口应当申请 DSP-5 或 DSP-85 许可证，因为 DSP-73 许可证仅允许暂时短期出口，而技术数据出口是永久性出口，除非是软件加载于计算机或操作指南上用于展示的情形等。因此，在民用品和军用品出口管制中涉及技术数据的出口许可，原则上选择允许永久出口的许可证时限。

（三）出口管制监督与处罚机制

美国出口管制的主要执法机关包括商务部工业与安全局、国务院国

---

① 见 Appendix B, Dual-Use Export Licensing Process, *The U.S. Export Control System and Export Control Reform Initiative*, Congressional Research Service, R41916, updated Jan. 28, 2020。

防贸易管制委员会、国土安全部、司法部、联邦调查局和国防刑事调查局（Defense Criminal Investigative Service，DCIS）。商务部工业与安全局领导的民用出口管制和国务院国防贸易管制委员会领导的军用出口管制体系在执法机关上有所交叉，但整体分工明确；《出口管制条例》和《国际武器贸易条例》对违法行为的处罚机制也大致相似。

除商务部工业与安全局和国务院国防贸易管制委员会之外，核管理委员会运营执行办公室调查涉及核设施和核材料的出口管制活动；移民和海关执法局是美国出口管制刑事案件调查的主导机构，可以自行开展调查，也可以与商务部工业与安全局及国务院国防贸易管制委员会合作；海关和边境保卫局负责在出口港执行出口管制政策；大规模杀伤性武器局负责研究防扩散的相关情况，并和其他机构合作调查；国防部防务刑事案件调查局负责开展刑事调查活动，特别是敏感防务技术向境外转移的情况；司法部国家安全局负责根据调查结果提起刑事诉讼。①

1. 商务部工业与安全局与民用品出口管制

违反出口管制法的行为主要包括未申请许可证进行出口的行为和许可证失效后继续出口的行为。许可证可能因生效日期截止、总批准出口量已满和总批准出口价值已满的情况下失效。民用品出口管制的主要执法机构是商务部工业与安全局的出口执法部。其中，出口执法办公室在美国有多达十家办公室，在国内享有独立调查权，可以自行开展调查和收集违法证据、拘捕、执行搜查令、下发传票、扣留非法产品，与司法部和产业安全首席顾问办公室合作对刑事和行政案件提起公诉，并可以和移民与海关执法局合作开展海外调查。执法分析办公室主要负责与跨部门机构合作破坏非法采购网络、进行最终用户和最终用途检查（包括确定许可前检查和装运后验证）、与外国政府合作、支持美国驻海外的商务服务人员和使馆工作人员确定潜在违法者和实施检查验证。

---

① 见 Enforcement of U. S. Export Controls，*The U. S. Export Control System and Export Control Reform Initiative*，Congressional Research Service，R41916，updated Jan. 28，2020，pp. 7-8。

在没有获得所需许可证的情况下出口受管制的物品，可能会受到民事或刑事处罚。民事违法行为可被处最高金额为交易价值的两倍或 25 万美元的罚款，以较大者为准，并可撤销出口许可证甚至禁止其最长十年内参与任何出口交易；而刑事违法行为可被处以 100 万美元的罚款和 20 年监禁。另一个值得注意的方面是对违法行为的罪责要求。《出口管制条例》的所有刑事和大多数行政违法行为都包括对违法犯罪意图的打击。例如，拥有物品并打算出口或知道该物品将被出口时，也将被认为违反《出口管制条例》。一些行政处罚可以在严格责任的基础上适用。如果从事被禁止的行为，不论行为人主观如何认定，均会遭到行政处罚。例如，如果出口商认为该产品不需要许可证，但事实上需要许可证，则可以按严格责任原则而受到指控。

商务部工业与安全局会根据案件的事实和情况、相关的先例以及该组织的目标，即达到适当的处罚水平和威慑效果，来确定和解的方式以及适当的行政处罚。一般会考虑到以下一些因素。有些因素被赋予极大的权重，并被视为比未被指定的因素重要得多。一般考虑的因素包括出口目的地、违法行为的故意程度、侵犯次数、刑事指控。减轻损失的因素包括自愿自我披露违法行为（较大权重）、有效的出口合规方案（较大权重）、与商务部工业与安全局调查合作、协助该组织的其他调查、以前没有违反记录。加重因素包括：故意掩盖或隐瞒违法行为（较大权重）、故意掩盖或隐瞒违法行为（较大权重）、严重无视出口履约责任（较大权重）、项目因其敏感性或控制的原因而具有重要意义（较大权重）、违规历史、较大的出口数量或较高的价值。

2. 国务院国防贸易管制委员会和军用品出口管制

美国国务院国防贸易管制委员会是军用品出口管制监管的主要执法机构，其工作主要有推行有效的合规计划，实施民事和刑事处罚，推行包括蓝灯计划在内的调查项目。蓝灯计划（Blue Lantern）和黄金哨兵计划（Golden Sentry）是分别针对直接商业交易和政府间转让的最终用途监控设立的项目。蓝灯计划下，国务院与美国驻外使馆工作人员合作,通过目视检查货物和物理安全措施、和外国当事人沟通和与外国政府合作的方式执行许可前后审查、装运后审查和运输后审查,确定出口产品最终用户及最终用途,并每年发布执法动态报告。[①] 国务院国防贸易管制委员会的执法部门同时与国防部国防服务署、海关和边境保卫局和国土安全部移民和海关执法队合作进行执法,并协助国土安全部和司法部开展刑事调查和起诉活动。

与针对《出口管制条例》出口行为的规制一样,违反《国际武器贸易条例》的行为将构成对公司和个人刑事指控或其他处罚,包括100万美元的罚款和(或)10年监禁,或禁止出口令。[②] 国务院也允许公司提交违规行为的披露报告,以减少或取消处罚。

四、互联网业态典型出口合规案例

在针对美国出口管制体制的合规实践中,外国企业同时面临民事、行政、刑事责任的重大风险。民事责任指在外国公司从美国公司采购管制物品的环节,美国公司通常会在其与其明确约定相关管制物品的交易受美国出口管制法律的约束,并会约定违反相关法律应承担的民事违约责任。行政责任指上文商务部、财政部等所采取的罚款、列入"机构名单"等措施。刑事责任指相关管制物品交易情节严重的,包括隐匿、销毁交易资料、虚假陈述、干扰司法的,还将同时处以没收、罚金以及徒刑等刑罚。此外,一旦被行政处罚或被追究刑事责任,相关外国公司很可能将无法再从美国公司取得相关产品和技术,不仅影响其技术研发及技术使用,而且还将无法占领相关市场或丧失已有市场。

---

① 见 *End-Use Monitoring of Defense Articles and Defense Services*, *Commercial Exports FY 2019*, United States Directorate of Defense Trade Controls, available at https://www.pmddtc.state.gov/sys_attachment.do?sysparm_referring_url=tear_off&view=true&sys_id=c13d692b1b9154102dc36311f54bcb2b。

② 22 U.S.C. § 2278 (c) (2000); 22 C.F.R. §§ 127.1, .3, .7, .10。

互联网生态中许多企业的业务就可能直接涉及管制数据，但由于对其缺乏认识或行之有效的管理方式，面临着较大的合规风险。下文以与"技术数据""出口"密切相关的云服务和"软件"领域争议最大的开源软件两大业态的行业实践情况进行说明。

（一）云服务提供商的数据出口合规实践：以微软为例

1. 云服务与数据出口管制

云计算以新的方式将技术手段组合在一起，从而提供更高效率的解决方案。美国国家标准与技术研究院（NIST）定义了云计算的关键特性——以用户需求为导向，让用户接入一个共享平台，以便于他们在管理和交互成本最小的情况下访问到可计算资源（包括网络、服务器、存储、应用程序和服务）。云计算服务可以以几种不同的模式提供，其中最典型的就是"软件即服务"（SaaS），它允许客户在云基础设施上使用提供商的应用程序。云服务的其他模型包括"平台即服务"（PaaS），它允许客户将自己的应用部署到提供商的云基础设施上，以及"基础设施即服务"（IaaS），它允许客户在供应商的云基础设施上部署和运行自己的软件环境，包括操作系统和应用程序。

美国的出口管制制度适用于软件和技术数据的传输、上传或下载，这包括使用云服务传输、上传或下载软件或特定技术数据。如果使用云服务的客户上传、存储、处理或使用的客户数据构成《出口管制条例》或《国际武器贸易条例》之下的"技术"或"技术数据"，那么下一步就需要确定该数据所对应的出口管制分类代码，并据此来采取相应的技术管制措施。根据商务部工业与安全局所发布的指南，由于云服务的客户是云服务的使用者，所以当数据或软件被上传到云之后，客户（而非云服务提供商）才是负责确保传输、存储和访问符合出口管制领域相关规定的数据出口者，是合规义务的直接承担者。

2. 微软 Office 365 采取的技术和设计措施

Office 365 是一款基于云的"软件即服务"平台，包括通过互联网与微软的云基础设施之间传输客户数据，以及在微软的云基础设施上存储和处理客户数据。许多客户使用 Office 365 云几乎不会面临出口控制风险，因为他们在 Office 365 中的大部分或全部数据都是根本不受出口控制的业务或财务信息，但其仍采取了一般性的措施以预防客户不经意间在 Office 365 中上传或下载了违反美国数据出口管制相关法规的受控技术数据。

根据微软在其合规界面中明确公开的合规措施，本报告总结出以下几个方面的实践要点：

数据存储：微软采用数据静态存储，即客户的数据将被存储于其所在地，从而最大限度地减少数据跨境转移。

数据访问：微软对可能访问客户数据的服务或运维人员的身份背景和访问时间都采取了严格限制，例如，所有微软美国雇员都要经过背景调查而且访问时间必须严格遵循准时的原则。此外，微软充分尊重了数据主体对于数据访问的主动权，例如，推出"用户密码箱"以便于客户能够对操作人员的访问请求进行批准或拒绝。

数据泄漏：微软开发"预防数据丢失"（DLP）工具以保护客户的敏感信息以防泄漏，该工具还允许客户使用有助于识别受控技术数据的关键字进行检索，或者在识别到技术数据时对其进行标记。

数据加密：Office 和 Azure 系列产品在采用端到端加密的基础上为客户提供多种在传输和存储中可用的加密选项，客户可以在其中自由选择，包括传输过程加密和静态加密两种方式。

数据导出：微软所采取的加密手段并不会妨碍数据在加密状态下的可读性，因此，服务运营人员就不能以读取数据为借口使用未经授权和工具或协议导出数据。

除上述一般性措施以外，微软还就其可能涉及技术数据的其他产品设计了具体解决方案以满足《出口管制条例》以外的专门性规定（见附表6）。

附表6　微软技术数据产品合规方案

法律法规	主管部门	核心要求	合规实践
1954《原子能法》	能源部（DoE）	美国出口的核技术不会用于非和平目的，且向任何外国实体提供或转让敏感核技术，都需要能源部的具体授权。	为了满足10 CFR Part 810的相关规定，Azure Government在设计阶段就设置了相应的控制措施来限制产品操作人员中的美国雇员访问特定信息和系统。
《海外资产管制条例》（FACA）《对敌贸易法》（TWEA）	海外资产控制办公室（OFAC）	根据美国的外交政策和国家安全目标，对目标国家、恐怖分子、国际毒品走私者以及从事与大规模杀伤性武器扩散有关活动的人实施和执行经济和贸易制裁。	微软在其在线服务条款中提到，在微软提供PaaS和SaaS的过程中，公司会采取尽职调查以防止与海外资产控制办公室之下的禁运国发生交易，例如，微软不会向包括海外资产控制办公室指定国家公民在内的受制裁对象提供Azure或Office 365产品。

（二）开源软件的数据出口合规实践

1. 开源软件的发展

"开源"一般指的是任何源码可公开获取的技术或软件。作为一种创造模式，开源已不仅仅局限于软件技术的开发。如今，开源还包括了其他广泛的开放技术领域,如硬件设计、微型处理器指令集架构、规范、数据模型、协议、标准以及公众以公开模式协作创造的其他技术。开源用户可依据开源协议自由获取设计内容并根据需求自行修改。作为一项全球性的活动,开源软件必然涉及数据的跨国界分享。

开源的主要要素包括开源基金会、开源许可证、开源项目、开源代码托管平台等。当前,绝大多数开源基金会和开源项目都位于美国,几乎所有开源许可证和代码托管平台也都由美国的学术界和工业界主导。因此,如果开源软件受美国出口管制法影响,其将对全球范围内的开源生态产生重大影响。2019年5月15日,美国将华为公司及其附属公司列入出口管制"实体名单"。随后美国谷歌公司宣布将停止为其提供安卓系统的技术支持与服务,而美国开源代码托管平台 GitHub 与美国非营利公司 Apache 基金会均有明确声明受美国出口管制约束。

2. 出口管制合规实践

本报告主要基于美国对于开源软件的管制现状展开,某个特定开源软件受出口管制领域相关规定规制的情况同时需要综合四个信息来源来确定:

第一,开源软件基金会的管理规定。Linux 基金会(以下简称"Linux")自身的管理办法并不受美国出口管制约束,但其分布式存储项目 Ceph 明确指定司法管辖权归属美国加州,并要求使用者包括出口者遵循美国出口管制规定;Apache 基金会管理办法明确说明遵循美国出口管制规定,但旗下绝大多数项目如 Hadoop、Spark 等,仅需根据 5D002 申请备案,无需申请许可证;Mozilla 基金会声明其管理的开源项目默认遵循美国出口管制规定。

第二,开源项目自身声明。Ceph 作为一个独立的开源项目,明确声明要求用户确保自身并未违反任何适用法律,包括《出口管制条例》和《国际武器贸易条例》。

第三,开源许可证。目前并未发现开源许可证直接涉及与政府出口管制相关的声明。

第四，代码托管平台。在本报告所调研的 3 个代码托管平台①中，均明确声明遵守美国出口管制条例。

3. 积极抵抗或消极配合

根据对出口管制法规的承认度以及所采取的合规措施，本报告将上述主体分为积极和消极两类来详细说明美国产业环境下对开源软件出口管制的两种代表性立场，前者以 Linux 为代表，后者以 GitHub 为代表。

积极抵制型：抵制具体表现为拒绝承认开源软件在出口管制范围内，积极则是指为维护开源软件社区自身利益而采取积极手段来应对合规风险。Linux 认为，《出口管制条例》发布的出口管制规定扩散到对于一切 AI/机器学习软件的限制并非规则的本意，尤其是"已发布"的例外标准已足以对所有开源项目构成充分的豁免。因此，在实践中，Linux 及时主动地对于《出口管制条例》下"已发布"的内涵进行解读、对最新的合规动态作出回应，并公开说明已经采取了各种程序性和技术性措施使其旗下开源项目达到"已发布"的标准来将自己排除在美国出口管制的范围之外，例如当项目涉及加密技术时，抑或是当项目涉及今年初以来备受关注的地理空间图像软件时。

除上述表现之外，Linux 还在其公开发布的报告中总结了对整个开源软件社区都有所助益的最佳实践，以便软件提供商在不影响产品运行、用户使用，不减损自身利益的前提下达到合规标准，例如，在履行《出口管制条例》第 742.15（b）（2）之下对于提供加密通知的义务之时，可以采用以下方式来增强透明度并自证合规。

- 将传送给商务部工业与安全局和美国国家安全局的通知公开化，也便于下游用户知晓。
- 附带联系方式以及，如果可行的话，负责该项目的法人实体的名称。

---

① 此 3 个代码托管平台包括：GitHub, SourceForge, Google Code。

·设计一个能够中长期留存证据的系统来证明邮件已经送达，不要仅仅依靠邮箱的发送记录以避免因记录清除和访问故障带来的不便造成影响。

·以源代码形式分发不仅能尽到合规义务也能有助于下游用户摆脱对"黑箱"二进制的依赖，并且可以轻松地从源代码处自主研发。

·在不确定开源项目是否已经使用或将要使用加密功能时，可以考虑向有关部门发送通知来获得确认。

消极配合型：配合具体表现为在态度上承认开源产品在出口管制范围内，而消极指的是以减损产品功能和用户利益为代价屈从于（而非想办法"绕过"）规定，以禁止性的行为限制而非建议性的实践拓展为主。以 GitHub 为例，GitHub.com 明确声明 GitHub.com、GitHub Enterprise Server，以及两者上的信息都受到出口管制。作为一种商用产品，GitHub Enterprise Server 明确表示不会被出售、出口或再出口到古巴、伊朗、朝鲜和叙利亚。

至于 GitHub 网站的普通功能，由于架设在美国的 GitHub 服务器的上传和下载的行为都需要遵从出口管制和美国法律，所以其正常使用是可能会被管制的。亦即，GitHub 上的开源项目代码在遵守项目自身的开源许可证的同时，也可能作为 GitHub 上的信息遵从出口管制和美国法律。基于此，GitHub 对用户、开发者等群体给出了明确指示——哪些举措不可为，虽然合规的初衷是好的，但这一定程度上构成对开源项目使用者自由的干涉、使用的限制，也违背了开源社区创办的初衷，易对产业发展造成不良影响：

·对于已存放于 GitHub 的开源项目，若同时存放于美国以外其他托管平台，且开发者分别独立提交更新到 GitHub 与其他托管平台，且开发过程中不从 GitHub 下载任何信息，那么从美国以外的托管平台获取开源项目不受美国出口管制；

·对于已存放于 GitHub 的开源项目，若发起人本地拥有副本，且未从 GitHub 上下载更新，那么发起人可在美国以外其他托管平台创建开源项目，并将副本上传到该托管平台，那么从美国以外的托管平台获取开源项目不受美国出口管制；

• 对于新启动的开源项目，发起者可在美国以外的托管平台和 GitHub 上同时创建项目，且开发者分别独立提交更新到美国以外的托管平台与 GitHub，且开发过程中不从 GitHub 下载任何信息，那么从美国以外的托管平台获取开源项目不受美国出口管制；

• 对于新启动的开源项目，发起者可直接在美国以外的托管平台创建项目，其后开发者向该托管平台更新，那么从该托管平台获取开源项目不受美国出口管制。

五、"超越"数据的技术

如前所述，技术数据和软件是数据出口管制的关键领域，但随着近年来大数据技术与产业的发展，美国出口管制政策也越来越关注数字经济与大数据产业技术，这类技术虽然不直接涉及数据，但往往是基于海量数据计算、训练而产生的，或者被用于数字经济或大数据产业的关键应用领域，并且明显呈现出有目的性的、针对特定行业和特定国家的安排，"新兴技术"和"基础技术"的概念由此而生。

（一）新兴技术和基础技术的认定

根据 2018 年生效的《出口管制改革法》第 1758 条的规定，美国的出口管制领域将正式引入对国家安全有关键影响的新兴和基础技术，相关受管制的新兴和基础技术将完全等同于其他受管制物项，根据美国《出口管制条例》进行管控。《出口管制改革法》同时明确，认定新兴和基础技术需要考虑该技术在其他国家的发展情况、出口管制实施后对该技术在美国发展的影响和就限制该技术向外国扩散的出口管制的效果。

由此可见，当前美国出口管制中的"国家安全"越来越有政治性和针对性。

在该法讨论的过程中，可能被认定为新兴和基础技术的项目包括人工智能、机器人、增强现实技术和虚拟现实、金融技术、网络技术和高级航天技术。[①] 2018年11月19日，美国商务部工业与安全局就如何定义和认定"新兴技术"向公众征求意见，并发布了受管制的新兴技术清单草案，涉及14类技术。[②] 根据美国商务部文件，目前甄别筛选出的代表性产业类别如下（商务部将在下述产业类别中具体认定是否有对美国国家安全至关重要的新兴技术）。该清单中部分最终认定的产品和技术类别以后可能会被列为针对中国的供应链中禁止相应美国主体出口的项目。2020年8月27日，商务部工业与安全局在其"拟议规则制定的预先通知"中宣布，它正在寻求关于如何定义、判断和识别"基础技术"的公众意见。[③] 商务部工业与安全局表明，半导体制造设备和软件、激光、传感器和水下系统可能是基础技术，因为它们"可以与中国、俄罗斯或委内瑞拉的本土军事创新联系在一起"，因此可能对国家安全构成威胁。该机构还表示，被用于开发常规武器或大规模杀伤性武器或在开展外国情报收集活动方面正在使用或需要的物品也可能被归于"基础技术"的范围。由此可见，新兴技术和基础技术的范围正在美国出口管制系统内部形成和发展，或将在未来两年内落实至实处。

---

① 《特朗普总统签署〈出口管制改革法案〉——"量身定制"限制对华技术出口？》，载君合律师事务所，http：//www.junhe.com/law-reviews/840，访问时间2020年8月30日。

② 见 Review of Controls for Certain Emerging Technologies，15 CFR Part 744 [Docket No. 180712626-8840-01]。

③ 见 Identification and Review of Controls for Certain Foundational Technologies，85 FR 52934，https：//www.federalregister.gov/documents/2020/08/27/2020-18910/identification-and-review-of-controls-for-certain-foundational-technologies。

（二）管理机制

美国对于军民两用商品和技术的出口管制，主要由商务部工业与安全局技术咨询委员会（TAC）提供措施建议，而在技术咨询委员会的7个构成委员会中，新兴技术咨询委员会（ETTAC）尤为重要，其措施建议亦受高度重视。新兴技术咨询委员会的前身是新兴技术与研究咨询委员会，根据该机构2018年6月25日更新的章程，其正式更新为新兴技术咨询委员会，并对委员会的职能与其他内部事项进行了变更，其负责（1）关注新兴技术的现状，并预测未来五到十年这些技术对国家安全、美国国防工业基础以及美国经济的整体状况和竞争力可能产生的影响；（2）提供有关新兴技术、基础技术和潜在的"瓶颈技术"以及商务部工业与安全局特别关注的技术趋势的评估和信息；（3）就《出口管制条例》对研究活动的潜在影响、与该条例有关的技术和政策问题、该条例管制清单的修订等事项，向商务部工业与安全局提供建议。除了上述职能要求之外，新兴技术咨询委员会章程还要求委员会就以下内容每半年出具报告：（1）对新兴的关键军民两用技术进行评估，并对此类技术的潜在用途进行前瞻性预测；（2）从事此类技术研究的美国和外国领先的公司、研发实验室、大学；以及（3）从事此类技术研究的其他政府部门和机构。

（三）正式化进程

2019年5月23日，商务部工业与安全局发布最终规则，在商业管制清单中增加五个物项：离散微波晶体管、操作软件的连续性、量子后加密算法、用作水听器的水下传感器、专门设计或改装为空中发射平台的飞机。这是在2018年《瓦森纳安排》全体会议上达成的共识。

2020年1月6日，商务部工业与安全局发布关于新型技术的临时最终规则，决定将特定自动分析地理空间图像类软件列为新兴及基础技术，并对其出口进行管制。在这项临时性的最后规则中，商务部工业与安全局修订了《出口管制条例》，将与该技术列入《出口管制条例》的管制范围，并对该等物项出口和转出口到除加拿大以外的所有目的地实行许可证要求。具体而言，该规则将适用于0D521项下的自动分析地理空间图像的软件。

2020年5月22日，外国投资委员会发布一项拟议规则，主要对现有的《外国投资风险审查现代化法》做出两项变动：第一，对接受外国投资委员会强制审查的交易范围进行修改，其中包括对在美国生产、设计、测试、制造、制造或开发"关键技术"的企业的外国投资，其中"关键技术"的概念包括上文所述的新兴和基础技术、也包括《出口管制条例》和《国际武器出口管制法》下规定的管制物项。第二，将外国投资委员会强制申报与出口管制挂钩，即是否向外国投资委员会作出强制申报将视从事关键技术、基础设施或数据的美国企业是否需要获得监管机构的出口许可而定。这标志着美国意图在出口管制和外商投资审查领域统一对于"关键技术"的定义和程序性要求。

2020年6月17日，商务部工业与安全局在美国联邦公告发布最终规则，在商业管制清单中增加三个物项：某些前体化学品、中东呼吸综合征相关冠状病毒、带有刚性壁的一次性培养室。这项最终规则反映了2020年2月澳大利亚集团会议的结果。美国已同意根据这次会议对《出口管制条例》进行修改，并以此确定这些物项为新兴技术。

六、美国数据出口管制制度特点

本报告对美国的数据出口管制体系进行了总体性介绍，并重点说明了美国数据出口管制的相关法律规定和实践。如上所述，在美国现行的民用品和军用品出口管制体系中，数据及数据出口管制并没有自己的独立地位，但这并不说明美国出口管制体系不将数据作为管制对象。美国的数据出口管制制度具有以下特点：

第一，结合美国现行出口管制体系的管制物项分类，作为管制对象的数据主要存在于技术数据和软件两大类中，而所有门类的管制物项均涉及与设备和商品直接相关的技术数据和软件。因此，数据出口管制在美国出口管制体系之中是普遍存在的，也并非新产物。近年来数据出口管制日益受到关注的重要原因，在于以2018年的《出口管制改革法》为代表，美国的出口管制更加关注高新技术，特别是中美贸易的重点领域和中国新技术快速发展的关键领域。

第二，美国对数据出口行为的认定覆盖较广且全面。鉴于数据无形物的属性和可随时传输的特点，其不能简单地沿用传统有体物跨越国境的出口认定方式。美国出口管制法律体系规定的出口包括"传送"，且针对技术数据无体物，在不出国境的情况下有可能通过外国人个人实现跨境流动的方式，专门规定了"视同出口"的情况。较宽泛的出口认定，为出口施加了更高的要求。

第三，针对数据出口行为，美国实施与其他管制物项一致的以许可证为核心的监管制度。在实践中，其监管制度大体上和普通管制物项保持一致，并且得到了较好的落实。近年来，美国数据出口管制典型案件频发，足以说明相关执法的有效性。

第四，数据出口管制行为已经开始对互联网业态产生影响。互联网生态中许多企业的业务可能直接涉及管制数据。以微软为代表的云服务提供商一般认可使用云服务传输、上传或下载软件或特定技术数据属于美国数据出口管制的范围，云客户是承担合规义务的出口商，云服务商在技术层面辅助用户合规。开源软件出于对出口管制法中"公开发布"概念的争议，目前仍没有形成统一的行业实践。与数字经济、大数据密切相关的新兴技术和基础技术势必越来越多地纳入出口管制范围，对全球互联网的互联互通和普惠价值影响也越来越大。

基于美国数据出口管制制度的基本特点，中国数据出口相关立法至少有两点可以考虑借鉴：

一是数据出口管制的部门间衔接机制需要明确。如前所述，美国的出口管制主管机关是商务部工业与安全局和国务院国防贸易管制委员会，其作为业务部门承担了制定规则、申请审核、颁发许可、执法监督各个环节的主要职责。但是，其在运作过程中也与各相关主管部门衔接配合，在审查和执法过程中联合行动，并成立了特定管制物项领域的联席小组。在关键技术领域，美国出口管制与外商投资制度之间也正在加强衔接。我国的数据出口管制，不仅需要考虑出口管制主管部门与各行业主管部门的衔接，也要充分考虑出口管制与外商投资，乃至数据安全审查、网络安全审查等国家安全审查机制的衔接，以共同实现维护国家安全的目标。

二是数据出口管制问题需要关注和数据出境安全评估的衔接以及数字经济的发展。《网络安全法》第三十七条确立的重要数据出境评估制度和《数据安全法》中确立的重要数据风险评估制度均是从国家安全的角度出发对重要数据进行保护；出口管制法律体系同样是从国家安全的角度出发，通过数据出口管制维护国家安全。因此，出境和出口两个制度如何衔接，避免两个监管制度过度重合造成监管资源分布浪费和较大合规压力，是下一步需要明确解决的问题。

建议将数据出口管制作为数据出境安全评估中重要数据出境的一类需要取得有关部门许可证的特殊情形加以考虑。同时，数据出口管制应当关注到目前中国传统企业也在快速推进数字化转型，中国企业在全球范围内的迅速发展和扩张必然面临数据跨境传输和数据出口压力，建议通过设置豁免例外条款的方式，减轻中国企业出海过程中的评估负担。

图书在版编目（CIP）数据

数据安全法：国际观察、中国方案与合规指引/黄道丽编著.—武汉：华中科技大学出版社，2023.3（2025.2重印）
ISBN 978-7-5680-8665-3

Ⅰ.① 数… Ⅱ.① 黄… Ⅲ.① 数据安全法-研究-中国 Ⅳ.① D922.174

中国版本图书馆 CIP 数据核字（2022）第 232462 号

数据安全法——国际观察、中国方案与合规指引　　　　　　　黄道丽　编著
Shuju Anquanfa——Guoji Guancha、Zhongguo Fang'an yu Hegui Zhiyin

策划编辑：郭善珊
责任编辑：董　晗
封面设计：沈仙卫
责任校对：刘小雨
责任监印：朱　玢

出版发行：华中科技大学出版社（中国·武汉）　　电话：(027) 81321913
　　　　　武汉市东湖新技术开发区华工科技园　　邮编：430223

录　　排：华中科技大学出版社美编室
印　　刷：广东虎彩云印刷有限公司
开　　本：710mm×1000mm　1/16
印　　张：25.75
字　　数：348 千字
版　　次：2025 年 2 月第 1 版第 2 次印刷
定　　价：118.00 元

本书若有印装质量问题，请向出版社营销中心调换
全国免费服务热线：400-6679-118　竭诚为您服务
版权所有　侵权必究